臺灣歷史與文化 研究輯刊

十二編

第 11 冊

一九七○年代以降臺灣散文的
性別、族群、階級議題之研究

陳鴻逸 著

花木蘭文化事業有限公司

國家圖書館出版品預行編目資料

一九七○年代以降臺灣散文的性別、族群、階級議題之研究
／陳鴻逸 著 — 初版 — 新北市：花木蘭文化事業有限公司，
2017〔民 106〕
目 4+220 面：19×26 公分
（臺灣歷史與文化研究輯刊十二編：第 11 冊）
ISBN 978-986-485-163-8（精裝）
1. 散文 2. 臺灣文學 3. 文學評論
733.08   106014105

ISBN-978-986-485-163-8

9 789864 851638

臺灣歷史與文化研究輯刊
十二編　第十一冊　　　　　ISBN：978-986-485-163-8

一九七○年代以降臺灣散文的
性別、族群、階級議題之研究

作　　者　陳鴻逸
總 編 輯　杜潔祥
副總編輯　楊嘉樂
編　　輯　許郁翎、王筑　美術編輯　陳逸婷
出　　版　花木蘭文化事業有限公司
社　　長　高小娟
聯絡地址　235 新北市中和區中安街七二號十三樓
　　　　　電話：02-2923-1455／傳真：02-2923-1452
網　　址　http://www.huamulan.tw 信箱 hml810518@gmail.com
印　　刷　普羅文化出版廣告事業
初　　版　2017 年 9 月
全書字數　206187 字
定　　價　十二編 13 冊（精裝）台幣 26,000 元

一九七〇年代以降臺灣散文的性別、族群、階級議題之研究

陳鴻逸　著

作者簡介

陳鴻逸，中興大學台灣文學研究所碩士，彰化師範大學國文博士。現任經國管理暨健康學院通識中心專案助理教授，曾任台中教育大學語文教育學系、靜宜大學通識中心兼任助理教授。研究興趣：現代散文、現代詩、臺灣文學。獲大武山文學獎、中興湖文學獎、白沙文學獎等。另有文章、評論散見期刊、詩刊與網路。

提　　要

　　從文學社會學角度來看，為數不少的散文、讀者群，反應了散文繁榮景象。然而相較於其他文類，散文研究確有其開發的必要性。另者，現代散文在理論的操作對應上，一直少有適宜的理論作為審視的方法論。故本文盼達到幾個目標：一、擴延現代散文較少觸及的社會課題，揭示散文家、文本與社會文化的互動，實踐其關懷；二、勾勒戰後現代散文中的歷史向度，回應於臺灣社會結構隱埋議題；三、深化散文理論基礎，探析生命敘寫之景象。

　　章次安排先以性別、族群而後階級陳述。關於性別課題，是從女性如何發聲、被看見的生命書寫作為起始點。接續的族群章節，針對戰後臺灣的歷史事件與創傷：二二八事件、白色恐怖的書寫、原住民與客家族群、眷村、外籍移民／工等書寫，突顯出臺灣的族群認同雖然紛雜，但內部所蘊含的元素亦相對豐富。至於階級在戰後臺灣社會是難以被彰顯的課題，加上威權統治壓制了日本殖民時期延續至戰後部分喘延的左翼思想。戰後臺灣在冷戰結構下特殊位置，使得國家蘊化出新的分工機制、產業形態，使得許多作家挺身為不同的階級、被壓迫的人民敘述苦難經驗與痛苦生命。

　　總的來看，戰後臺灣社會的多重衝突、矛盾，是亟待對話與協商的。透過散文中的性別、族群、階級課題，輔以「他者哲學」的思維，勾勒出戰後現代散文中的精神向度，並以此作為考察，不僅在於擴延現代散文的理論基礎，更重要的是期望將散文研究帶往更有批判性、實踐性與能動性的方向上，使讀者對抒情化、個人化的散文外有更多的認識。

目

次

第一章　緒　論

第一節　前　言

　　談到散文一般讀者可能並不陌生，在文類表現上也深受消費市場、教科書等喜愛，若從文學社會學角度來看，為數不少的散文讀者群，多數都反應了散文繁榮景象。觀戰後臺灣散文，在書寫的質量上都不亞於其他小說、現代詩等文類，且是研究者致力的方向與目標，如鄭明娳以「散文四論」〔註1〕作為散文研究前導，統整出屬於臺灣散文的系譜，或如集創作研究於一身的周芬伶、黃文成等人，也在各自創作基礎上，繳出散文研究、教導散文創作的成績，〔註2〕都對戰後現代散文的傳播現象、抒情特質與美學風格等，〔註3〕都有了相當程度的關注。

　　鄭明娳在〈臺灣的現代散文研究〉中提出，臺灣散文創作量其實不亞於小說，但散文研究卻遠不如小說。〔註4〕邱貴芬則在《臺灣當代女性散文史論》

〔註1〕《現代散文縱橫論》、《現代散文類型論》、《現代散文構成論》、《現代散文現象論》四書。

〔註2〕周芬伶、黃文成或其他投入散文研究者，多數都集創作、研究於一身。此現象雖非獨優於散文，戰後臺灣現代詩研究者，如向陽、蕭蕭、白靈等也都是身兼創作。對於臺灣文學的發展來說，是具有多重作用，同時帶領讀者從創作、閱讀、分析批判的角度切，通過多向度回饋建構出更堅實的臺灣文學（學科）的核心質素。從一個角度來看，研究所形成的「評論」也是創作的一種，且亦需要有對話、創意與書寫的歷程，故這是無法忽略評論的原因之一。

〔註3〕例如王鈺婷的《抒情之承繼，傳統之演繹——五〇年代女性散文家美學風格及其策略運用》，就從國家文藝機制、文學社會學角度剖析 50 年代臺灣女性散文作家作品。

〔註4〕鄭明娳，〈臺灣的現代散文研究〉，《現代散文現象論》（臺北：大安，2001），

討論時提到，散文作品的繁盛，確實造就了相當豐富且多元的一頁，但與之對應研究則處於不平衡狀態。﹝註5﹞所謂不平衡，是指不相比例的研究，或是未能構築出更多系譜的研究徑路、研究方法或理論，或如此使得散文研究處在一個既邊緣卻又很重要的特殊處境。然而，相較於其他文類在文學場域及書寫，或如在文學史上的空缺、較少相對應的理論等等，使散文研究確實相較於其他文類確有其開發的必要性。加上散文本身涵融的類型頗多，使散文的書寫有著更多元的表現形式，更直接的反應現實景況的能動性，故如何使散文研究從抒情、寫景、個體印象拓展到與社會結構、文化現象緊密聯繫的層面上，成了本文核心思考。

另者，追尋現代散文在戰後臺灣文學的脈絡，可發現到現代散文在理論的操作對應上，一直較少有適宜的理論能夠作爲審度的方法論，原因許多：如散文本身文體的特性、理論與實踐的落差等，都造成了現代散文在理論上有其開展的空間。在此以敘事學、他者哲學作爲研究取徑，不僅可援引相關的敘事概念剖析文本內部／外部的結構要素，進而以此作爲考察戰後臺灣社會中的相關課題，將散文研究帶往更有批判性、對話性的方向。綜合下來，本文將從以戰後臺灣作爲時間—空間軸線，分由性別、族群與階級課題切入，探析散文作品中的他者關懷。使人們重新或再度地認真看待散文研究的可能新風貌、研究方法及理論介入的新詮釋空間。

第二節　問題勾勒——戰後（一九七○～）臺灣散文議題回應

現代散文的產生有其歷史社會背景。以二十世紀初的五四運動和白話文運動下育生的書寫形式，再轉化臺灣在地化的需求，型體上有其特殊性。以古典爲理想的寄託和傳承，對外接合了時代變革、知識湧進的劇烈變動，而形塑出一個符合當時的文體面貌與體製。﹝註6﹞同時，這樣的書寫傳統也隨著國民政府來台而隨之傳播移轉，開展出戰後臺灣現代散文的另一頁。因此，散文討論除接合上述部分說法外，也將之視爲戰後臺灣作家的實踐方式，回

頁 157。

﹝註 5﹞邱貴芬，〈評張瑞芬《臺灣當代女性散文史論》〉，《女學學誌：婦女與性別研究》第 24 期（2007 年 12 月），頁 195。

﹝註 6﹞楊牧，〈中國近代散文〉，《文學的源流》（臺北：洪範，1984），頁 54。

應於戰後臺灣社會、歷史的變動，刻劃出屬於臺灣發展跡痕與討論範疇。

一、報導文學的勃興

（一）報導文學的發展趨向

報導文學究竟是什麼？報導文學又該怎麼寫？問題看來簡單卻又複雜。須文蔚在〈再現臺灣田野的共同記憶〉所述，和詩與小說相比，報導文學的場域還沒有繁花似錦過，〔註7〕楊素芬亦有相同的感觸，她提到雖然報導文學已在臺灣的文壇取得一席之地，然文學界與新聞界仍對報導文學存著諸多質疑。〔註8〕此外，文學史的論述部分，如彭瑞金的《臺灣新文學運動四十年》中，也是簡略地提到70年代新興的文體──報導文學，認爲這是針對散文現象的有力反省。〔註9〕

戰後散文在楊牧、鄭明娳等努力下，皆在個自基礎上搜整提出現代散文的質素、形態與源由，後來又由鄭明娳的「散文四論」聚合成體系。鄭明娳在《現代散文類型論》指出，歷來論者大都認爲它同時來自兩個不同的系統：一個是中國古典散文，一個是西洋散文的影響。〔註10〕基本上來說，中國古典散文中的「散文」是和「駢文」相對的文體，也因爲句子長短不一故又稱「奇筆」，和句法、句子對齊、對仗的「偶筆」（即駢文）相對應而稱之。至於西洋散文（Essay），範圍則大的許多，在歐美，散文（Essay）指論說文章而言。十六世紀法國思想家、文學家蒙坦尼（M. Montaigne）以爲散文是「一種對自己對他人的觀念及感想不重形式的表現。英國的培根（F. Bacon）則認爲「Essay」的性質是「用以重大問題的短簡之研究」。〔註11〕其他如美國的愛默生（R.W. Emerson）、英國的蘭姆（Lamb）兄妹、德國的海涅（H. Heinrich）、法國的都德（A. Daudet）等，則以散文來紀事、抒情、寫景，和說理的散文

〔註 7〕須文蔚以爲報導文學和散文、小說及詩相比，其作家人數、作品數量都呈現了不均衡的狀態。其中，須文蔚將報導文學和散文視爲對等的文類。然在鄭明娳的散文研究中，則將報導文學視爲散文統轄下的次文類。故本文，先暫時將散文括隱起來，以利於後續的討論。相關論點可參閱鄭明娳的《現代散文類型論》和須文蔚，〈再現臺灣田野的共同記憶〉，《臺灣現代文學教程：報導文學讀本》（臺北：二魚文化，2002），頁 6～7。

〔註 8〕楊素芬，《臺灣報導文學概論》（臺北：稻田，2001），頁 22。

〔註 9〕楊素芬，《臺灣報導文學概論》（臺北：稻田，2001），頁 23。

〔註10〕鄭明娳，《現代散文類型論》（臺北：大安，1987），頁 11～12。

〔註11〕于吉，〈散文概論〉，《文藝論叢》（臺北市：幼獅文化，1976），頁 210。

異趣。故在歐美，散文（Essay）的解釋，有時爲論文，有時爲隨筆、雜感、抒情短文，範圍頗爲廣泛。〔註12〕歐美來說，可作爲紀事、抒情、寫景、議論、隨筆使用。〔註13〕至於我們熟知的散文，楊牧認爲：

> 我們所謂近代散文，專指二十世紀初葉以來，中國人以白話文爲基礎，實踐新思想，開創新藝術，充份表現時代的感情體悟和觀察，而能於文學的大理念和結構方面承接古典的神髓，吸收歐西乃至於日本風格的精華而不昧於婑趣，進而爲這時代的文學提供新面目，甚至可望爲後代勾畫新風氣的散文作品。〔註14〕

此外，楊牧綜整東西方的散文源流，將現代散文區分出七類：

> 一曰小品，周作人奠定其基礎；二曰記述，以夏丏尊爲前驅；三曰寓言，許地山爲稱淋漓盡致；四曰抒情，徐志摩爲之宣洩無遺；五曰議論，趣味多得之於林語堂；六曰說理，胡適之體影響至深；七曰雜文，魯迅總其體例語氣及神情。〔註15〕

楊牧之以周作人爲小品基礎，一方面應是考量其承繼小品的發展脈絡，〔註16〕周作人 1921 年發表了〈美文〉，首次提出「美文」概念。他從現代散文的淵源出發，指出外國文學裡有所謂論文，其中大約可以分作兩類：一批評的，是學術性的；二是記述的，是藝術性的，又稱作美文，這裡邊又可分出敘事

〔註12〕于吉，〈散文概論〉，《文藝論叢》（臺北市：幼獅文化，1976），頁 210～211。

〔註13〕劉半農曾在《我之文學改良觀》，他率先取法西方，認爲「凡可視爲文學上有永欠存在之資格與價值者，只詩歌戲曲、小說雜文二類也」，首次將英文 Essay 譯爲「雜文」，並把這種文體與 Fiction（小說）歸併爲一類，統稱爲「文學的散文」。後來，傅斯年在《怎樣做白話文》中，把散文與詩歌、戲曲、小說併列，進一步明確了散文的文學地位。請參閱莊漢新編著，《中國 20 世紀散文思潮史》（北京：學苑出版社，2005），頁 55。

〔註14〕楊牧，〈中國近代散文〉，《文學的源流》（臺北：洪範，1984），頁 54。

〔註15〕楊牧，〈中國近代散文〉，《文學的源流》（臺北：洪範，1984），頁 55。

〔註16〕中國文學中的「小品」之文，其存在卻要比它的正名要古老得多。在中國南北朝時代的後秦，鳩摩羅什不可能完全憑空創造出《小品般若經》，也不可能點化出中國的小品文。佛經有了「小品」的正名，並不等於文學中的小品已經正名。在相當長的文學史上，從劉勰的《文心雕龍》到蕭統的《文選》、歐陽詢的《藝文類聚》，以及吳訥的《文章辨體》和徐師曾的《文體明辨》等等，均將小品視作「雜文」。明代出現的王聖俞所編輯的《蘇長公小品》，才標誌文學小品的正名。其後，《晚香堂小品》、《明十六家小品》、《涌潼小品》、《涌潼室小品六十種》、《古文小品咀華》等步其後塵而進，小品文終於在中國文壇上亮出了旗號。請參閱陳書良、鄭憲春，《中國小品文史》（臺北市：桂冠，2001），頁 3～7。

與抒情，但也有很多是兩者夾雜的。〔註17〕後來，周作人又在〈自己的園地‧自序〉中，明確提出了「抒情的論文」概念，將議論性與批評性雜文稱為「美文」創作中之一種。〔註18〕可見周作人在美文基礎上的用力與見地。至於林語堂則創辦了《論語》、《人間世》、《宇宙風》等刊物，提倡「以自我為中心，以閑適為格調」，主張「超脫」和「幽默」，主張抒寫性靈，適以回30年中國發生的閑適小品之爭。〔註19〕

　　魯迅除小說外，雜文可謂他發聲批判媒介。回顧雜文發展，雜文是20世紀文學史上最早勃興並產生廣泛、深遠影響的散文品種。隨著「五四」新文化運動和後來接二連三的政治鬥爭，雜文首先綻放、繁榮於新文學的花園中，在全國範圍內迅速普及。〔註20〕但依周芬伶所指，最早《昭明文選》並無此類，到宋初《文苑英華》才見此名目。雜文會成為散文中的一類，〔註21〕魯迅扮演極重要的角色，他在〈小品文的危機〉中反對把小品文當作「小擺設」，強調它對社會現實的迅速反應和作為「匕首」、「投槍」的社會功能。故以他

〔註17〕莊漢新編著，《中國20世紀散文思潮史》（北京：學苑出版社，2005），頁55。

〔註18〕莊漢新編著，《中國20世紀散文思潮史》（北京：學苑出版社，2005），頁55。

〔註19〕程光煒等合著，《中國現代文學史上編（1917～1937年）》（臺北市：秀威資訊科技，2010），頁168。

〔註20〕1918年4月，《新青年》第4卷第4期，首創了一個「隨感錄」專欄。後來成為日常辭彙的「隨感」二字，在當時包含著個性解放的自由意義。它是打破「文以載道」僵化堡壘的炸藥包。以「隨感錄」為代表的同類文章，開啟了現代散文的一個大宗──雜文。《新青年》以外，李大釗、陳獨秀主持的《每周評論》，李辛白主持的《新生活》，瞿秋白、鄭振鐸主持的《新社會》，邵力子主持的《民國日報》副刊「覺悟」等，都開闢了「隨感錄」專欄。其他許多報刊則闢有「雜感」、「評壇」、「亂談」等欄目，與「隨感錄」共同成為雜文的搖籃。其中產生了陳獨秀、李大釗、魯迅、周作人、劉半農、錢玄同等一批優秀的雜文家。當時大量發表雜文的刊物很多，有《新青年》《每周評論》、《晨報副刊》、《民國日報‧覺悟》、《語絲》、《莽原》、《現代評論》等。許多刊物闢有「隨感錄」、「雜文」、「雜譚」、「雜感」、「雜評」、「亂談」、「浪漫談」、「隨想」、「小言」等等專欄刊載雜文。請參閱莊漢新編著，《中國20世紀散文思潮史》（北京：學苑出版社，2005），頁62；程光煒等合著，《中國現代文學史上編（1917～1937年）》（臺北市：秀威資訊科技，2010），頁158。

〔註21〕60年代孫如陵主編「中央日報副刊」二十多年，提倡方塊文章，而出現許多方塊作家，可說走小而美的路線。雜文是把那些容易定名稱的文章類分出去以後，彙集其餘而成，可說是「文餘」，因為形式雜，內容雜，所以才稱為雜文。請參閱周芬伶，〈也談雜文〉，《散文課》（臺北市：九歌，2013），頁129～130。

的文學地位，使雜文成爲散文正統。〔註22〕

　　楊牧的分類有獨到之處，並且歸納出戰後臺灣散文的某些源流。但無論何者，其實在不一程度上依其傳播、交流等途徑，影響了戰後散文的書寫景況與品味，例如美文就相當符合臺灣讀者一般的「閱讀習慣」、「美學品味」，也幾乎都是從此一脈絡而來。當然類似於先行研究者王鈺婷、應鳳凰等，已試圖從臺灣50、60年代散文作品及其背後的社會、政治結構機制作了新的解譯。應鳳凰以「文學社會學」觀點指出，1950與1960年代起，散文就是臺灣出版市場上的寵兒。雖然國家機器強力運作的戒嚴初期，對此文類並不熱衷與鼓勵，例如1950年代國民黨政府主辦「中華文藝獎金委員會」徵文獎項，設有新詩、小說、劇本、歌詞、漫畫、版畫項目，獨獨不徵「散文」獎項可略知一二。相對地，讀書市場上散文集的銷路卻屢居榜首，尤其這時期的文壇出現一群大陸來台女性作家如艾雯、張秀亞、鍾梅音、琦君等，在創作上表現亮眼，大受讀者及書市歡迎，想見是題材掌握得宜外，與報禁時代副刊大量需求散文不無關係。〔註23〕

　　至於70、80年代，由於議題和社會氛圍的改變，女性、飲食、旅遊、環保、自然、運動、時尚等書寫，都成爲散文的關注對象。〔註24〕跨入21世紀的臺灣散文，周芬伶以爲，「自傳體散文」與「家族史散文」成爲新的創作趨勢，故齊邦媛的《巨流河》、楊牧的《奇萊前書》和《奇萊後書》、簡媜的《天涯海角》、鍾怡雯的《野半島》、陳大爲的《句號後面》等書大顯其道，卻也看見了敘事手法的差異。〔註25〕

　　在脈絡中，報導文學的出現基本上是在70年代。據《臺灣報導文學概論》裡頭楊樹清的序所述，1949年之後，「報告文學」消隱，直至1966年，第二屆國軍文藝金像獎設置「報告文學」，彰顯「戰鬥文藝」的功能性。到了1970

〔註22〕請參閱周芬伶，〈也談雜文〉，《散文課》（臺北市：九歌，2013），頁129。

〔註23〕應鳳凰，〈「陳之藩散文」做爲「戰後臺灣散文史」一個章節〉，《文學史敘事與文學生態：戒嚴時期臺灣作家的文學史位置》（臺北：前衛，2012），頁145。

〔註24〕在臺灣文化散文中最卓然有成的當推女性、飲食、自然、旅遊等類型，在女性書寫上以周芬伶、簡媜、鍾文音等人爲代表；飲食散文則以林文月、焦桐、蔡珠兒等人爲代表；自然書寫以凌拂、劉克襄、王家祥、吳明益等爲代表；旅遊散文則以蔣勳、張讓等人爲代表。請參閱周芬伶，〈文化散文〉，《散文課》（臺北市：九歌，2013），頁62。

〔註25〕鍾怡雯，〈臺灣散文史的另一種讀法〉，鍾怡雯、陳大爲主編，《天下散文選1970～2000：臺灣》（臺北市：天下遠見，2010），第一版，頁6。

中期之後，寫實、反映社會眞相的「報導文學」風雲一時，自此，「報導文學」替代「報告文學」。〔註26〕在楊樹清的序中，很清楚地可以看到「報告文學」一詞在 60 年代曾一度被使用，後來漸漸地被「報導文學」所取代，亦即目前讀者普遍所見的面貌。楊樹清的說法，雖未明確地釐清「報導文學」和「報告文學」的差異，但基本上認爲兩者是有源流上的聯結性。除了楊樹清的說法外，散文研究起家的鄭明娳，基本上也是抱持這樣的看法，如她在《現代散文類型論》指出：「報導文學，原稱報告文學（Reportage）」，〔註27〕而報導文學在中國正式出現遠在二十世紀之後，它在西方才能追溯到較早的文學史中。同時，報導文學在中國的出現是經過移植而來，所以捷克報導文學家基希（E.E. Kisch）被三、四十年代的報告文學工作者視爲圭臬斷非偶然。〔註28〕基本上，鄭明娳認爲，「報導文學」的概念是從 30 年代的中國社會發展起來，而其源流與概念則是移植自西方。至於 1970 年代臺灣興盛的報導文學，她認爲有別於 30、40 年代的報告文學，提倡者高信疆稱之爲報導文學。〔註29〕且相較於 30、40 年代報告文學具有更寬闊的主題內涵，也擺脫了特定意識形態的束縛。〔註30〕之所以會有此般認知，在於鄭明娳認爲臺灣 70 年代的報導文學在理論的接引上，是建立在新聞學影響下產生的報導文學潮流。

　　需要補充的是，在日本殖民時期就由楊逵倡導報導文學，並自引進了報導文學相關理論，須文蔚的〈再現臺灣田野的共同記憶〉提到，面對 30 年代動盪不安的臺灣社會，臺灣的文學作家楊逵在 1937 年 2 月 5 日《大阪朝日新聞》臺灣版上發表了〈談「報導文學」〉，同年（1937）4 月 25 日，又在《臺灣新民報》發表了〈何謂報導文學〉兩篇短文；6 月在《臺灣新文學》又發表了〈報導文學問答〉。〔註31〕從此發表的時間、世界情勢及文學思潮來看，似乎和 30 年代的「左聯」得以相呼應，顯見「報導文學」所肩負的使命即在於批判並揭露社會不公不義的面貌。〔註32〕

〔註26〕楊樹清，〈報導與文學的兩極對話——楊素芬《臺灣報導文學概論》的源流說與文類界定〉，《臺灣報導文學概論》（臺北：稻田，2001），頁 9。
〔註27〕鄭明娳，《現代散文類型論》（臺北：大安，2010），頁 254。
〔註28〕鄭明娳，《現代散文類型論》（臺北：大安，2010），頁 254～255。
〔註29〕鄭明娳，《現代散文類型論》（臺北：大安，2010），頁 257。
〔註30〕鄭明娳，《現代散文類型論》（臺北：大安，2010），頁 258。
〔註31〕須文蔚，〈再現臺灣田野的共同記憶〉，《台灣現代文學教程：報導文學讀本》（臺北：二魚文化，2002），頁 10。
〔註32〕須文蔚，〈再現臺灣田野的共同記憶〉，《台灣現代文學教程：報導文學讀本》

　　至於戰後 50～60 年代的報導文學發展，楊素芬只花了一點篇幅介紹了第二屆國軍文金像獎設置相關獎項。〔註 33〕然據相關資料指出，在 50～60 年代，吳新榮依然延續了報導文學的命脈，例如他從 1952 年起的十五年間，對臺南縣、嘉義縣部分進行了七十四次的田野調查工作，集成了《震瀛採訪錄》，對此階段的臺灣報導文學，留下了可貴的資產，〔註 34〕而非僅僅只有「中山文藝獎」、「國軍文藝金像獎」而已。

　　可以說臺灣的報導文學（史）有雙向的根徑，其一是中國 30 年代的報告文學，另一是在日本殖民時期下由楊逵倡導的「報導文學」，兩者在不一程度上都可視為影響臺灣報導文學的重要原因。這不僅突顯了報導文學是可仍待深耕的園地，也間接地突顯了臺灣文學蘊含的複雜質素，以及文學場域的相互競爭。使得中國 30 年代報告文學、日本殖民底下的楊逵的報導文學論題，似乎在一定程度上呈現了隱匿的狀態，並形成了斷代般的論述情境，這對於報導文學（史）和理論的構建是有一定影響的。

　　至於戰後臺灣的報導文學，若如鄭明娳、楊素芬的說法，則認為報導文學一詞，是由高信疆透過人間副刊的「現實的邊緣」的專欄、時報文學獎中設置「報導文學」的緣古，推動了此文類的發展並奠定了後人對於報導文學的認識。但高信疆對於報導文學的認知，一方面來自於 30 年代的報告文學，例如他曾經提出中國報告文學的出現，是「古已有之」。〔註 35〕這裡所謂的「古

　　　　（臺北：二魚文化，2002），頁 11。

〔註 33〕楊素芬，《臺灣報導文學概論》（臺北：稻田，2001），頁 95。

〔註 34〕須文蔚，〈再現臺灣田野的共同記憶〉，《台灣現代文學教程：報導文學讀本》
　　　　（臺北：二魚文化，2002），頁 14。

〔註 35〕丁曉原在相關的研究中，就指出幾種「報告文學」出現的說法，例如劉白羽、
　　　　高信疆的「古已有之」說；袁殊、阿英的「近代說」；周而復、趙遐秋的「五
　　　　四」說；以群、羅蓀的「30 年代」說等等。其中古已有之：劉白羽、高信疆、
　　　　高文升：高文升列舉了唐朝駱賓王〈代李敬業傳檄天下文〉為中國報告文學
　　　　的先聲，文天祥寫於 1276 年的〈指南錄後敘〉、清代方苞的〈獄中雜記〉。近
　　　　代說：袁殊、阿英、黃綱、馮牧、蔣孔陽、朱子南──朱子南指認 19 世紀
　　　　後半期到 1918 年為中國報告文學的萌生期，張春寧則將報告文學的發生期定
　　　　為 1898～1919 年，認為梁啟超發表於《清議報》（1898）的〈戊戌政變記〉
　　　　是中國報告文學誕生的標誌。「五四」說：周而復、藍海（田仲濟）、趙遐秋、
　　　　楊如鵬──藍海將〈一周中北京的公民大活動〉（1919.5.11）、〈唐山媒礦葬
　　　　送工人大慘劇〉（1920.11.7）、〈餓多紀程〉（1923）、〈赤都心史〉（1924）視為
　　　　報告文學發生期的代表作品。30 年代說：以群、羅蓀、賈植芳、林菲──以
　　　　群斷言，在 1931 年的「九一八」以前，中國還沒有報告文學。相關內容或可

已有之」，並不是說「報告文學」一詞早在中國古典文學的源流就出現了，而是指「報告文學」的書寫形態、意涵早存在之。他認爲《詩經》正是報導文學在中國的濫觴，因爲《詩經》是報導的文學，所以才有「採詩」的傳說，而「小雅」、「變風」、「變雅」中的社會詩，更是隨處洋溢著現實的實態、民眾的聲音。此外，他又稱司馬遷是中國第一個報導文學家，《史記》在報導文學上具有典範作用。〔註 36〕高信疆如此地闡揚《史記》的報導文學性格，不外乎是極力地想爲中國的報導文學尋到它的「根」與源流。〔註 37〕以此來看，高信疆對於 30 年代的報告文學是有一定的認識，但相對於 70 年代臺灣「報導文學」則是在加入了美式報導文學的影響下，隨著新聞寫作發達而衍生的一種文體，〔註 38〕故以此定名之。

　　臺灣在 70 年代發展起來的「報導文學」有其時代、社會的條件，也與 30 年代在中國發展起來的「報告文學」有相當程度的差異。在此情形之下，將 70 年代臺灣發展起來的「報導文學」稱爲「報導文學」，但凡涉及 30、40 年代以及在中國傳播、使用的「報導文學」應稱其爲「報告文學」，以明示兩者發展上的不同趨向，〔註 39〕以免混淆與誤用。

（二）美學性格的遞轉

　　當我們要思考報導文學、生命敘寫對於臺灣散文的實質影響，除掌握文類發展外，也應符合於文學史的某種標準，例如文學性或藝術性、社會性或作品主題是否描寫或代表了這塊土地與人民。〔註 40〕

　　報導文學也有一定的美學形態與內在思維，這也象徵著在舊有散文系譜外的殊異勢力，並具體地呈現在「敘事」與「文體對現實容述」之上，而此

　　　參閱丁曉原，《文化生態視鏡中的中國報告文學》（上海：復旦大學出版社，2008），頁 4。
〔註 36〕 楊素芬，《臺灣報導文學概論》（臺北：稻田，2001），頁 36～37。
〔註 37〕 楊素芬，《臺灣報導文學概論》（臺北：稻田，2001），頁 37。
〔註 38〕 楊素芬，《臺灣報導文學概論》（臺北：稻田，2001），頁 46。
〔註 39〕 相對於臺灣 70 年代報導文學此一文類的興起，中國的報告文學發展亦有新的延續，例如 1976 年 10 月以後──「四人幫」垮台後，代表作有徐遲的〈歌德巴赫猜想〉，以及八十年代──《報告文學》、《報告文學選刊》出現。代表作賈魯生的〈中國西部大監獄〉、霍達的〈民以食爲天〉等等。顯見「報告文學」在中國近現代文學史上的地位，是異於臺灣「報導文學」的。
〔註 40〕 應鳳凰，〈「陳之藩散文」做爲「戰後臺灣散文史」一個章節〉，《文學史敘事與文學生態：戒嚴時期臺灣作家的文學史位置》（臺北：前衛，2012），頁 162。

二面向又和臺灣 70 年代政治社會情勢緊密聯繫、互為表裏。

敘事就是敘述事情，即通過語言或其他媒介再現發生在特定時間和空間裡的事件。〔註41〕同時，也可界定為敘述因果相連的一系列（兩個或兩個以上的）事件、狀態。〔註42〕敘事代代表了語言使用狀態的轉化，報導文學與傳統抒情美文的錯落、辨異，不僅改變了抒情美文繼承關係，而是報導文學有著強烈向現實靠攏、鏡映現實的特色，這使得報導文學的美學表現呈現在敘事效果上。抒情美文充盈著自我世界的對話，補綴自我世界的喜怒哀樂，即便針砭時、懷抱不遇都可借由語言的華美承襲、鋪掩。當然如此評斷也過於武斷，自魯迅以來的雜文系譜，就截短了文字冗贅，朝向疾速反應現實，批判時事的語言風格。對此，向陽的觀點可挪作思考：「散文如果只圍繞在抒情、小品、美感、個人等等美文範疇中，那麼像魯迅、賴和，以及蒙田、羅蘭・巴特那樣以知性、批判、論述、說理，並且靠近集體記憶和社會公共領域的佳作勢必被割捨掉。」〔註43〕關於此，鄭明娳也在「散文四書」裡透過雜文、報導文學等文類區分，試圖融合屬於知性、批判或論述的散文，深層地來說，應是散文內部蘊藏可與社會對應、互文的思維結構與書寫技法，例如：

> 現代散文寫「我」的「片段」「感知」，將自我內在心靈到外在世界的探索，是歷史與社會的一部分，卻不必然能夠反映歷史或社會真實；我們更容易看到的，是不同時空都可以感知的共同世界。用雷蒙・威廉斯（Raymond Williams）的話來說，這就是一種「感覺結構」（structure of felling）的共鳴。〔註44〕

首先，所謂「自我凝視的傾向」應指著大部分的散文，無論感性、知性，大都以「我」為出發點，寫個人的生活經驗、生命探索或思想的領悟，且具

〔註41〕申丹、王麗亞著，《西方敘事學：經典與後經典》（北京：北京大學出版社，2010），頁 2。

〔註42〕申丹、王麗亞著，《西方敘事學：經典與後經典》（北京：北京大學出版社，2010），頁 2。

〔註43〕向陽，〈艱苦而愉悅的旅行──關於《二十世紀臺灣文學金典》（散文卷）〉，《二十世紀台灣文學金典：散文卷（第一部）》（臺北：聯合文學，2006），頁 16。

〔註44〕向陽，〈艱苦而愉悅的旅行──關於《二十世紀臺灣文學金典》（散文卷）〉，《二十世紀台灣文學金典：散文卷（第一部）》（臺北：聯合文學，2006），頁 18。

有即物、即事、即時、即地之際所抒發的感受。〔註45〕「自我凝視」並不見得是只是專注於個人的事物，但過去一般人的認知，大都認爲散文似乎是個人的情感表現，因爲「散文中作者與作品的關係乃顯而易見。作者處理題材的基本態度是主觀的，而且進一步在文字中暴露其主觀的敘述角度。不因爲散文處理主觀的事物較爲適宜，甚且面對客觀的事物，作者仍以主觀的態度來處理。」〔註46〕其次，歷史傳統的共鳴，亦即作家可能會在歷史傳統中，試圖找到自己的獨特性，但與此同時，卻無法（也不能）忽略歷史傳統已存在的偉大作品。因爲作家的書寫，一則向人類的共通性前進，另一向偉大的作品致意。如此一來，也使得作家從個人與傳統之間，找到歷史的共鳴外，也找尋到人類共通的情感課題，例如生命、死亡或戀愛，使其在永恆中找到個人存在的依靠，並透過書寫達到與過去偉大的傳統、作品共鳴的可能。

再者，鄭明娳曾說：「一般人會認爲報導與文學是兩個不相涉的領域，因此，一方面作家如何把報導語言介入文學作品裏；另方面，新聞記者，又如何把文學意境化入新聞寫作中，似乎是個兩難命題。但是，現代文學史上，已經產生了整合新聞及文學的科際文體，那就是報導文學（Reportage）。」〔註47〕由此看來，顯然報導文學是個晚加入「散文」團隊的成員，且因爲書寫內容與形式的特殊性，故鄭明娳是置於特殊結構散文的類型中探討，若從結構的觀點來看，其分類的基礎乃從寫作的主體出發，只不過其形式結構的意義具有歷史的成因。同時，這些特殊結構類型的散文，亦以具備文學素質爲要件。〔註48〕

其中較爲特別的是「寫作的主體」一詞，這似乎意指寫作的主體是特殊結構類型散文得以成立的主因。「因爲它明顯關涉到寫作主體的寫作策略以及切身的生活。例如日記、書信、序跋、遊記等類型，作者在創作時，必然具有強烈的自我色彩，文學性的傳知散文、報導文學、傳記文學等，其寫作的緣起雖因客體的激發而生，但是必然皆必須融入作者個人的觀點和情感。」〔註49〕如此

〔註45〕向陽，〈艱苦而愉悅的旅行──關於《二十世紀臺灣文學金典》（散文卷）〉，《二十世紀台灣文學金典：散文卷（第一部）》（臺北：聯合文學，2006），頁18。

〔註46〕鄭明娳，《現代散文類型論》（臺北：大安，2010），頁24。

〔註47〕鄭明娳，〈新新聞與現代散文的交軌〉，《現代散文現象論》（臺北：大安，2001），頁136。

〔註48〕鄭明娳，《現代散文類型論》（臺北：大安，2010），頁165。

〔註49〕鄭明娳，《現代散文類型論》（臺北：大安，2010），頁165。

說法可透過散文的個人化的獨有特質,進而推導報導文學作爲散文體系的範疇容納。另者,鄭明娳在〈新新聞與現代散文的交軌〉提出了輔以說法摘要如下:

> 報導文學是現代散文的新類型,它與感性散文一樣,都以眞實爲基礎。但一般感性散文個人色彩非常濃厚;報導文學雖然是散文特殊結構的類型,卻絕不能走入個人化、以自我爲中心的散文形態中。
> 〔註50〕

「眞實」是特質但絕不能像感性散文般,有過度個人色彩、自我爲中心。初步會以爲這樣的說法會和上述的定義相互衝突、扞格,仔細看來,其實還包括了「必須融入作者個人的觀點和情感」的命題,很顯然地,這樣的大命題主要期望能容納特殊結構類型的散文,而非指著報導文學必須符合「個人化」不可。當然這樣的命題放在一個「後現代論述」的脈絡中確實是會遭到不同的質疑,報導文學初期延伸與書寫的出發點,「眞實」是初衷沒錯。但若說純粹地反映「眞實」顯然又不符合散文特質,或者說究竟報導文學如何在書寫上,取得主觀/客觀平衡,又如何取得理性/感性,是好的報導文學應具備的才是。鄭明娳曾提及:

> 文學與報導分立的問題,應該先從語言上破除。我們首先要確立報導文學在科際整合過程中,如何把文學語言用妥善方式結合。報導文學跟一般散文不同,是在語言上的特性。它並不是一般人想像的,以新聞寫作的題材,而用充滿感性的文學語言來描寫,這只不過是用文學包裝的新聞報導而已。〔註51〕

語言是報導文學的核心思維,在鄭明娳的說法裡,語言是指著「文字」的思考、表述形式、分類形態,是敘述語言的分項思考。而「新聞題材」是敘述所使用的材料,應是被置放在較爲客觀、平實的角度上被擇選,而「文學語言」是一種選擇視角的擇選,它不能破壞眞實世界的原有面貌,卻可以從不同的角度觀視,使其所觀看的一面能在書寫者的筆下被呈現。而如此,報導文學就不會是一種新聞題材的包裝,更不會是文學對於新聞題材的過份扭曲,這也或許才是報導文學能列入散文體系的重要啓示才是。

〔註50〕 鄭明娳,〈新新聞與現代散文的交軌〉,《現代散文現象論》(臺北:大安,2001年,頁155。

〔註51〕 鄭明娳,〈新新聞與現代散文的交軌〉,《現代散文現象論》(臺北:大安,2001年,頁152。

　　由於報導文學對於新聞題材的包裝，成為了跨科際的文類。鄭明娳提及，報導文學是科際整合下的文類表現，在散文的範疇中，新聞學與文學之間透過互相交流、整合，產生了報導文學。〔註52〕本文以為報導文學的重要是它扮演批判與呈現故事的書寫，因為報導文學的形構，擺盪在文學／社會的雙重結構之中，致使報導文學具有強烈的現實性格，也近於鄭明娳說的「文學的真實」和「歷史的真實」。所謂的「文學的真實」就是報告者的心靈提出的詮釋與批判所構成的價值體系，而「歷史的真實」就是報告者掌握的資料與個人體驗的真實性。〔註53〕但無可否認地，鄭明娳提出的這兩個「真實」，在後現代理論的衝擊下，是界限、定義和框架已深深地被撼動（或被質疑），相較下，報導文學已是具備高度真實性，甚可說是最貼近現實的文類。〔註54〕

　　但除了現實之外，報導文學其實亦具備了「歷史再現」、「互文性」的特質。所謂的「歷史再現」和鄭明娳的「歷史的真實」相當接近，不同處在於「再現」是一種意識形態的作為，會使得「歷史的真實」在一定程度上受到報告者詮釋的影響，進而影響「現實」所呈現的角度。這並不是說「報導文學」會變成虛構的文學，而是指著報告者的詮釋視角、背景及知識體系的涉入，將使得「現實」有著多重的解釋與面向。

　　至於「文體對現實的容述」有點類於中國清末的小說界革命、魯迅棄醫從文的抱負，冀希於「文體救國體」。書寫不是操作機械而是有機的行動，通過觀察、理解、搜集資料，藉此啟動書寫、啟動改造社會的盼望，或許揭露並不代表改變，尤以臺灣在解嚴後亟欲處理的課題太多，無法每個都被關注、被揭露，可是揭露在於召喚與靠近，召喚在於使更多人關注於此，靠近則是向他者趨近。

　　故報導文學的大量出現乃是現實挑戰下的回應轉化，轉化來自於報導文學是否真對抒情散文傳統產生衝擊的辯證與保留。從王鈺婷、周芬伶、應鳳凰過去的研究來看，50 年代反共懷鄉文學，眼睛看的是舊中國；西化當令的60 年代現代派文學，眼睛看的則是美國新大陸。在接連的打擊之後，知識分

〔註52〕鄭明娳，《現代散文類型論》（臺北：大安，2010），頁300。
〔註53〕鄭明娳，《現代散文類型論》（臺北：大安，2010），頁254。
〔註54〕這裡所談的，是報導文學此一文類的要求或文體的呈現方式，即在反映現實。但「現實」的多重面向與報告者的擇選，卻可能使此一「現實」表現出不同的視角與課題。

子才轉而注視腳下這塊土地，全面地反省臺灣社會內部問題。〔註55〕70、80年代的散文類型之轉變與擴延，如三毛的「撒哈拉沙漠」系列、飲食文學等的興起，間接反應出當時臺灣人民因經濟條件收入增加、對休閒生活品質的要求，加上當時開放國人旅遊的諸多限制，無不助益作家、讀者獵奇、開拓生活視野，且回饋在書寫上。

「文體對現實的容述」對應的不僅是社會現實，也代表文類的重整、自覺與革新意向。從紀弦的現代詩派、《現代文學》對「現代主義」的轉化等，似乎對拉出臺灣作家在現代詩、小說在精神、寫作技法上的表現，加以現代詩在 70 年代初期關、唐事件對現代詩壇的衝擊，〔註56〕以及 70 年代末期鄉土文學論爭，小說家王拓、陳映眞等人的投入，〔註57〕或如解嚴前後，爲了建構臺灣歷史文化的主體性，開始有意識地通過「後殖民主義」、「後現代主義」作爲核心理論基礎、探析臺灣解嚴後面臨的認同問題，這也並非是單屬於內部現象而已，是在國際情勢推演下，連動地回應相關課題，而最顯明地且較多數的恰好是在小說類型上見其徵微，而散文作品或作家在論爭上的缺席似乎更引人關注。但從前面報導文學的發展趨向、美學性格的挪移討論中，可看見散文在戰後臺灣文學史上的重要位置。過去臺灣文學史的討論總有疑問，散文的讀者眾多、市場反應不俗，且在中等教學場域裡，現代散文被選入的篇幅也有相對份量，何以無法建構出較爲完整的理論體系、也無以激盪出熱烈的論爭火花。

〔註55〕應鳳凰，〈從文學史角度看許達然散文的藝術性與臺灣性〉，《文學史敘事與文學生態：戒嚴時期臺灣作家的文學史位置》（臺北：前衛，2012），頁 192。

〔註56〕1972 年關傑明於中國時報人間副刊發表〈中國現代詩的幻境〉及〈中國現代詩的困境〉，針砭葉維廉編譯《中國現代詩選》、張默主編《中國現代詩論選》、洛夫主編《中國現代文學大系》等書缺乏現實意識，隔年 1973 年，唐文標陸續發表〈什麼時代什麼地方什麼人〉、〈僵斃的現代詩〉、〈詩的沒落〉，批判《文學雜誌》、《藍星》、《創世紀》等刊物以及洛夫、周夢蝶、葉珊、余光中等人的詩作。

〔註57〕鄉土文學主張「反西化」、「回歸鄉土」，發展出迥異於現代派強烈實驗手法的社會寫實路線，例如黃春明、王禎和的小說就因爲描寫農村社會裡的小人物而大受歡迎。這種與鄉土庶民社會靠近的文學創作路線，免不了觸及「階級」的問題，1977 年銀正雄、彭歌和余光中等一連串「鄉土文學=工農兵文藝」、「鄉土文學=普羅文學」的指責，讓鄉土文學論戰戰火霎時引發。可參閱邱貴芬，〈在地性論述的發展與全球空間：鄉土文學論戰三十年〉，《思想》6 期（2007.08），頁 91。

二、性別的發聲

　　談到戰後臺灣的女性（或泛稱性別的）運動時，無法避開呂秀蓮、《婦女新知》帶來的深遠影響。自 1970 年代初呂秀蓮提倡的「新女性主義」以來，已為長久男性、威權體制投下震憾彈。隨後，李元貞自 1976 年返台後，在淡江中文系繼續任教，一方面為蘇慶黎做總編輯的《夏潮》寫稿和做義工，另方面參加呂秀蓮的「新女性運動」，認為臺灣的民主化和兩性平權都是追求的目標。〔註58〕隨著暫停的中央民代增額選舉在 1980 年底舉行，美麗島政治受難家屬幾乎全當選，周清玉、許榮淑、方素敏代夫出征成功，安慰了黨外重傷的人心。在此契機下，李元貞認為婦運也應繼續，後發起「婦女聯誼會」討論婦運問題，在因應婦女課題以及臺灣黨外民主運動的波興下，1982 年 30～50 頁的小雜誌《婦女新知》終於創刊了，並以此作為作為討論、宣傳平台。〔註59〕只是 1982 年「婦女新知」初創時，臺灣仍未解嚴，集會結社備受限制；政治氣氛和社會環境也對女性主義深具敵意。做為多年之內唯一的婦運機構，「新知」一方面必須隨時回應社會現狀，同時處理多種議題；另一方面在策略上則相當謹慎，大致以爭取自由主義公認的男女平等為目標，鮮少挑戰更深層的性別機制，甚至為了減低阻力而有去性別化的傾向，亦即有意忽視女性的性別處境，而著眼於抽象的社會公平，或在男性社會的正義原則下尋求支援。」〔註60〕

　　1982 年至 1987 年間，如李元貞的努力、呼籲女性自主意識，重視女性經驗。對女性作家或多或少都有影響，其中小說家李昂，對社會脈動、文化思潮遷變有高度敏銳及回應。〔註61〕女性成為或被作為敘事視角，並非突變而來的結構，通過小說我們也許很容易找到類似的話語以及反應的效果，並且理解到臺灣小說投射社會脈動的對應關係。這使得我們可以回眸 80 年代，因應著臺灣社會的開放與解嚴氛圍，首先打破性別框架的，是以女性的覺醒運動作為起跑，並由此展開了對臺灣社會長期存在的父權文化的批判。同時「蓬

〔註58〕李元貞，〈播種與茁壯：回顧 1980 年代臺灣婦運〉，《思想》22 期（2012.11），頁 112。

〔註59〕李元貞，〈播種與茁壯：回顧 1980 年代臺灣婦運〉，《思想》22 期（2012.11），頁 112～113。

〔註60〕顧燕翎，〈婦運的策略、路線與組織──婦女新知基金會「家變」的檢討〉，《當代》127 期（1998.03），頁 99。

〔註61〕邱子修，〈臺灣女性主義批評三波論〉，《女學學誌》27 期（2010.12），頁 260。

勃的社會力加強了婦運的動員能力，也衍生出許多單一性議題團題，與「新知」以互相聲援的方式，共同影響政黨及國家政策、推動法律的修改制定，營造出有利於婦運的政治氣候，創造了全國性的政治議題，諸如雛妓問題、婦女工作權、選美及色情問題、教育改革及家庭平權等等。」〔註62〕若有政治開放、政治民主，而其他社會運動沒有跟上，如勞工運動、種族運動（少數民族運動）、環保運動以及婦女運動，則這個社會的開放和民主就不夠深入而全面。〔註63〕

　　女性地位的抬頭，以及女作家們藉由書寫，將女性的社會角色侷限在婚姻愛情裡的困境，勇於展現閨秀婉約等美學風格之外的精神層面主題，尤其女作家從生理心理、文化制約的差異出發，藉由書寫身體、情慾，再加上個人、集體記憶，企圖脫離文化制約及意識形態的掌握，似乎也造就出身體成為述說權力差異，以及女性看見差異化下的主體話語的挪動空間與象徵。最鮮明的例子莫過於 1960 年代初期郭良蕙的《心鎖》禁封事件。以現今角度審視，內在的情感越界已變得如此「簡單」與「平凡」，無以勾動人們過度的慾望及想像。放回到當時脈絡，《心鎖》勾動了人們的「心」也觸碰了（政治、文學與文學社群的）「禁忌之鎖」，遂遭受禁書命運，連帶地影響她後續發展。

　　因此類似於「婦女新知」的實踐現象，除試圖破除佛洛依德（Sigmund Freud，1856～1939）以來的陽具中心主義外，也試圖積極地從話語的再書寫，重新排列拉岡（Jacques Lacan，1901～1981）所謂的象徵秩序。同時，伴隨著女性主義運動的興起，同志運動、同志書寫在相互掩映下，取得論述基礎進行了一系列的解構，試圖裂解二元對立的性別論述下得以「遊戲」的轉換空間。就書寫形態的多層次思考下，從傳統的女身、女聲再到女生，進而跨越性別的戲謔、反抗的「酷兒」（queer）的研究分析過程，二元對立的價值觀似乎已不是唯一的反抗策略與手段，例如身體的反諷書寫做為對抗的象徵符號之外，女性面對的不外乎是自我不斷地在書寫進程中所經歷的各項課題，再加上女性對身體的重新認識，並強調說明社會權力機制運作下，女性對於權

〔註62〕顧燕翎，〈婦運的策略、路線與組織──婦女新知基金會「家變」的檢討〉，《當代》127 期（1998.03），頁 99。

〔註63〕李元貞，〈談現存的性別體系、臺灣的婦女運動、「婦女新知」的推行〉，《中國論壇》347 期（1993.10），頁 49。

力重新分配與符號的再挪用過程，以及探討作家如何反映其歷史發展下，對於故事、素材的抉擇與發聲方式。從中分析女性及「跨性別」如何透過話語的能力，產生更多能動性。另外，當女性及「跨性別」從私領域的家家、個人跨向公領域的政治、社會時，意味著必須面臨父權、社會與國家機制的對抗與權力重分配。〔註64〕

　　一般而言，「性別」（gender）是相對「性」（sex）而來。前者（性別）是屬於社會性別，也就是文化建構下的「特徵」；後者（性）則是屬於生理特徵。在生理／文化概念的界分下，「女性」在社會結構體制制下，成了西蒙・波娃《第二性》點出的，女人不是一開始就是女人，女人是變來的，男人才是「主體」，女人是「他者」，是被觀看及被對應、感知的，而男性身分得以被區分開來並成就完整。朱迪斯・巴特勒（Judith Butler）在《性別麻煩：女性主義與身分的顛覆》說：

> 生理性別（sex）與社會性別（gender）的區分原來是用來駁斥生理即命運的說法，表示著生理性別在生物學上再怎麼地不可憾動，但社會性別則是文化建構的，或說社會性別既不是生理性別的一個因果關係上的結果，也不像生理性別在表面上固定，並容許了社會性別成為生理性別的多元體現。〔註65〕

生理性別（sex）與社會性別（gender）〔註66〕並不是一個強迫性的連結，更多的時候是文化建構來的。過去在談論「性別」的課題，總從生理快速地連結在傳統的社會價值、文化評價裡頭，造成西蒙・波娃（Simone de Beauvoir，1908～1986年）所述，女人是「變成的」，因為「她們」的生理特質已為她們的社會特質作出了取捨。

　　對此，張瑞芬〔註67〕曾在《臺灣當代女性散文史論》裡運用相關論點，

〔註64〕戰後的臺灣婦運，可以 1970 年代呂秀蓮的新女性運動為「拓荒期」、1980 年「婦女新知」等新興婦女團體的萌芽為「播種期」、1990 年代後的多元性別運動為「開花結果期」。李元貞，〈播種與茁壯：回顧 1980 年代臺灣婦運〉，《思想》22 期（2012.11），頁 111。

〔註65〕朱迪斯・巴特勒（Judith Butler）著，宋素風譯，《性別麻煩：女性主義與身分的顛覆》（上海：上海三聯書店，2009），頁 8。

〔註66〕過去談論「sex」與「gender」時，中文總譯為「性」與「性別」，在一定程度上易混淆。因此，往後的相關討論，將譯為生理性別（sex）與社會性別（gender），以避免訛用。

〔註67〕張瑞芬（1962～），東吳大學中文博士。寫作書評，參加臺灣文學發展基金會

〔註68〕通過性別的「對應性」聚合而成，試圖構築一個文學典律（canon），以進入眾聲喧嘩的場域中競逐，期能被看見、聽見，並喚醒了讀者對於過去遺漏在文學史、文學地圖的女性作家的重視。〔註69〕因此她以「女性作家」爲範疇，進而配合文學思潮的推移狀態，勾勒出一部女性散文史的雛型，藉以填補臺灣文學史中缺漏的部分。這也使得過去散文在文學史書寫的空缺、選集的寥落、研究人力及成果的薄弱等影響散文研究的因素，在一定程度上獲得回應，使我們理解到散文確實相較於其他文類（尤以小說、現代詩）有其開發的必要性。

另與本文取材相關的還有自傳、家族史的書寫，張瑞芬在《臺灣當代女性散文史論》裡闢出一章節引用美國女性學者萊恩・肖瓦爾特（Elaine Showalter）的說法（從 feminine、feminist 和 female 三個階段），可以見到女性在「發現自己」路上，走過一段極爲遙遠且艱苦的道路。同時，張瑞芬認爲女性藉著書寫自傳或家族史，使自我進入歷史，然而在傳統歷史主義和男性中心之下，卻失去了主體性，自傳往往淪爲「他傳」。〔註70〕這樣的思考，基本上可從後殖民（或後現代）、性別論述的層面去解析，即將女性從邊緣的「無聲者」、「被代言者」拯救出來，「換」（喚）與「還」她們話語權的掌握權力與權利。這樣的對應性，使得女性從單一性別（第一性）的框架中得以跳脫。在此思考下，本文以爲若能從較少被論及的生命史介入，作爲開拓女性散文作品相關研究之外，另一種看見女性的途徑。

但除了看見女性外，不能忽略了緊接在女性運動之後，90 年代同志論述公共化的重要性，也確立了過往大敘事，尤以陽具中心主義的父權機制外，邊緣、弱勢、他者通過小敘事機制與其對話的通道。過往的文化制約，由於

「臺灣現當代作家評論資料」整理，爲《臺灣文學年鑑》撰寫年度散文概況。
〔註68〕書構成有幾個特點，其一、試圖從過去研究的對文類研究的偏向（尤以西方文學批評理論對小說、詩的影響），試圖開拓散文研究的可能性；其二，針對女性及女性議題認知的遲到（belated），所產生了缺乏女性的聲音與視野，因此從「臺灣」、「女性」、「當代」、「散文」形成的四重邊緣處境中找到發聲的管道與發聲的來源；其三，搶救了一些逐漸被淡忘的女性散文作家，也蒐集了豐富的史料來呈現 50 年代女性抒情散文傳統的形成以及往後傳承的情形。可參閱張瑞芬，〈被邊緣化的臺灣當代女性散文研究〉，《文訊》20 期（2002.11），頁 55～57；邱貴芬：〈評張瑞芬《臺灣當代女性散文史論》〉，《女學學誌：婦女與性別研究》第 24 期（2007.12），頁 195～203。
〔註69〕張瑞芬，《臺灣當代女性散文史論》（臺北：麥田，2007），頁 70。
〔註70〕張瑞芬，《臺灣當代女性散文史論》（臺北：麥田，2007），頁 69。

性別取向而被壓制或噤聲的成員，必須進入公共空間以參與政治活動並爭取公民權利時，也無可迴避討論到身體權力的建構與詮釋問題。而同志運動，藉由不斷地進化，從同志到酷兒的演化，使得性別有了極大的推演，如邱妙津等的書寫，別具有象徵與越界的展演特質。

只是在過去的探討中，多以小說、現代詩作為對話的基礎下，若能加入散文作品，將促使擴增實踐與批判的動能。因此本文將藉此試圖將同志書寫，置放在文本所受制的權力結構與大敘事脈絡中討論，文本所擁屬的想像及召喚性，不單只是為了召喚作者與讀者參與，也如傅柯（Michel Foucault，1926～1984）所言，建構自身所需的知識體系力量的可能。當同志為了表達社會較無法見容的身分／情慾／想像時，書寫不只是一種想像的出口，也是邊緣性議題針對主流文化的回應與反支配的策略，建立認同感。畢竟書寫作為一種實踐，文本就不僅是作家個人作品的集結，更隱喻了社會價值觀的挑戰權與詮釋權的爭奪，使大眾能得以看見過去看不見或是想像的空間中，邊緣群體以身體／情慾的展演，運作社會議題的反支配力量，產生更多的詮釋空間與參與。

三、發展歷程下的族群論述

戰後臺灣的社會，族群課題是敏感卻又無法明揭的存在，在戰後兩岸情勢、冷戰結構與政府威權體制下，其相關課題在公領域的討論被延遲了許久，或者說較以不顯著的方式被述說。吳乃德曾指出出，戰後的第一階段中，臺灣族群關係的核心癥結是，佔人口少數的外省人對政治權力的壟斷、對外省人的政治宰制、對本土文化的壓制，以及因而引起的兩個族群之間的社會敵意和緊張。〔註71〕故對於族群的想像既複雜又單一。另者，在威權政治時期，民主化固然是臺灣政治發展的主軸和動力，可是族群關係卻一直是形影相隨的重要主題，尤其是 1970 年代以後，臺灣的民主化運動同時也是族群運動；民主化的目標之一即是在打破外省人對政治權力的壟斷。〔註72〕可是在這樣的過程中，幾乎所有的族群想像都被投入了「中華民族」的單一想像中，故

〔註71〕吳乃德，〈認同衝突和政治信任：現階段臺灣族群政治的核心難題〉，《臺灣社會學》4 期（2002.12），頁 76。
〔註72〕吳乃德，〈認同衝突和政治信任：現階段臺灣族群政治的核心難題〉，《臺灣社會學》4 期（2002.12），頁 77。

臺灣的族群運動就在區辨中華民族、中華民國的國族論述中夾敘而行。

　　伴隨著解嚴氛圍的解凍與政治結構的改變，不同族群挪借多元化的敘事，向單一文化的大敘事展開一連串的對話、反抗，較爲顯著者是原民運動、客語運動的湧現，原住民族〔註73〕、客家人亦將語言、教育、命名等政治、文化議題，推向了文學、政治場域。「臺灣族群問的「血肉化」，的確是 1970 年代整個臺灣內外政治形勢牽連著「國家定位」打造出來的結果。」〔註74〕正由於這種「隱而再現」才迫使人們關注到不同族群間過去是如何被濃縮、再製成一個由國家機器宣稱的「虛擬化的主體」，並消褪去各自文化的殊異元素。一如後殖民論述提示的，臺灣做爲主體性，呈現出一個以各種不同方式在扣連「人」、「語言」、「地方」及其他諸多要素的闡連場所（the site of articulations），而不僅是狹地「再現」被殖民者、被壓迫者、被排除者。〔註75〕所謂的「闡連場所」就是一系列相關的隱喻作用、意義商榷與文化翻譯的動態過程，環繞在不同的優位意符（privileged signifiers）去編織論述，方使得再現成爲可能，使「女人」、「本省人」、「外省人」，或「臺灣人」的論述成爲可能。〔註76〕

　　「族群」歷來都是文化課題中相當複雜的一環，吳乃德在〈省籍意識、政治支持和國家認同〉中指出，若要認識「族群」必先理解族群意識的形塑原因，當中又可分爲三個質素：群體認同、群體利益的認識、行動的可能性。〔註77〕其中最重要者乃是群體的認同，若放回到臺灣社會審視，的是內部不同族群之間的關係。其目標是社會內部的群體，〔註78〕而要分辨的也是社會

〔註73〕原住民族群並非一個「單數詞」，但爲求行文論述的一致性，暫不討論各原住民族間的文學／文化差異。或可參閱魏貽君，《戰後臺灣原住民族文學形成的探察》（新北市，INK 印刻文學，2013）。

〔註74〕孫大川，〈夾縫中的族群建構——泛原住民意識與臺灣族群問題的互動〉《山海文化雙月刊》12 期（1996.12），頁 93。

〔註75〕張君玫，《後殖民的陰性情境：語文、翻譯和慾望》（臺北：群學，2012），頁 254。

〔註76〕張君玫，《後殖民的陰性情境：語文、翻譯和慾望》（臺北：群學，2012），頁 254。

〔註77〕吳乃德，〈省籍意識、政治支持和國家認同〉，《族群關係與國家認同》（臺北市：業強，1993），頁 29。

〔註78〕另外吳乃德也提出，在臺灣的現實情況中，「臺灣人」／「中國人」所具有的內涵卻同時包括了內部和外部的群體。請參閱吳乃德，〈省籍意識、政治支持和國家認同〉，《族群關係與國家認同》（臺北市：業強，1993），頁 35。

內部的另一群體。〔註 79〕至於族群認同的形成，多來自於世代間的遺傳、文化傳承、歷史發展或外界環境的刺激等。〔註 80〕這也表示著族群的認同是可能轉換的、或多重並存的，「認同」並非永遠疆固不變的，吳乃德指出：

> 族群認同可以改變，也可以創造，甚至兩個不同的族群認同可以共存。當新的族群認同逐漸形成，舊的認同仍然被維持著。也就是說，族群的界線是可以改變的，兩個不同的族群可以「合併」成一個新的族群，一個優勢的族群可以將其他族群「吸收」，同一個族群可以分裂成不同於原先母族群的兩個全新族群，一個新族群也可以自母族群中「分離」出來，和母族群並立。〔註81〕

臺灣族群認同不僅是族群彼此之間的區別、肯認關係，在國家機器、政治場域中，已演化出「族群認同──國家認同」的雙重聯結，其一「是居於政治壟斷地位的族群，利用其政治上的霸權，透過意識形態國家機器運作，試圖在文化上同化被宰制的族群；二是宣揚特定的國家認同，合理化統治團體的威權體制。〔註82〕」都使臺灣族群關係有特殊演化。

　　戰後歷史遷變、冷戰結構、脫離日本殖民等因素交雜下，臺灣社會結構內部的族群演化投射出不同的認同傾向，形成了多元樣態的文本與豐富的敘事內容。〔註83〕進一步來看，對於「統一性格」的裂解、反抗，不僅僅發生在原住民族、客家族群等，政治轉變中，外省族群、外籍移民／工都在一定程度上，以其書寫作為回應臺灣社會的一種姿態，以原住民族來說，「過去原住民族群因邊陲、弱勢、資源匱乏的因素以及其內傳式的文化呈現形態（如

〔註79〕吳乃德，〈省籍意識、政治支持和國家認同〉，《族群關係與國家認同》（臺北市：業強，1993），頁 35。
〔註80〕吳乃德，〈省籍意識、政治支持和國家認同〉，《族群關係與國家認同》（臺北市：業強，1993），頁 30。
〔註81〕吳乃德，〈省籍意識、政治支持和國家認同〉，《族群關係與國家認同》（臺北市：業強，1993），頁 35。
〔註82〕吳乃德，〈省籍意識、政治支持和國家認同〉，《族群關係與國家認同》（臺北市：業強，1993），頁 31～32。
〔註83〕過去「原生連帶論」（primordialism）認為族群成員之間的原生連帶（血緣或共同文化）是族群團體形成與凝聚的主要原因。但在 1960 年代之後逐漸轉向「情境論」（situationalism）說法，來解釋現代社會中的族群復甦。請參閱王甫昌，〈邁向臺灣族群關係的在地研究與理論：「族群與社會」專論導論〉，《臺灣社會學》4 期（2002.12），頁 1。

缺乏文字等），無法獲取較大的論述地位，限制其申論思維的機會。」〔註84〕
故書寫本身不僅成爲實踐的行動樣式，對於文學的追求、語言背後的美學與
哲學的意識建構等，似乎也成爲探求各族群語言與意識形態的聯結關係的一
個途徑，因爲語言除了是個人所擁有的一種能力（capability），也是傳承文化
的負載者（carrier），因此可視爲一個族群所擁有的特色、資產，甚至於，語
言往往是被用來當作辨識集體認同的一種重要指標。〔註85〕

　　因此，本文將從不同族群的書寫及歷史脈絡、外籍移民／工的發聲，通
過歷史背景探索族群的記憶、認同課題，並解析不同族群間的語言使用問題，
找出不同族群在辨識自身族群文化認同的同時，探索誰擁有爲族群發聲的權
力、新的族群課題如何被關注，以及臺灣作爲基點時如何折衝、協調相關族
群議題，作爲後續對話。

四、階級概念的轉化

　　「階級」的概念其實早已存之，但眞正爲人所知或廣泛運用，則來自於
馬克思（Karl Heinrich Marx, 1818～1883）的論述思想，而後在文化馬克思主
義者盧卡奇（Ceorg Lukacs, 1885～1971）、布爾迪厄（Pierre Bourdieu, 1930～
2002）的手上，獲得新的轉換與延伸，例如布爾迪厄以爲，馬克思提出的「階
級」概念已不再能夠有效地詮解文化實踐、品味類型、社會階層的生存條件、
資本結構的內在聯繫，也難以揭示區隔個體、階層和階級的複雜表徵。〔註86〕
因此他特爲提出了經濟資本、社會資本、文化資本和象徵資本的差異，用以
回應經濟、社會及權力等運作邏輯。〔註87〕

　　拉回到臺灣來，戰後臺灣信仰社會主義理想的知識分子不少，其來源有
自中國傳入者，也有直接吸收自歐洲、日本者。日本殖民時期，臺灣共產黨

〔註84〕 巴蘇亞・博伊哲努（浦忠成），〈原住民思維〉，《思考原住民》（臺北市：前衛，
　　　　 2002），頁 3。
〔註85〕 引述施正鋒，張學謙合著，《語言政策及制定『語言公平法』之研究》（臺北
　　　　 市：前衛，2003），頁 5。
〔註86〕 在社會化過程中，同一社會世界中的行動者共同類似的屬性，從而產生共同
　　　　 的社會歸屬。個體和群體不斷捲入判斷和被判斷，區分和被區分的過程，將
　　　　 社會對他們的區分再現他們對自身的區分，並由此獲得文化和社會身分。請
　　　　 參閱江民安編，《文化研究關鍵詞》（臺北：麥田，2013），頁 80。
〔註87〕 請參閱江民安編，《文化研究關鍵詞》（臺北：麥田，2013），頁 80～81。

與臺灣民眾黨算是左翼政治團體的代表，臺灣文化協會之中也包含一些社會主義者。臺灣左翼運動勃興以日本殖民時期的 1920～1930 年代爲主要高峰，後因戰爭到來，日本本國加遽了對左翼運動的壓制，致使左翼運動相關組織、刊物、思想言論受到了不小衝擊，進而隱遁消匿。此現象隨著二戰結束，國共內戰爆發以及國民政府撤退來台後戒嚴體制的啓動，國民黨統治臺灣之後，擺下了白色恐怖的大網，對左翼政治團體嚴格鎮壓，許多知識分子成爲白色恐怖時期的受害者。

時序來到 1971 年，適逢臺灣退出聯合國，《大學雜誌》刊出由許信良、張景涵（張俊宏）、張紹文、包青天（包奕洪）共作〈臺灣社會力分析〉。文章裡頭針對地主、農民、知識青年、財團、企業幹部及中小企業者、勞工等階層做了分析。指砭出指當時臺灣結構已潛藏許多問題。如此言論雖未單獨爲特定階級發言，卻也表示了臺灣社會結構的失衡，若不提早面對現實提出辦法，隨後的挑戰將難以預料。正因爲此類言論的開展，爲臺灣積累了通往現代化和民主化的強力動。〔註88〕

隨後，1976 年，《夏潮》以追求「政治民主、經濟民主和社會民主」爲宗旨。〔註89〕可以顯見的，自 1970 年代中期以來，雖然整體政治環境還是相對地嚴整，但卻隱約有其「不同」聲音發出，例如《夏潮》通過對日本殖民時期的臺灣歷史的研究，開始承續轉化左翼思想。〔註90〕

隨著 1979 年《美麗島》事件爆發，遂「引發新一波在美台獨社群的激進化運動，鎮壓時正好在美國被迫流亡的《美麗島》社長許信良，先成立《美麗島週報》鼓吹都市游擊戰，不久因中產階級和專業人士爲主的菁英台獨團體「台獨聯盟」抵制而告終，他又去日本和臺灣民族主義基本教義派史明結盟，成立「臺灣民族民主革命同盟」，1983 年左右，許信良加入在美台左老將

〔註88〕《大學雜誌》1968 年創刊，並於 1971 年刊出許信良的〈臺灣社會力分析〉一文。

〔註89〕轉引述自江宜樺，〈臺灣戰後政治思想與民主運動〉，《臺灣社會研究季刊》65 期（2007.03），頁 196。

〔註90〕左翼刊物自 1970 年代以來，就已經提倡對日本殖民時代臺灣歷史的研究——如《夏潮》在 1978 年便出現了「臺灣史料選讀」的專欄，由林載爵主筆介紹了日本殖民時代的「臺灣文化協會」、「臺灣議會設置請願運動」、「新臺灣聯盟」和「社會問題研究會」。1988 年《臺灣社會研究季刊》出版，也是左翼刊物的一種承繼。請參閱王晴佳，〈當代臺灣歷史論的雙重挑戰〉，《思想》2 期（2006.06），頁 101。

洪哲勝的「臺灣革命黨」，1986 年才又放棄革命路線。」〔註91〕

　　另一個值得觀察的軸線，是因應著 70 年代初保釣運動而來的「社群」，如《民主臺灣》是以保釣要角林孝信直接傳承自保釣運動；《臺灣思潮》則由保釣前已活動的老左派許登源、金寶瑜和顏朝明，加上負責對外串連的保釣新生代蔡建仁，形成跨世代和跨區團體；也都出版刊物作為對外的面貌，《民主臺灣》屬貼近現實的政論文化刊物，《臺灣思潮》則較偏重理論。〔註92〕

　　只是整體來看，若要有較鮮明的左翼色彩，還是要仰賴政治環境的改變，故 80 年代《人間》便於 1985 年登場，而一般人知悉的陳映真、〔註93〕藍博洲或本文後續會討論的鍾喬，就因為《人間》聚合而有深密的聯結及書寫。《人間》基本上以報導社會底層民眾的悲慘境遇及批判資本主義為其職志，再配上高信疆在中國時報「人間」副刊的「現實的邊緣」，推瀾了報導文學的「復起」，這裡的「復起」，回應於楊逵開展的「序曲」。只是隨著戰後政治情勢轉變、文藝政策的推行，致使報導文學的寫作減緩下來，但依然可見報導文學因著高信疆、《人間》雜誌推波助瀾下，勃興成長起來。之後，1988 年《臺灣社會研究季刊》創刊，集合學術界及文化界許多具有社會主義色彩的菁英，以「基進左派」作為批判社會問題的立足點。1990 年，「夏潮聯合會」正式成立，高舉反帝國主義、反殖民主義、促進祖國統一的大旗，並延續「夏潮」追求政治民主、經濟平等、社會正義、以及關懷鄉土的宗旨。〔註94〕普遍左翼知識分子的共同特色是：反對以美國為首的西方帝國主義，反對全球化浪潮下的資本主義擴張，同情社會弱勢團（尤其是勞工階級），主張實現社會正義，批評威權專制統治，宣揚大眾參與式的民主。〔註95〕

〔註91〕　吳永毅，《左工二流誌：組織生活的出櫃書寫》（臺北市：臺灣社會研究雜誌，2014），頁 85。

〔註92〕　吳永毅，《左工二流誌：組織生活的出櫃書寫》（臺北市：臺灣社會研究雜誌，2014），頁 83。

〔註93〕　多數研究者會將陳映真等列入「左統」的政治光譜中，原因如同江宜樺指出的，臺灣的社會主義者對中國的政治經濟實踐通常比較肯定，對臺灣獨立運動通常也比較反對。由於有選擇性的關聯，因此臺灣的「社會主義」經常與「反獨促統」結合在一起，人們稱之為「左統」。相較之下，左翼獨派的聲音經常被吸納於台獨主張之中，而無法另成格局，故「左統」說法較為常見。請參閱江宜樺，〈臺灣戰後政治思想與民主運動〉，《臺灣社會研究季刊》65 期（2007.03），頁 196。

〔註94〕　轉引述自江宜樺，〈臺灣戰後政治思想與民主運動〉，《臺灣社會研究季刊》65 期（2007.03），頁 196。

〔註95〕　引述自江宜樺，〈臺灣戰後政治思想與民主運動〉，《臺灣社會研究季刊》65

　　自日本殖民時期以來，許多臺灣文學作家在當時社會時代思潮影響下，不一程度抱持著社會主義的改革理想，並以此作爲文學書寫、反抗殖民統治的中心思想。這對於戰後文學的影響在於，戰後階級論述並不是毫無前源可追，只是戰後的政治氛圍、國家機器運作下，連楊逵等知識分子都不免遭受蠻橫對待。放回到戰後臺灣社會來說，「階級」在戰後臺灣文學場域中一直是個隱弱的課題，原因紛繁，一者是因爲戰後國民政府來台後，以國家機器之力（如白色恐怖）壓制了日本殖民以來的左翼勢力與聲音；二者是戰後臺灣經濟在國際冷戰情勢下，以農業支持工業將臺灣帶往了跨國資本編列的半邊陲經濟位階，雖然壓製出不同的跨國資本的階級序列，卻被政府收編在資本主義的大旗之下，加上一連串的政策、意識形態國家機器的壓制下，促使臺灣人民一直無法有效地抵抗。故而使得階級的課題雖然存在，卻被轉化成不同的異聲。

　　雖如此依然有不少作家不斷地透過書寫表述心志、試圖維持底層人民的聲音。但除了楊逵的書寫實踐外，在臺灣社會結構、產業轉型的變動中，因應著弱勢族群、社會問題叢生，吳晟等人則透過他們的文字，關懷著臺灣現實及歷史所亟待拯救的種種問題。只是在文類的比較上，多數研究者還是關注在吳晟的詩作上而非散文，與此較爲不同的是藍博洲從一開始，即鎖定了二二八事件、白色恐怖作爲基底，配合一系列報導文學的寫作，重新爲受難者與受難者家屬發聲或描繪出個別的形象，重新置入臺灣空白的歷史片段，藉以召喚臺灣社會記憶起這段創傷。

　　在此前提下，本文將透過作家散文，探析作品內的敘事形態與相關議題並以此作爲回應臺灣社會、歷史的策略。使臺灣的階級課題重新以一種較爲積極的樣態出現，不單只是左翼特質的社會主義者，而是轉化在社會關懷、權力結構下失衡的階級課題。因爲過往的歷史因素，以及威權統治底下實施的白色恐怖，看似清除了日本殖民到戰後初期的「紅色光譜」，使一般人民、作家面對著階級課題與社會主義（甚至是共產主義）有了負面聯結都忽略不談或不敢公開地談論。即便如此，陳映眞、葉石濤、郭松棻等作家在幽微的歷史情境底下，還是透過如〈月印〉、〈三月的媽祖〉間接地表述出個人左翼思維或傾向。而左翼勢力的挫阻，並不代表臺灣社會就走向了一個富裕和平的美好年代，臺灣社會因應退出聯合國、中美斷交、釣魚台爭議等事件，開

期（2007.03），頁 196。

始轉向「面對現實」、面對臺灣土地，才深刻體認到臺灣內部的諸多問題，如政治改革的期盼、環保問題、勞工或農民權益等，都在後續關注中被視爲重要的課題，也迫使人們更認眞地去面對臺灣土地上的底層人民及生存課題。

隨著鄉土文學論戰掀濤，官方文藝對當時提倡鄉土文學頗有疑慮，以鄉土文學等於農工兵文學的聯結，作爲文化霸權的詮釋爭奪，使原先「左統」、「本土」勢力因此結盟，在鄉土文學爲基調的詮釋上展開了領導權的鬥爭，〔註96〕也使得在國共戰爭底下駭懼的「農工兵」（共產黨）陰影一時間襲捲而來，但隨著各種詮釋的介入，這場論爭在無結論情形下結束。雖是如此，卻也未後來的政治改革、社會運動亮起了先聲，成爲解嚴敘事的原因之一，推助前進了本土化敘事，並更朝向現實的臺灣靠攏，探求臺灣社會的聲音，而本研究也在此社會公平、隱述的左翼思潮中，重新思考臺灣社會長期忽略的公平正義與階級課題。

第三節　研究範疇與理論取徑

要建構、敘述臺灣現代散文的最大的困難點在於，究竟散文範疇、涵攝內容、關懷向度與實踐策略是否有突破以往的可能性。因此在研究取徑上，須將若干詞彙範域、框架界定，形成明確的對話空間，以下分成幾個層次，進而釐清詮釋框架。

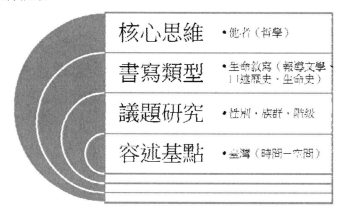

〔註96〕以陳映眞爲主的中國國族中心代表，主要的批評還是來自國民黨的國族論述與西方帝國主義間的從屬關係。他們繼承五四以來的反帝傳，挖掘五四對臺灣文壇的影響，研究日本殖民時期臺灣作家，形構出不同於（或對立）於官方的民族主義論述。請參閱王晴佳，〈當代臺灣歷史論的雙重挑戰〉，《思想》2期（2006.06），頁97。

　　研究方法是爲了使研究有明確的著眼處、取徑及切入點以爲聚焦。散文研究的困難不純然只是文學理論適用性、風格或美學的要求而已，更多時候「遺忘」的本身卻在幽暗處向著這些鮮明的光亮點招手，以作爲一種對話的「默語形態」，也就是還有什麼是被遺忘的料材，值得去一一析探。這裡所謂的「默語」發想是來自於「默劇」，人們以爲不語就是不發聲的形態，卻將劇場上的重要元素——「動作」忽略掉了，不以爲是「話語」，但實際人們（讀者）己閱讀完了整個劇，一定程度上理解了敘事結構。再更積極地說，人們的「觀看」就是一種「對話的參與」，以自身的經歷統整、分析或解構掉整場劇，在自我生命、精神結構中完成了另一種「對話」。同時，這樣的對話往往被忽略在歷史的大敘事之中，也被剔汰掉在某些「書寫」的表述形態、文學類型之外（例如口述史、生命史被納入擇選就明顯較低）。若以巴赫汀的眾聲喧嘩審之，「默語」用以維持大敘事得以不完全崩解的另一個聲音，在某種「接斷」過程中，使之平和協調，如定音鼓、三角鐵的細微作用，卻能夠支持著整個大曲調的奏樂。

　　有了上述研究方法概想後，以下將對若干詞義作界定，以作爲後續討論基礎：

一、臺灣符碼的浮現

（一）軸心時期的機轉

　　戰後臺灣的敘事重構，有著精神結構、文學、國際情勢、政治氛圍、社會運動）的各種激盪呼應方能合理推演。臺灣在 1970 年代，歷經了退出聯合國等國際事件，再加上了後來的鄉土文學論爭（1977～1978），以及與美斷交、美麗島事件等因素，伴隨而來的是關於「臺灣」符號的再探討景象，因此不論是從鄉土的現實關懷，或是臺灣做爲歷史空間的探索，似乎成爲了當時臺灣人民尋求出口的一個管道。80 年代解嚴是個衝撞後的「突破」，將臺灣導向民主化的道路卻也愈行不穩，一切得等到 90 年代後。因爲自 1987 年宣布解嚴後，等到 1991 年公布終止動員戡亂時期、1992 年中華民國刑法一百條的修正後，白色恐怖與戒嚴才真正結束落幕。相較於 80 年代政治、社會事件的衝擊，蕭阿勤以爲 1970 年代是臺灣社會發展的「軸心時期」，也就是本文引觸的「接斷」：

　　　70 年代是關於臺灣本身的知識建構與文化表現的本土化典範開始

發展的「軸心時期」（the Axial Period）。由於臺灣的國際處境艱難、
國民黨政府程度有效的政治革新、社會經濟的變遷、戰後世代的步
入社會、學術界與文化工作者的自我反省與求新求變等因素的輻湊
匯集，使許多知識與文化生產領域都出現追求本土化動力與實踐，
尤其是關於臺灣本身的知識建構與文化再現的本土化。〔註97〕

外部來說，70 年代初期，臺灣歷經了釣魚台事件、退出聯合國、石油危機之
後，已迫使臺灣島內的人民以較為務實的態度來面現實的環境，隨之引發邊
烈改變的是自 70 年代後半葉來自政治社會的挑戰與希望。首先是 1975 年總
統蔣中正病逝至 1978 年蔣經國就任總統以來，1977 年臺灣島上發生了中壢事
件〔註98〕、鄉土文學論戰；國際上 1978 年底因美國轉承認中共政權，致使斷
交所引發的動盪局勢，〔註99〕後 1979 年又發生了高雄的美麗島事件（高雄事
件），政治的牢籠開始被撞擊鬆動了。〔註100〕以美麗島事件帶動的黨外運動來
看，其中政治上則經歷了 1981 年 11 月 14 日，臺灣舉行地方公職人員選舉，
〔註101〕1983 年的立委局部改選。〔註102〕卻引致國家機器的強制介入，1980
年 2 月 28 日，美麗島事件涉案人林義雄母親及 3 名幼女，在家中遭人刺殺；
〔註103〕隔年（1981 年）7 月 3 日留美學人陳文成博士陳死臺灣大學校園〔註
104〕；以及 1984 年 10 月 16 日，劉宜良（筆名江南）在美國被刺殺的江南案，

〔註97〕 蕭阿勤，〈臺灣文學的本土化典範：歷史敘事、策略的本質主義與國家權力〉，
　　　　《文化研究》創刊號（2005.09），頁 100～101。

〔註98〕 1977 年 11 月 19 日，桃園縣長選舉，中壢市 213 投票所主任監察員涉嫌舞弊，
　　　　引發「中壢事件」。請參閱張勝彥編，《臺灣全志・卷一，大事志》（南投市：
　　　　臺灣文獻館，2004），頁 266。

〔註99〕 1978 年 12 月 15 日，美國總統卡特宣佈，美國將於 1979 年 1 月 1 日與中共建
　　　　立外交關係，並中止美國與中華民國的共同防衛條約。請參閱張勝彥編，《臺
　　　　灣全志・卷一，大事志》（南投市：臺灣文獻館，2004），頁 276。

〔註100〕 參閱張勝彥編，《臺灣全志・卷一，大事志》（南投市：臺灣文獻館，2004），
　　　　頁 287。

〔註101〕 參閱張勝彥編，《臺灣全志・卷一，大事志》（南投市：臺灣文獻館，2004），
　　　　頁 305。

〔註102〕 1983 年 9 月 18 日，無黨籍人士舉行「黨外中央後援會」成立大會；9 月 24
　　　　日，中央選委會通過，增額立委選舉名額及競選經費最高限額。請參閱張勝
　　　　彥編，《臺灣全志・卷一，大事志》（南投市：臺灣文獻館，2004），頁 324。

〔註103〕 張勝彥編，《臺灣全志・卷一，大事志》（南投市：臺灣文獻館，2004），頁
　　　　289。

〔註104〕 張勝彥編，《臺灣全志・卷一，大事志》（南投市：臺灣文獻館，2004），頁
　　　　301。

〔註 105〕使我們審視臺灣戰後歷史時，不能單純只著重於「軸心時期」的機轉，還有後續的影響，這也導引了 1987 年的解嚴，以及 90 年代初期「二月政爭」、「三月學運」，並在政爭與學運的呼應下，召開國是會議，展開修憲的討論。〔註 106〕。

　　呼應臺灣社會、政治之機轉，蕭阿勤將 70 年代以來至今臺灣的本土化典範，依照建立「理念型」（ideal type）的方式，區分為「敘事的（narrative）本土化典範」〔註 107〕與「非敘事的（non-narrative）本土化典範」。〔註 108〕其中歷史敘事對文學（包括歷史）領域的本土化典範有支配性的作用，構成本土化理念的核心。〔註 109〕也就是說，在各領域上的表述上，以文學、歷史（作為文本支撐）呼應本土化典範的較多也較具實踐的能動性，相較於其他領域（如美術等）的確實來得積極有效。

　　藉此，想挪借巴赫汀（Makhail M. Bakhtin，1895～1975）的「時空體」（chronotope）作為補充。「時空體」主要運用於文學作品小說開展的時間—空間向度，同時指出時間—空間在敘事文類中的組合形式、意義，同時透過文學作品展現出的時間—空間，可與現實世界作交流溝通。以此對應戰後臺灣散文的生命敘寫，不單只是個體在其中的感知，也代表集體的想像，也就是本文所提示的文本不是「孤立」在作家的腦海裡，也不是單獨存在於「他者」以外的世界，一個照不到他者的虛構、科幻式世界。生命敘寫的相關文本在創生當下，不單與作家聯結也向外在的現實世界聯結，更向他者、第三方的他者開放。

　　理解「在歷史過程方面，70 年代的回歸鄉土理念，可以說本土化典範的最早版本，而文學在當時就是最致力於實踐這個觀念的文化活動領域。回歸

〔註 105〕張勝彥編，《臺灣全志‧卷一，大事志》（南投市：臺灣文獻館，2004），頁 334。

〔註 106〕李筱峰，《臺灣史 100 件大事（下）戰後篇》（臺北市：玉山社，1999），頁 141～142。

〔註 107〕蕭阿勤指出，在美術、心理學、社會學與人類學的領域中出現的本土化典範，其主張並非明顯地依賴一個關於臺灣的歷史敘事，故稱之為「非敘事的本土化典範」。請參閱蕭阿勤，〈臺灣文學的本土化典範：歷史敘事、策略的本質主義與國家權力〉，《文化研究》創刊號（2005.09），頁 101。

〔註 108〕蕭阿勤，〈臺灣文學的本土化典範：歷史敘事、策略的本質主義與國家權力〉，《文化研究》創刊號（2005.09），頁 101。

〔註 109〕蕭阿勤，〈臺灣文學的本土化典範：歷史敘事、策略的本質主義與國家權力〉，《文化研究》創刊號（2005.09），頁 101。

鄉土同時也包括重新挖掘臺灣歷史，尤其是關於日據時期臺灣新文學與政治社會運動史的探究。」〔註 110〕例如他提及美麗島事件與黨外運動的興起，催發了的《笠》與《臺灣文藝》成員的政治意識與文化活動。這時候他們與 1982年初創辦的《文學界》成員開始提倡將臺灣的文學「去中國化」，將日本殖民時期以來臺灣（本省）人的現代文學發展詮釋成一個具有獨特的「本土化」歷史性格與文學特色的傳統，進而以本土文學代換成臺灣文學，其目的在於取代過去以來屬地方、客體性格的鄉土文學。〔註 111〕

　　蕭阿勤觀察到臺灣主體性格的敘事不僅顯現在政治、社會層面的，還有文學、歷史的奧援，方成為「敘事的本土化典範」。但這裡想另外以「時空體」作為「補充」不在於推翻「本土化典範」，而是擴延文本的「互文性」，一如後面會談到的《綠島家書》，正是文本「支撐」時代例證，也就是說文體呼應社會課題應時而出，歷史與文學作品相互交涉互融，向著作品的時間—空間開拓，也向外部社會的時間—空間開放。這就很像導航，它像是被緊縮在特定的「框架」裡，但它其實投射出去的是外部現實的地圖，我們在導航裡看見也許不那麼真實，卻也非全然虛構，它是人們感知外部現實世界及路徑的指引。

　　本文從 1970 年代作為「接斷」，不單回應了臺灣的歷史發展，也間接呼應了蕭阿勤以為的軸心時期，關於臺灣的敘事才有機轉」的可能。如以海登・懷特（Hayden White，1928～）的說法，代表了張力、衝突、矛盾的「加入」藉以升高故事的「可看性」。對於故事、小說如此，對待歷史其實亦相似，只是在於歷史並不是個體所能創造、編織，也充滿了對「當下」的無力感與無限追憶，因為歷史現場本來就充滿著許許多多的變數，人物、事件、情節、物品都不是「歷史現場」所能「事先安排」的，所以「歷史敘事」在於「重新安置」以獲得前進的力量。從 70 年代以降來看，正因為軸心時期，臺灣敘事才有機轉。海登・懷特的歷史敘事並非純然回顧歷史而已，而是針對歷史事件重新安置與說明，其主要的時空背景在於臺灣歷經 1970 年代後期，對於臺灣在國內外局勢演變下，所必須面對的課題。對於人民而言，「中國」符號

〔註 110〕蕭阿勤，〈臺灣文學的本土化典範：歷史敘事、策略的本質主義與國家權力〉，《文化研究》創刊號（2005.09），頁 99。

〔註 111〕蕭阿勤，〈臺灣文學的本土化典範：歷史敘事、策略的本質主義與國家權力〉，《文化研究》創刊號（2005.09），頁 109。

的質變，以及在國際上的挫敗，使得當時許多知識分子開始重新尋找自我與國家的定位，進一步挑戰國民政府的宏大敘事。隨之而來的臺灣文學與文化的研究，說明在臺灣社會面臨到挑戰後，開始面對臺灣土地上的所發生的一切事件，以及活在這塊土地上的人們各自面臨到的「感覺結構」（structure of felling）〔註 112〕的問題。因此在海登・懷特那裡，歷史敘事不單只是重構其事件的意識形態和文化意義而已，而是必須經由詮釋進行梳理。同時，文化多元和眾聲喧嘩的熱鬧場景，不單只是社會走向開放，而是將回頭審視過去，以便爲通往未來做好再統整的過程。

　　然而歷史語境再怎麼轉換、再怎麼被敘事、被重新安置，總有某些他者遊蕩在其中無以自拔，他們遊蕩在過去、現在也可能在未來，他者被創造出來用以擺渡主體，在歷史語境轉換中，他者像是護衛軍也像稻草人，被需要也被利用，架起可能失衡、崩解的敘事，尤以建構臺灣敘事時，他者成爲支架，架起了主體看待外界的角度，也像例證用來證明主體存在之必要，這聽來多麼地輝煌偉巨，可也掩飾不了對他者的挪用、漠視與排斥。

　　如同章節所談的各種書寫，幾乎都是異於大敘事的生命敘寫，通過小歷史，日常生活的史學概念重新詮釋或與大歷史對話的意味濃厚，使得小歷史的後學性格突出非常。此觀點一方面來自年鑑學派〔註 113〕對於物質層面，也

〔註 112〕這是雷蒙・威廉斯（Raymond Williams, 1921～1988）提出的一個重要的觀念，他強調「感覺結構就是一個時代的文化，也是整體組織所有要素共同生活出來的結果」。感覺結構描述了意識的全體，它透過語言、社會關係、制度、意象及歷史變遷之反應表達出來。感覺結構不僅呈現於體現出來的經驗之中，也在經驗之省略部分及省略的結果中呈現出來；感覺結構既是個人也是社群中最深沉的結構和組織，是傳承下來的集體結構，卻也表現了成員對情境的個人化及創造性反應，透過此個人創造性的反應，改變了傳承的感覺結構之面貌；因此感覺結構一方面如「結構」一字所暗示地牢固，一方面卻植基於我們經驗中最深沉、最不易察覺的部分，它是對特定情境的反應方式，此方式並非自覺的，也不是諸多可能方式中的一種，而是經驗中唯一可能的方式；最後，感覺結構是對我們所生活的世界之一種描述，然而並非自覺和外顯的描述，而是呈現在經驗和行動的全體中，一種有意義的社區，一種看世界、生活於其中、活動於其中的方式。請參閱謝國雄，《文化取向的傳播研究：雷蒙・威廉斯（Raymond Williams）論點之探討》（臺北：國立政治大學新聞研究所碩士論文，1984），頁 56。

〔註 113〕鑑學派的創始人從人出發開闢了一種新的歷史——總體史的道路，費弗爾和布洛赫認爲，他們所倡導的這種總體史包含了整個人類的生活。隨著年鑑——新史學範型主導地位的確立，文化史本身日益從傳統史學模式中脫離出來而轉向新史學模式。

就是日常性生活的重溯，重組出一般人生活的面貌，這樣的努力不僅僅在於
顛覆家國歷史無法容納的聲音，也帶我們重新看見日常生活的零瑣與不同歷
史存在的樣子。臺灣社會後殖民情境中，不單單要處理殖民遺痕，更需通過
更多的故事去支撐崩解、失衡的大敘事，我們必須轉化他者，不能再單獨留
他們在大敘事裡的框架裡，那不快樂也不是他者的真實情感，唯有將他者拉
到身邊才能傾聽到真實的心跳，才是戰後散落的歷史碎片中，應被拾起的那
一片片，用他者的故事帶我們認識臺灣、理解臺灣。

（二）作為容述的基點

　　從國家定位來看，臺灣在第二次世界大戰的時空接點上，面對日本拋棄
臺灣人民而去，回歸中國的期望又在戰後的二二八、白色恐怖中遭受打擊，
以為可改變被殖民地位，再度地令人失望。一如後殖民主義（postcolonialism）
之所提的，「後」（post）不單只是時序上的空間與時間上的解放，殖民本身的
效應與文化也一併進入了後續時空。這樣的詮釋在臺灣的社會中，顯示出了
殖民者對被殖民者的形塑；戰後臺灣並未自日本殖民的統治狀態中逃脫，其
中最主要的即是國民黨的威權統治形態，使人們再度失去了自由生活空間，
陷入了思想鋼牢、陷入了國家認同與意識形態交錯又複雜的失衡狀態。

　　另一方面確認臺灣的歷史狀態，同時也認知臺灣作為相關散文研究的「時
間──空間」向度，使其臺灣成為可被容述的，更可直接面對這塊土地發生
的事件，使其「座標化」。「座標化」的定位功能，或可說在時間的層次上，
加上了「空間」的結構析度，使「臺灣」的圖像越加「立體化」。因為時間提
供了事件發生與詮釋的可能，而空間則給了一個能夠承載的「容量」，是地理
的，也是政治、歷史與文化的，像阿基米德的原點，無以改變並須肯認存在
的價值。這讓作家在定位臺灣的同時，有著堅實的基礎，因為在「此」，不僅
佔據空間也有實質力量，所有一切就從「此」開始述說。臺灣作為「書寫」
的座標，不僅在歷史貫常的時間軸上找尋意義，也在空間軸上確認「意義發
生的基點」，這如阿基米德的原點，既無可動搖也無可取代，它佔據了空間的
位置，所有歷史串連的線、面，都以此為基礎，延伸、聚化。

　　臺灣符碼之詮解，面對著戰後中華民國式的國體建構，臺灣「實存」卻
「無解」的特殊景象。對應於解嚴前臺灣符號散落於人們的生活空間（或生
活語境）中，卻被抑（異）轉於政治、教育等國家機器得以操控的「語境」
無以浮現。挪用薩依德（Edward Wadie Said，1935～2003）的「東方主義」裡

頭西方學科體制裡對於東方的建構，東方並不在眞實的東方世界是在西方所意圖想像與建構的世界，東方優美、貪婪、可怖、華昇都不在東方世界裡百舞起歌，因爲這些是西方建構東方的筆觸底下，東方於是離東方很遠很遠，卻離西方這麼近。東方主義論述特意指出了主體並非要透過此「理解」他者，他者的存在是並不爲自己而存，反而用來投射鏡映出主體的策略，這種藉由既「否定」又「肯定」的語述塡補主體自身需求。「否定」與「肯定」的悖論點在於，他者提供了一個肯定主體存在的對話對象，即便「對話」沒這麼多，卻依舊在那裡，但卻必須藉由否定與排除性，不斷地提醒著主體並非所屬。

延伸來看，臺灣符碼的浮出與再現，正符合東方主義下凝視之存在與再現。對應於臺灣的政治狀態（不論是日本殖民或戰後的國民政府），某種程度下依憑著對於臺灣作爲否定／肯定作用下肯定自身、塡補主體匱缺的部分。舉例來說，戰後國民政府在臺灣高舉「中華民國」，將臺灣納建在其政治版圖，以此作爲反共復國基地。在此景象下臺灣被隱蔽了起來，同時也成爲無法被談論的「存在」。可是「中華民國式」的敘事，在 70 年代後期陸續受到挑戰，直至 80 年代的解嚴前後，臺灣成爲「發現」與「跡尋」的存在。然詭譎處在於，臺灣作爲一個實存卻無解、無語的指涉，無法完全分離於人們實際依存於臺灣，這種「分子化」〔註 114〕的滲透、衝突造成了臺灣符碼得以翻動「中華民國式」的的國族建構敘事。另一方面，薩依德等爲主的後殖民論述提醒著我們，戰後的臺灣社會並未完全從日本殖民的狀態中解脫，〔註 115〕反而陷入了國民政府建製的另一個殖民狀態當中，故後殖民的效用不單用來談論戰前的臺灣社會與相關書寫，更可用來直指戰後臺灣社會面臨的多重課題。

故此，本文以後殖民論述基礎的地誌學，作爲容述「時間──空間」，就「戰後臺灣」一詞來看就具有「時間─空間」特質，此處另想挪用魏貽君的說法，「戰後臺灣」具有「貫時性─歷史意識的」、「共時性─文化結構的」雙重指涉意義。「戰後」的時間性指涉，並不只是趨近於歷史分期的年序修辭，另還表徵著臺灣各個族群住民在第二次世界大戰之後對於國族、族群文化身分，以及自我主體性認同的內在辯證、外在塑型過程，猶仍處於眾聲雜沓、多音交織的狀態。〔註 116〕

〔註 114〕這裡借張君玫在探述後殖民論述時，所使用的「分子化」（翻譯）特性。可參見張君玫，《後殖民的陰性情境：語文、翻譯和慾望》（臺北：群學，2012）。
〔註 115〕對此學者陳芳明、邱貴芬等皆有相關論述。
〔註 116〕魏貽君，《戰後臺灣原住民族文學形成的探察》（新北市，INK 印刻文學，

　　空間軸以臺灣作爲容納載體，因爲臺灣作爲主體敘事並非一完整且一貫的概念，在 70 與 80 年代的交匯當中，看見了臺灣作爲地誌浮現，這是再度浮出而非「出現」可謂是「再現」，再現作爲庶民的翻譯閾境，代表了一種話語的再構與思維，並使我們理解到臺灣的空間性指涉，並非侷限於地理位置、行政轄區，臺灣符碼的詮解應蘊含著殖民歷史底下的地理空間／文化認同辯證關係。〔註117〕另一方面臺灣在實際的空間位置上，一如是阿基米德的原點，它就在那就在此，堅定地無以改變，提供了人們對此的依賴寄託。

　　相較之下，時間軸則以「1970～」作爲年代「接斷」〔註118〕，包含「階段」初步意涵，視爲層次、接續下的某個範疇，也意味著對於過去／未來間的區隔／聯結，即時間與空間上的區隔與聯結，更象徵著許多的事物必須通過此法而被看見，甚至是遺忘、割捨，延用地誌學概念，代表著時間／空間的交集匯合、展現。當然在論述上，將相關書寫作議題式的切割是一個必須然也不得不然的作法，好使得觀察的目標能夠被「放大」檢視，也能找出同一時間軸上的對應關係、對應物與對應思潮。故以 70 年代作爲「接斷」另有其側重面向，或者說是互爲裡外的現象需考量在內：臺灣政治、社會條件的遽烈變化。臺灣社會進入 1970 年代以後，對於現實政治議題的討論，不單只是因爲解嚴政治氛圍的改變，對威權統治的反抗而已，而是重新對歷史事件（太平洋戰爭、二二八事件和白色恐怖）和歷史傷痕（戰爭和政治迫害引起的傷亡）省思的開始，而這也成爲當代文學、政治課題主要的研究。戰後聚合在臺灣的人民，在詮釋主體和認同的敘事下，因爲受到過去歷史的因素，以及意識形態的抗頡下，探索課題演變成性別、族群及階級等，代表政治、社會的場域開始重視「臺灣」、「發現」臺灣時，並不代著挑戰和殖民經驗的消減，這使得理解「戰後」的「後」有著近似於「後殖民」之「後」的再釐清梳理以及安置作用。故時間軸的定向切分能幫助我們理解到不同故事在同一歷史歷程的複合敘事，同時提供更多介入的位置，拉開作者與文本距離，挪出了一個的「閱讀空間」。讀者有了更多的參與感，也將作者的唯一詮解撕

2013），頁 38。

〔註117〕魏貽君曾在《戰後臺灣原住民族文學形成的探察》中針對「臺灣」有研究範疇之定義，此處挪移概念陳述之。請參閱魏貽君，《戰後臺灣原住民族文學形成的探察》（新北市，INK 印刻文學，2013），頁 39。

〔註118〕因此以「接斷」作爲替換詞，則視爲對於過去／未來的承續，即便在研究取徑、討論上有其限制，卻不能忽略內在的「連貫」與「轉折」。

拉開來，爲文本的「續讀」〔註119〕。

二、他　者

（一）他者的位置

他者究竟是什麼呢？他者在西方哲學體系雖一再地被提及，卻從來不是主流，或以附加、附帶與對應的方式談論。自康德、黑格爾以降的「整體」思維，他者被統合入主體視域之中往往隱而未見。此外在認同政治中，會標示出一種特異形態，即昭告著我「是」我，因爲我「不是」他人。葛林布雷（Stephen Greenblatt）曾指出，他者成爲自我認同形塑的「內部必要性」（inward necessity），藉由「否定」意識來界定與認識已身，例如我「不是」誰、也「不是」誰等。在此「否定」的拒斥與拉扯間，「我之外」的政治邊緣性主體，皆被收編在「他者」的命運底下。〔註120〕他者被拉開了與主體的距離，被視爲「分離」以成就主體之完成、完整，可是沒有他者的存在這樣的過程將會斷裂。一如拉岡揭示著嬰孩邁向自我識別的過程，他者鏡映出主體的模樣，也提供主體擬造的需求，主體於是滿足、完整卻也匱乏無比。

對應於論述的出發點，他者是如同史碧娃克（Gayatri Chakravorty Spivak, 1942～）、霍米巴巴（Homi Bhabha, 1949～）所言的「底層」，也就是底層人民該如何說話、會不會說話、以及說的話的意義。相較於薩依德在《東方主義》裡聚焦於中東的，巴巴較關注英國統治印度的歷史所牽涉的文化交流，而史碧娃克則關注在印度的階級課題。只是相較於薩依德架構出西方／東方的二元框架，史碧娃克、霍米巴巴更傾向於一種接觸、交流、翻譯、互動過程中的紛雜現象。〔註121〕而從中間我們可以看到身分認同、語言使用的多重

〔註119〕「續讀」延用讀者反應理論、羅蘭・巴特對於「作者已死」綜解，通過對作者的崇仰（甚或無知），融解入讀者背後的社會、歷史、文化及社會資源，爲「文本」產生「文本」的閱讀過程。此一概念並不在於完全解構作者中心，而是強調應在閱讀中感知作者的「心意」，但有所「偏離」的詮釋；另者在於活化過去文本，使其重新被召喚、重現在現今而能夠「活著」。

〔註120〕賴俊雄，〈導論〉，《回應他者——列維納斯再探》（臺北市：書林，2014），頁29。

〔註121〕薩依德幾乎完全專注於殖民者，法農幾乎完全專注於被殖民者，巴巴則強調兩者之間的共同性與其間的折衝。前兩人認爲殖民者與被殖民者各自的認同與位置是穩定而一元的，兩邊絕對分別，而且必然彼此衝突，但巴巴認爲殖民關係中彼此矛盾的心理情感模式（如對他者的慾望與恐懼）是流動循環的。

性、複雜性。在身分的建構中，霍米巴巴就認爲「雙重身分」是存在的，「身分是透過差異的、不對等的認同結構形成的，而正是透過這些疆界，我們的社會關係被闡發、被建立。身分問題就是如何去建構一套、一系列身分，而不是定位於某一種身分，但這並非多重身分。」〔註122〕裡頭談的多重身分，就巴巴來看是種誤稱，〔註123〕「它引入了一種虛妄的多元主義，就好像有很多身分可以選擇一樣。但巴巴更推崇從精神分析角度所做的表述，因爲它總是將主體視爲某種矛盾的、協商性的現象。」〔註124〕巴巴的思考在於從法農基礎上，認爲殖民地雙方都認定爲殖民地主（被殖民主體和殖民主體），雙方都捲入了殖民地遭遇的原始性創傷性場景：兩個「原始場景」、兩種「神話」，它們在殖民地文化的種族主義實踐和話語中「將主體作了標記」。〔註125〕也就是說殖民者與被殖民者在「接觸」之下，碰撞出各自的歷史記憶、身分認同與語言形態。〔註126〕

　　史碧娃克的「底層」帶來的思考與定義敷演在於，探索社會底層人能不能爲他或她自己說話，〔註127〕還是注定只能以必然扭曲或「有利害關係」的方式被認知、再現、代言，〔註128〕而底層人民的反抗、現身又該採取何種策略，〔註129〕才有助於他們的實踐與重建。在這樣景況下的他者，降生於戰後

　　　　　請參閱 Brat Moore-Gilbert、彭淮棟譯，《後殖民理論》（臺北市：聯經，2004），頁 206～207。

〔註122〕生安鋒，《霍米巴巴》（臺北市：生智，2005），頁88。

〔註123〕據巴巴之見，這「缺乏」的例證是，殖民者由於倚賴刻板，成爲必須以他不是什麼來表達自己的身分，同時又潛在地破壞自己，因爲他這就必須有一部分倚賴這個具有潛在對抗性的他者來建構自己的身分。Brat Moore-Gilbert、彭淮棟譯，《後殖民理論》（臺北市：聯經，2004），頁209。

〔註124〕生安鋒，《霍米巴巴》（臺北生：生智，2005），頁88。

〔註125〕生安鋒，《霍米巴巴》（臺北生：生智，2005），頁121～122。

〔註126〕例如最著名的，就是「學舌」的反抗策略。學舌表達了殖民者文明化使命的「史詩」式計畫，就是要被殖民者的文化拷貝、重複殖民者的文化，從而轉化被殖民文化。Brat Moore-Gilbert、彭淮棟譯，《後殖民理論》（臺北市：聯經，2004），頁214。

〔註127〕史碧娃克認爲由於底層不能自行說話，眞正底層意識是不可能完全恢復的。對底層意識進行歷史搜索，只是一種理論上的建構，與其去尋找這種已無法完全歸返的意識，更應考察一下底層階級的主體位置。曹莉，《史碧娃克》（臺北市：生智，1999），頁141。

〔註128〕Brat Moore-Gilbert、彭淮棟譯，《後殖民理論》（臺北市：聯經，2004），頁141。

〔註129〕過去的被殖民人民、當今多元文化社會中的移民，沒有別的選擇，只能居住

的臺灣社會場域，位置是建立在底層、弱勢人們之上，以性別議題來說，本文所談論的他者是對應於男性的父權機制而言，而族群指向了不同族群的細微聲聲，階級則從過去的左翼脈絡轉向社會現實底層人民的關懷上。一如女性／男性、漢人／非漢人、異性戀／同性戀、殖民者／被殖民者間被二元對立起來的一方，指向了陰暗，證成了日光照射下看似站立得很好的主體，是被一種「角度」〔註130〕立起來的，這也因此造成臺灣社會多重且複雜的課題亟待被解決的原因。

（二）倫理取向下的他者

　　本文題解出來的「他者」具有雙重性格、進展的指涉。他者雖然在後殖民論述上，被視對比、對應的「鏡像存在」，也形構出殖民／被殖民者的雙重流動與創傷，同時被視為實存卻不太自主的存在，卻提供了主體建構的「材料」。可是來到列維納斯（Emmanuel Lévinas，1905～1995）的手中，「他者」卻成為了一個無可避免、必須介入的重要課題，因為他者是個實質上的人及存在，並以此作為詮釋的開端。列維納斯通過重拾猶太教精義，加上二次世界大戰中納粹的屠殺行為對其震撼來看，他必須重新審視人與人之間的關係，是否只存於一個形而上的思考。若不然，那又該如何呢？對此，列維納斯以為，「他者面容之顯現，宛若上帝之顯聖（epiphany），而這意味了，他者面容之呈現，並非「在我面前」（enface de moi），而是在我之上，以一種帶有無上權威的姿態向我發出命令。」〔註131〕「他者」在我等面前顯現、存活與互動著。

　　如此一來，列維納斯從海德格（Martin Heidegger，1889～1976）手上，將「存在」與「存在者」的關係逆轉過來，從「存在者」對於「存在」的證成回逆成「存在」至「存在者」的道路上，如此一來，「存在者」就成為其關心的重心。同時，並將其對他者的召喚（亦即「倫理」）及關涉組構他的哲學思維（也就是所謂的「他者哲學」〔註132〕），一如《存有之外或超越本質》談

　　於一個「文化空間」的世界，於矛盾的和衝突的傳統中創造自己的身分認同，他們同時「既是此又是彼」，或者既非彼又非此，身陷於文化翻譯的動盪而痛苦的過程之中。生安鋒，《霍米巴巴》（臺北生：生智，2005），頁89。

〔註130〕「角度」是想像於被日光照射下，影子與被照者間拉起的角度，有點像人型立牌。

〔註131〕鄧元尉，《通往他者之路：列維納斯對猶太法典的詮釋》（臺北：臺灣基督教文藝，2008），頁156。

〔註132〕列維納斯思想源於兩者：胡賽爾現象學方法的繼承與轉化，以及對海德格存

及的，論述我們如何在他者的臨近中，藉由回應（response）他者的召喚而成一個責任（responsibility）主體。〔註133〕將主體提昇到最內在核心，並不是以人作為萬物的衡量標準，也不單純只是作者／敘事者間的切分。主要在於人作為關懷他的「另一他者」，其具有倫理價值。主體需同時負擔他者面容，以及必要的沉重感，形構彼此認知到認同的世界，認識世界並不這麼完美，卻可以擁有積極能動性向外對話。

談到倫理會聯想到根本問題是：「我們應該做什麼？」以及「什麼是善？」原則上我們確實有能力實現善，但是為了實現善，必須克制慾望、衝動等，而列維納斯使我們理解到，當人意識到自我存在價值，展開生命長考後，間接意識到列維他斯的牽掛他者。其次，必須考量的到是以倫理為主要考量的哲學思維。當人存於世，思考生／死課題時，已從形而上的純粹價值、轉移到現象世界來。倫理主體的構成並不是一個單純的價值，也並非一個行為準則。內在聯結了對於主體的生成意義，對外則是對世界負起責任、社會規範的負擔行為。若借用列維他斯的他者思維，那麼就能發現到「存在」本來就是兩面刃，不為自我，而是因為他者迎向而來與我產生關聯。

列維納斯把真實的血、真實的肉、真實的骨還給了他者，並用溫暖的手拉起陰暗處的他者，無法行動者將其擔上了肩，揹他們走到應走的道路上來，他們不再只是支撐主體的角度。他們有了自已站立的方式。人們或許會害怕主體就此跌落，不！他者與此扶持，撐起了彼此身體、重量站立在一起。在此情形下，對他者的強烈回應即是「詮釋」，因為詮釋是一種為了他者的倫理行為，在此，詮釋者身負詮釋的責任，這責任意味著一種召喚，即召喚詮釋者走出原先自我中心的存在方式，持存一向外的趨向。此一趨向與其說是趨向文本，不如說是透過文本而趨向他者。〔註134〕故本文挪用的是一種對於他者的積極交涉，也是與社會、歷史相互關涉積極作為。

他者即便被帶到了我們身邊，肩負起他們的生命重量，不再把他們推遠、推離，卻不見能夠聽見他們真實故事。誠如游鑑明在口述歷史的研究中特別

有哲學的反思。請參見鄧元尉，《通往他者之路：列維納斯對猶太法典的詮釋》（臺北：臺灣基督教文藝，2008），頁 27。

〔註133〕鄧元尉，《通往他者之路：列維納斯對猶太法典的詮釋》（臺北：臺灣基督教文藝，2008），頁 28。

〔註134〕鄧元尉，《通往他者之路：列維納斯對猶太法典的詮釋》（臺北：臺灣基督教文藝，2008），頁 208。

指出，「後現代主義是以複雜、多樣、無結構來對抗現代主義的理性、規律、一致化概念，同時注重被現代主義排斥在外的『他者』（the Other）的地位；而後殖民主義則以文化多元論反駁西方中心論，試圖改變邊緣與中心的關係，不讓「他者」永遠處在次要地位。這兩種主義很清楚的是在否定「大歷史」，對史觀的革新或史家撰述的方戈自然有潛在的影響。」〔註135〕這也如同陳芳明在《臺灣新文學史》裡標誌的後殖民情境、史觀，他者創生著他們自己的故事，動人與否無關、感人與否與關，可是他們代表了同一個歷史軌道裡的聲軌，說著、寫著，成就了小歷史之精采。

三、生命敘寫

本文擇選了生命敘寫的內涵作為對應於大敘事的小敘事，讓他者得以現身／聲，重新掌握書寫，不單純只是被看見、被書寫甚或被代言。生命敘寫可被聯結在生命史的書寫，而生命史書寫某些部分又依循著報導文學、口述歷史而來。仔細區分生命史與口述歷史是在於主體敘寫的能動性，發聲位置的不同、書寫視角的差異使得主體現象。換句話，散文研究中應有更多值得被詮釋、理解或討論的部分，這和過去的散文類型理解不太相同，而是從自我表述走向「為何表述」、「何時表述」、「看見他者」的歧出思考，而這些較少被討論的文本是在「完整」散文類型的，鄭明娳「散文四書」建構系譜裡，散文不再只是小品文、美文的代稱，而有更多的可能。

在文本抉選上，以生命敘寫作為初步探索的課題，且在文本呈現必須有「時間」的連貫，故在類型上以口述歷史、報導文學為優先考量，進而思索納入有相同關懷的其他類型。另外，生命敘寫不單單具有散文的特質且需切合核心課題：倫理取向與關懷他者，因此單純談論事件、物件等的故事，將暫時不論。這是建構在現象學、倫理學的雙重思維上，通過他者面對開放的世界，與其對話溝通，演譯出世界的話語以及存在的面容。

當然嚴格上來說，報導文學、口述歷史和生命史並不全然相同，〔註136〕

〔註135〕游鑑明，〈口述歷史與臺灣婦女史研究〉，《傾聽她們的聲音：女性口述歷史的方法與口述史料的運用》（臺北：左岸文化，2002），頁56。

〔註136〕鄭明娳在報導文學外也提出了傳記文學一詞，並將兩者區隔開來，主要在於傳主的書寫形態，但因為報導文學裡頭，可能就具有所謂的「傳記散文」、「口述歷史」的成分。或者說，當報導文學的對象轉換成了「人」時，且要敘述的是關於此人生命的歷程時，即有可能與鄭明娳以為的「傳記文學」、「史傳」

雖然某種程度上都屬於歷史史料,可是例如口述歷史的訪談過程,必須「必須將口訪紀錄交給受訪人過目,甚至可以對不清楚的敘述提出疑問,向受訪人求證或自行查證,使口述訪稿具有一定的史料價值。」〔註137〕在歷史學科或體制中,口述歷史並不是一個被廣為熟知、認同的「歷史研究方法」,原因在於口述歷史涉及了偏離真實、不夠科學化、不夠具有代表性之質疑。口述歷史的發展並不如傳統的歷史學科,在 19 世紀的口述歷史研究,最早寄於人類學或社會學領域。1848 年美國哥倫比亞大學教授將口述歷史帶進學術領域,並先以政治人物為主要採訪對象,直到 1970 年代才轉至弱勢族群。〔註138〕而臺灣至 1959 年的中央研究院近代史研究開始。到了 1980 年代中後期,由於政治情勢與社會氛圍的改變,臺灣二二八事件與白色恐怖的「創傷」影響,使口述歷史也成為了記憶臺灣當代歷史的重要方式。

故可以顯見的是,臺灣社會重視報導文學、口述歷史,不單只是一個研究方法的引進,更多時候它代表著某一種典範、敘事的轉換,也就是如同前面約略提及的,戰後臺灣的大歷史是以「中華民國」為主軸,架構並貫穿了戰後臺灣歷史,然隨著 70、80 年代以來的各種挑戰,加以人們對二二八事件、白色恐怖的追尋與日本殖民的價值重估,連帶地瓦解或質疑大歷史的敘事走向,報導文學、口述歷史所代表的小歷史在如此情境下得以發聲。

相較下,回憶錄、生命史的書寫若由傳主自行書寫,可能查證與敘述就不若報導文學、口述歷史。但即便如此,這些文類之間的承繼關係卻不言可

甚至是所謂的「口述史」會有一定的重疊。就鄭明娳以為,傳記文學是以個人真實歷史為主題的散文類型,它兼具文學性與報導性,其貫時性與以特定個人生涯為中心主題的特質,則與報導文學較偏重時空橫斷面,及以特定種族或生物集團的動向為中心主題的特質有所不同。但似乎一定範圍內,成為了報導文學在內部的分類上所必然遭遇的困境。請參閱鄭明娳,《現代散文類型論》(臺北:大安,2010),頁 277。

〔註137〕 游鑑明,〈口述歷史面面觀 —— 以女性口述歷史為例〉,《傾聽她們的聲音:女性口述歷史的方法與口述史料的運用》(臺北:左岸文化,2002),頁 21。

〔註138〕 口述歷史一詞早經使用,但直到 1940 年代才和「訪談」結合在一起。約塞夫高爾德人稱「海鷗教授」,1942 年在《紐約客》刊出一篇人物評論,四處蒐集「我們這時代的口述歷史」成為當代口述歷史的濫觴。之後,1948 年哥倫比亞大學建立第一座現代的口述歷史檔案館,1960 年美國杜魯門總統圖書館宣布第一個口述歷史計劃,1967 年「口述歷史學會」成立,1987 年「國際口述歷史學會」成立。可參閱張廣智、陳恆著,《口述史學》(臺北市:揚智文化,2003)一書。

喻，且在散文體系中亦屬特殊類型，也同樣擔負起補述大敘事、回應大敘事的功能。因此本文選擇報導文學、口述歷史、〔註139〕生命史等作為類型討論，即在於它們適合史碧娃克所謂的「底層」發聲，也就是適合「弱勢者」、「較少使用文字者」、「侷限於私領域者」，包括老年人、女性、勞工階級、與政經地位較低之族群等，被主流歷史排除在外的弱勢者。〔註140〕一如報導文學〔註141〕在臺灣的發展，高信疆在1975年在《中國時報》開闢「現實的邊緣」專欄，加以兩大報（聯合報、中國時報）設立文學獎，使得報導文學成為主要反應社會現實的書寫類型，加以《人間》深入社會底層，使報導文學扮演了文化批判的書寫，因為報導文學的形構，擺盪在文學／社會的雙重結構之中，致使報導文學具有強烈的現實性格。本論文既從散文邊界中著手，冀希擴延傳統散文的邊界，從傳統散文異立於底層人民發聲的書寫特質，從社會脈絡、文化現象、歷史敘事的脈絡中找到文本的實踐動能，同時在在大敘事框架中，找尋邊緣、弱勢、被拒斥的文本。對此，其實相當程度就是鄭明娳所說的「文學的真實」和「歷史的真實」。所謂「文學的真實」就是報告者的心靈提出的詮釋與批判所構成的價值體系，而「歷史的真實」就是報告者掌握的資料與個人體驗的真實性。〔註142〕

　　另一方面在生命敘寫的文本上，除了讓無以發聲的人們發聲外，在敘事學的層次上，可以推演出作者在敘事上的不同立場與現身／聲策略。我們應理解到文化影響形成了生命故事的基本形式、創建過程，並且可從中理解相

〔註139〕口述歷史（oral history）與其他不同的名稱於文獻中互用：個案研究（case-studies）、深度生命／生活史訪談（id-depth life history interviews）、傳記訪談（biographical interviews）、生命／生活史（life histories）、個人敘說（personal narratives）等。一般而言，訪談（interviews）涉及的內容較無設限，而口述歷史（oral history）指的是發生在過去的事（something in the past）。請參閱江文瑜，〈口述史法〉，《傾聽她們的聲音：女性口述歷史的方法與口述史料的運用》（臺北：左岸文化，2002），頁112。

〔註140〕江文瑜，〈口述史法〉，《傾聽她們的聲音：女性口述歷史的方法與口述史料的運用》（臺北：左岸文化，2002），頁126。

〔註141〕相較於其他文類的發展，報導文學似乎一開始就背負著與「現實」對話的重要職責，這一點從臺灣的楊逵、中國左聯的倡導開始，到70年代以後臺灣的古蒙仁、陳銘磻、翁台生、楊憲宏等人，都在扮演著類似的角色。畢竟，不論是楊逵或是高信疆、瘂弦、須文蔚、向陽等人，都揭示了報導文學的真實性、批判性與互文性的文學職責與特殊功能。

〔註142〕鄭明娳，《現代散文類型論》（臺北：大安，1987），頁254。

關的理解能力和連貫敘事的能力。〔註 143〕因爲從中可以瞭解「眞實作者」與「隱含作者」的多向特質。眞實作者是作品的實際寫作者，隱含作者是眞實作者寫作時創造出來的，它不是實質的人也不是物體，而是文章中的某種規範，故可能導引出特殊現象，不同時期的讀者可會從同一作品中推導出不同的隱含作者。隱含作者概念有利於引導讀者關注同一人的不同作品所呈現的不同立場，同時有利於引導讀者拋開對某一作者的偏見或喜好，作細微地閱讀、分析，藉以判斷或推導出不同作品中不同的隱含作者。〔註 144〕

　　整體來說，生命敘寫的概念即通過報導文學、口述歷史、生命史等書寫，一方面理解報導文學到生命史書寫的隱含脈絡，但更重要的是「可讓我們理解到主體的生成，通過自我言說這個世界，或重塑自己的形象，傳達時代的衝動和變幻世界中，個人生命的直接性的能力是它們的共同之處，同時既是個人的又是非個人的。」〔註 145〕故本文的生命敘寫不僅僅在於表述自我、表述外在社會，更重要的是它們提供了我們一個觀看的視角與可能，而非陷落、侷限在過往對於散文的單一想像，而是提供我們更多理論化、實踐的途徑。

小結：問題化取向

　　個人曾在碩士論文內，〔註 146〕以敘事作爲建構文學中的主體性格、歷史脈絡，並認爲敘事是一個說好故事（或好說故事）的方法途徑，且通過海登・懷特的歷史歷史敘事，以歷史和現代詩作爲一對比、互文，將文學與歷史並置討論，勾勒出文學創作夾述的歷史技喻，將敘事學從小說類型轉換到現代詩之嘗試，並且提出詩人在書寫中透顯的社會關懷、實踐哲學，一定程度上確實引導讀者「看見」敘事完成。但在這裡稍做修訂，將敘事置放在文本內部的美學形態、外部的社會互文兩種互構聯、互相涉的關係之外，也將進一步將「敘事」轉換成一種「說明問題」與「發掘問題」的「問題化」實踐。

〔註 143〕傑娜・巴德利（Jenna Baddeley）等著，〈繪製生命故事之徑——貫穿一生的敘事認同〉，《敘事探究——原理、技術與實例》（北京：北京師範大學出版社，2012），頁 133。

〔註 144〕申丹，《敘事學理論探賾》（臺北：秀威資訊科技，2014），頁 77。

〔註 145〕馬克・弗里曼（Mark Freeman）著，〈自傳性理解和敘事研究〉，《敘事探究——原理、技術與實例》（北京：北京師範大學出版社，2012），頁 76。

〔註 146〕陳鴻逸，《記憶與詩語：歷史敘事與文化實踐的探索——以李敏勇、陳鴻森的詩作爲例》（臺中：國立中興大學臺灣文學研究所碩士論文，2007）。

援引傅柯「問題化過程」包括對現實世界進行的區辨，使「問題化過程」夾雜了拋出問題、陳述問題、反思問題、引導讀者的歷程。〔註147〕舉例來說，以往對文本解讀的敘事化，就像人們開車通往目的地的旅程，車子是文本的內部，道路上的種種風景、事故就像外部的敘事互文，車子、風景構成了人在其中的「閱讀享受」。可是旅途上所發生的事故卻可能被「解釋」成是旅途中不可或缺的一部分，並不影響人們通往最後的目的地。上述「問題化過程」，是將事故再延伸至背後的場景、設計與因素。假設敘事是將事故合理化、節點化的過程，那麼何以造成這樣的事故，是周遭環境不良、視線不良、空間動線有誤、甚至是多方道路（敘事）的衝突下，那麼突顯問題就變得更為重要。在此情形下，以後殖民論述、他者哲學作為研究取徑，剖析文本內部／外部的結構要素，進而以此作為考察戰後臺灣社會中的相關課題，將散文研究帶往更有對話、批判方向。

此外，貫穿圖表重點，以他者作為倫理關懷對象，同時須在書寫中審視與回顧生命歷程，也就是具有自我凝視、揭露的書寫力量，在與他者產生對話，並與第三方（the third）〔註148〕、「他者的他者」產生更多聯結，以此成為關注的對象。這也使我們從過去的論述、文學史以及問題模式找出另一取徑，進一步地談到性別、族群、階級的課題，建構出一個向現實世界、歷史發展交織複構的文本。

在課題討論上或許會面臨一個難題及困境，散落他者如何能被一一地尋覓找回並實際面對。本論文框設出來的性別、族群與階級雖然扣合在臺灣戰後的政治、歷史語境，並在時間／空間上作出明確的鋪陳敘說，可是對於課題中的子課題或個別獨立性的他者卻不見得能夠一一觀全照顧。對此，「問題化」前提需求遠比「整體化」的處理來得更有效度或更能夠突顯問題。問題化是一條路徑幫助我們進入場域，也幫助我們找到施力點作為支撐與「刺穿」。同時，這裡也想借用張君玫「分子化」的討論，揭示出臺灣後殖民情境中已無法或不可能以整體化的態勢、方法作為回應。因此應稍微捨棄掉「拼

〔註147〕Alain Brossat 著、羅惠珍譯，《傅柯：一個危險的哲學家》（臺北市：麥田，2012），頁39～40。

〔註148〕第三方（the third）概念的提出，意味著同一對他者的無限責任不是孤立的，而是在一個社群中為之，以致吾人不僅是為他者負責，還須為他者的他者負責，也即是為第三方負責。請參閱鄧元尉，《通往他者之路：列維納斯對猶太法典的詮釋》（臺北：臺灣基督教文藝，2008），頁196。

圖」的想法，雖然散落的他者都是臺灣後殖民裡的一塊拼圖，但整體的完整已非一人一時之力，它標示著需要更大更多的集合才能成就此事。但「問題化」與「分子化」則像是導航一般，在全覽地圖中找到一條路徑，通往目的，地圖是整體化的一環，我們需在裡頭、上面尋覓卻不能探見所有，那無法幫助我們走向問題點，也無助回饋整體化裡頭「回饋」與「修正」部分。可是卻能夠幫助我們通往目的，因為不論路徑為何都是地圖的一部分，跳躍、閃躲甚或不前進，都無任何幫助，因為地圖還是會改變，一如臺灣的政治氛圍、歷史想像都在改變中，像是不斷浮出的地理景觀，它是逐漸地向我們的記憶挑戰卻又不會完全被抹除，唯一的方法就是不斷地走下去、討論下去，確認路之可行。

第四節　章節架構及主軸說明

本節提出章節架構，說明每章的論述主軸與列序要點。除了最末章結論外，分述如下：

第一章　緒論
第一節　前言？
第二節　問題勾勒——戰後（一九七○～）臺灣散文議題回應
第三節　研究範疇與理論取徑
第四節　章節架構及主軸說明

書寫上，軟性散文多為大宗，可回應於戰後文學思潮與場域，涉關性別、階級、族群的課題未曾少過，只是在相關討論中顯得隱匿，使得在小說、現代詩較常觸及的現實批判、文化實踐，常被誤認為較少在散文書寫中出現，無以構成較大的論述脈絡。本文在研究取徑上，將以敘事學、他者哲學作為審視途徑，以戰後現代散文為主，分類討論文化中的「性別」、「族群」及「階級」相關課題，以此達到三個研究目標：一、擴延現代散文較少觸及的文化課題，揭示散文家（及文本）社會文化環境的互動關係，鋪寫其實踐、關懷的趨向。二、透過細讀及分析方式，推導出個別文本中特有的敘事結構；最末，勾勒戰後現代散文中的歷史向度，回應於臺灣社會結構隱埋的課題，歸整出屬於潛在的思想演化。

第二章　女性的發聲與實踐

第一節　她史的複（覆）寫

　　一、女性書寫的實踐策略

　　二、口述歷史下的發聲位置

第二節　從藍博洲的《臺灣好女人》談私領域到公領域的實踐境遇

　　一、從幕後到幕前的轉換

　　二、投入公共領域的戰場

第三節　《暗夜倖存者》與《鐵盒裡的青春──台籍慰安婦的故事》
　　　　的身體敘事

　　一、沉默還是行動的抉擇

　　二、裂解與重構下的身體

第四節　從張娟芬《愛的自由式》談同志的情感與認同

　　一、同志如何現身？

　　二、慾望與情感承諾

章次安排上先以性別、族群而後階級陳述，此章節排列並非單純各自論述，而是先回應女性的部分課題，並以生命歷程作為基底，反思從中抽離勾勒在心理／生理層次上對於「性別」議題部分面向外，且將此拉得更遠，將「女性」融入性別的範疇中，置放在權力面向上討論之。關於性別課題，在戰後臺灣文學場域的討論一直都有相當的份量，顯示出小說與現代詩對於性別的直接關注與實踐方式；相較下，戰後臺灣社會思潮、結構等因素，散文作家在性別議題上呈現出較多私領域、私我的書寫，而較少涉入公領域，被認為相關書寫置放在邊緣位置。所謂邊緣是指女性作家較少呈現出公領域的課題，或是在大敘事傳統下，女性作家、女性聲音反而微弱而無法被聽見的困境。擴延來看，能發現性別課題不僅僅回應了女性／男性在敘事上的話語爭奪與對話景致外，如何發聲更是重要課題。因此，本章節的將從女性如何開始發聲、被看見的生命史書寫作為起始點，轉向女性如何敘述（或被敘述）「她的故事」，以及如何運用書寫、口述的形式建構屬於女性的歷史，並以此探析口述歷史的表述意義、公／私領域轉換間的實踐困境、身體的特殊經驗，進而延伸至女同志的情感想像，作為翻動大敘事的思考點。

　　第三章　族群的再現與聚合

　　第一節　噤啞之筆──《長歌行過美麗島》與《無法送達的遺書：
　　　　　　記那些在恐怖年代失落的人》示顯的創傷記憶

一、斷裂的生命敘事

二、難以抹滅的創傷

三、遺書該如何說話？

第二節　再現族群圖像——藍博洲《紅色客家庄》、瓦歷斯・諾幹的〈Losin・Wadan——殖民、族群與個人〉的歷史敘事

一、何以再現族群圖像？

二、重述與召喚

三、異質他者的意義

第三節　歷史的遇合——以《遇合》、《人生》為例

一、眷村的空間擬像

二、食物與語言

三、情感的寄寓

第四節　外籍移民／工之聲——以《離》、《逃》為例

一、跨越國／家邊界

二、離與逃的苦痛

三、異議的聲軌

接續的族群章節，同樣置放在臺灣歷史，突顯族群如何被書寫、如何被討論甚至於如何隱浮的過程。本章將先針對戰後臺灣的歷史事件與創傷——二二八事件、白色恐怖的書寫，先作社會、政治的描述再進而分析文本。審視臺灣過去的歷史語境時，不可忽略來自於殖民、戰爭和殺戮帶來的創傷，而所謂的族群衝突、認同其實就在這樣的景況中演變而來，並形成了各自的歷史經驗而聚合在臺灣島內。至於第二節則要處理是在原住民、客家族群的發聲策略，看見他們如何文學作為敘說族群歷史的工具。而第三節則是要探討《遇合》、《人生》的眷村書寫。眷村作為集體記憶的空間，與臺灣社會脈絡有著相當微妙的互動，這使得書寫代表著外省族群述說著生活、生命經驗的方式。最末一節，則是針對外籍移民／移工的書寫進行探討，之所以要容納外籍移民／移工的書寫，一來是回應臺灣作為容述基點之省思；二來是針對外籍移民帶來的文學質素與發聲內容，作進一步的解析。整體而言，臺灣的族群認同雖然紛雜，但內部所蘊含的元素亦相對豐富，通過課題式的引領探討，才能理解到散文作品、族群發展的多元特性。

第四章　說底層邊緣的故事

階級在戰後臺灣社會是存在卻可能難以被彰顯的課題，加上戰後威權統治，壓制了日本殖民時期延續至戰後部分喘延的左翼思想、左翼分子，頓時間臺灣社會似乎失去了左翼的聲音，使得階級的問題被籠縮在國家機器的運制當中。但這並不表示階級問題並不存在，戰後臺灣在冷戰結構下特殊位置，使得國家蘊化出新的分工機制、產業形態，使得不同的職業、政治傾向、權力的掌握都推引出不同的階級進而產生了許多議題，使得許多作家挺身為不同的階級、被壓迫的人民敘述苦難經驗與痛苦生命。因此，本章第一節將先從楊逵與楊翠著手，探析他們的書寫間的聯結點，並以此書寫作為實踐方式與回應社會脈絡策略。第二與第三節，將探析作家吳晟、楊儒門、鍾喬等為底層人民發聲的內容，如吳晟為土地及農民發聲，積極反抗遭遇的不公不義，並以書寫作為土地正義的發聲管道與敘事策略。第四節以《左工二流誌》探析社會運動者吳永毅如何詮解自己的運動歷程，順以統合來看面對的困境與療癒，以此作為社會運動與自我實踐的拆衝與簡要回顧。

前面章節看似分離的課題，其實不純然地發生在單一社群、事件、狀態中，使其呈現單向度的書寫。相反地，在部分文本裡頭可看見多重壓迫，同時也突顯出戰後臺灣社會內部的文化衝突、矛盾，是亟待對話與協商的。透過性別、族群、階級課，輔以他者哲學的思維，勾勒出戰後現代散文中的精神向度，並以此作為考察文本的研究取徑，不僅在於擴延現代散文的理論基礎、研究面向，更重要的是期望透過討論，將散文研究帶往更有批判性、實踐性與能動性的方向上。而援引相關西方理論作為切入與探察的形式，可清楚地分析文本內／外部的結構要素、社會文化的互文關係、書寫技法的多層次閱讀，使讀者對抒情化、個人化的散文形態外有更多的認識。此章將前面章節作統合探析，不使單一課題過於平面化，進而理解課題的多向度聯結，以此勾勒出散文書寫，是如何映照出臺灣作為基底，成為涵融異質話語、元素的載體與敘事想像。因為散文的特性與書寫趨向，本身承載、富含的文化特質即分外明顯。同時達到幾個目標：一來搜整較少談論的散文作品；二來剖析散文作品中的社會現象、敘事結構與他者關懷。總的來說，戰後臺灣文學場域中，散文絕對是個重要的文類，且它的結構特質使它能承載多元豐富的內容，表述著臺灣社會中亟待關注及實踐課題。

第二章 女性的發聲與實踐

第一節 她史的複（覆）寫

　　「性別」定義已在前章述明，這裡要談論的是關於發聲的方式。關於此，張瑞芬指出女性散文面對傳統文學史，也就是對應於男性為中心歷史寫作的邊緣心態，加上長期以來對於散文研究的關注遭遇的部分瓶頸，使得作家、研究者無意間增加了對於「女性散文」的不同解讀，在講求多元文化視野和差異性的當今，女性散文是建構臺灣文學史不能再逃避的問題。

　　然為他者說的故事或他者自行說的故事，不是表述生活形態而已，而是不斷地投擲出許多值得關注的課題，例如理解人們日常生活中所講述的故事對主流歷史或大敘事的擴充，理解作者、當事人或說故事之人，在解釋自己所講的故事時發出的聲音、沉默意義，在相關生命史中理解人們的情感、現實狀況，理解利用講故事回應「自我認同」。〔註1〕這樣的訊息對我們深入理解女性、他者或邊緣弱勢的敘事無比重要，因為歷史永遠朝向著人們開放，可是現實世界的人並非每一個都擁有話語權、詮釋的能力，更多時候我們只看到某些歷史的面向，一個已被抉選的面向。〔註2〕

〔註1〕瑾・克蘭迪（D.Jean Clandinin）主編、鞠玉翠等譯，《敘事探究——原理、技術與實例》（北京：北京師範大學出版社，2012），頁1。

〔註2〕芭芭拉・摩根-弗萊明（Barbara Morgan-Fleming）等在〈檔案作品中的敘事探究〉指出的，「通過呈現歷史的演變過程以及微觀層面人們對歷史的理解，普通人表達出了自己的聲音、恢復了自主感，這也提醒歷史學家和其他研究者們關注這些多樣化的聲音和觀點，正是這些聲音和觀點構成並塑造了歷史。」

　　當然，不僅女性的生命史是重要的，與女性運動連動而起的同志故事，也相同重要。且在權力系譜上，同志相對於女性的發聲來得更邊緣。在本論文脈絡下，越邊緣的他者越需要被討論，越需要傾聽。因此後續將以張娟芬的《愛的自由式》、陳俊志的《臺北爸爸　紐約媽媽》、邱妙津《邱妙津日記》，作為文本基礎探析同志在社會結構與書寫中如何存置、回應，以及如何通過生命敘寫證成同志生命故事，或者說他們是如何從同志認同與個人回憶錄，揭露了個私我敘事及家族私史。然為免主軸偏離先留至後面。本節則分為二個面向論之：一、女性書寫的實踐；二、運用口述歷史的發聲策略。前者是借想透過女性如何發聲的概念，試圖在特定位置上找到對話基礎，而使書寫形成厚實的話語力量，擴大書寫的實踐範圍；後者則是憑藉作者之書寫，理解她（他）們如何由「現在的自我」詮釋「過去的自我」〔註3〕，構築出作家的個別記憶與集體記憶。使得女性在傳統父權機制下的聲／身都能被聽見、看見，勾勒出戰後臺灣社會底層的生命圖像、生活樣態，進而填補散文（史）的生命敘事。

一、女性書寫的實踐策略

　　究竟歷史的性別聲音，該由歷史的能動性自己發聲，還是該由書寫者決定，抑或是歷史根本沒有性別問題只有權力問題？都是須探討的問題。若依陳芳明在《新臺灣文學史》裡標誌出的後殖民向度，就提出臺灣文學史中若有「性別」課題，那麼就只是性別課題？或是傳統男性壓抑女性的二元對立而已嗎？陳芳明以為文學史的「寫成」，往往牽動著權力與話語權的「生成」，也就是權力重新分布、擇選與賦予形態的動態過程。依傅柯權力論述來看，權力並非單向、固定不變的支架或武裝設備硬性的工具，權力像是網子且是動態的網子，每個涉入其中者的「動作」都是相互關聯或牽制著。且更為深

芭芭拉・摩根-弗萊明（Barbara Morgan-Fleming）等著，〈檔案作品中的敘事探究〉，瑾・克蘭迪（D.Jean Clandinin）主編，《敘事探究——原理、技術與實例》（北京：北京師範大學出版社，2012），頁10。

〔註3〕游鑑明以為，自傳、回憶錄與口述歷史是作者或受訪人的自我詮釋，前二者（自傳、回憶錄）多半是由當事人透過文學筆法自我表述，故作者的記憶與想像成分居多，屬於虛構的產物；至於口述歷史則可藉由主訪人的補訪、搜集資料，使訪問稿變成史料，而非虛擬歷史。請參閱游鑑明，《傾聽他們的聲音：女性口述歷史的方法與口述史料的運用》（臺北：左岸文化，2002），頁37。

刻處在於，這張網子並不單限於某些特定時空，而是廣布在各個場域當中。因此陳芳明特別提示著我們，文學史的寫成是權力動態下的過程而非客觀中立。若再挪用洪席耶的思考，真正的歷史早已離我們而去，再怎麼靠近與苦苦追尋，都只能企及歷史的背影，後人對於歷史背影的想像與揣摩，都早已遠遠地脫離那個「最真實的瞬間」。後人對於歷史的建構往往在於剪貼、填補。

　　所謂的男性的歷史詮釋權，可能必須劃分幾個層次，一個是歷史的書寫者的性別以及書寫的性別視角的介入問題；另一個則是所撰擇的材料的對象的性別問題，例如選擇較多的男性作家的文學史，或是以女性為主的歷史；再者即是家國論述的男性化政權，也許並不一定是男性的身體，但所形構的社會價值及監制建構都免不了以男性氣概或氛圍為要，似乎都會讓「歷史書寫」都有了性別上的問題，因此究竟該採取那一種介入的評論視角成為相當重要的一個關鍵點。

　　回顧女性作家在戰後臺灣的書寫表現，最引發爭議的莫過於郭良蕙的《心鎖》。這本發表於 1962 年的小說，在當時遭女性作家譴責，在 1963 年甚至被當時的中國婦女寫作協會開除會籍。〔註4〕《心鎖》被禁的意義，不單單只是女性聲音被壓抑的過程。有趣的是，根據紀大偉的挖掘研究，郭良蕙犯下的「滔天大罪」還不止一個，她在 1963 年出版的《青草青青》，若以「同志主體效應」來看，隱含了「同志情愛」的伏筆，只是相對於《心鎖》面對的挑戰與批判，《青草青青》顯然「清潔」和「純情」多了。〔註5〕再對應幾乎同一階段姜貴的《重陽》，其「差別待遇」就更明顯，姜貴《重陽》以反共為核心，但裡頭卻通過「重陽」（兩位男性）的「交好」（互表情意、性行為），這在當時傳統社會底下是不被容許，雖然最後兩人都「恢復正常」各自找到喜愛的女性結婚，但這一段「插曲」放在男性作家筆下、社會氛圍與《心鎖》被批判的情況底下，卻輕易地被「放過」，似乎也顯得《心鎖》之「過錯」不太尋常。但從這樣《心鎖》被禁、被壓縮發表空間來看，描寫女性慾望是一

〔註4〕邱子修以為，回應於臺灣女性主義（或女性意識）的覺醒，並不是「突發」的狀況，據楊翠、施叔青、蔡秀女的挖掘研究，臺灣的女權啟蒙可遠溯至來台傳教的加拿大長老會馬偕牧師在 1883 年首先創建的淡水女校，造就了臺灣第一位婦產科女醫師蔡阿信。另如楊翠也分析了 1920～1932 年的《臺灣民報》耙梳當時臺灣婦運。請參閱邱子修，〈臺灣女性主義批評三波論〉，《女學學誌》27 期（2010.02），頁 251～273。

〔註5〕可參閱紀大偉，〈如何做同志文學史：從 1960 年代臺灣文本起頭〉，《臺灣文學學報》23 期（2013.12），頁 63～100。

件罪惡，即便小說是虛構的，即便根本沒這麼禁忌，卻在當時國家文藝體制的場域運作下，成爲破壞風氣、靡爛人心的淵藪。

此處無意爲《心鎖》翻案，卻無可忽視女性作家在處理性別課題時，一路走來的艱辛與挑戰。其實從更大歷史脈絡來看，戰後臺灣女性意識尚處於一個尚待覺醒的狀況，或者說是必須通過政治場域、歷史詮釋權的爭中，方使女性意識被認眞地看待。故眞正要開始有所謂女性主義運動、女性意識的覺醒大致要到 1970 年代的呂秀蓮提倡「新女性主義」、「先做人，後做女人」（1971 年）以及後續繼之的李元貞和「婦女新知」。邱子修以爲，戰後至 1970 年代女性主義及批評的「空白」，則認爲和國民政府自戰敗來台後實施的父權專制、孔儒思想、戒嚴律法有關，迫使如日本殖民時期以來的女性（意識）作家楊千鶴等的「聲音」被抹除，同時也造成如郭良蕙的書寫在當時面臨之責難，無不是國家機器運作下的「副作用」。

因此，重新回顧楊千鶴的《人生三稜鏡》，是在於「重敘」一段日本殖民至戰後的歷史，一段由女性觀看和書寫的歷史。以楊千鶴的《人生三稜鏡》〔註6〕來說，這是一個掌握了書寫與知識的女性撰寫之生命史，內容主要敘述楊千鶴的一生，從家庭生活、學校、報社，甚至到戰後參選議員的種種經歷，其中亦描述了楊千鶴與母親、男友，甚至是後來的丈夫之間的情感關係，最後以在美國的生活與對臺灣社會、文學發展的關心作結，突顯出楊千鶴從現在的視域，回頭審視自身的反思與書寫景象。在敘事時間上，以半個世紀以上的現實時間作爲時間軸，描述出種種經歷。在敘事空間上，橫越了日本、臺灣與美國，形成了多向度的越界。

此書敘事方式是個綜觀戰前、戰後臺灣歷史的敘事者作爲發話者，並以此作爲後續的討論與鋪陳。敘事就是敘述事情，即通過語言或其他媒介再現發生在特定時間和空間裡的事件。〔註7〕在一定程度上，也界定爲敘述因果相連的一系列事件。但其中必須涉及兩個或兩個以上的事件或狀態。〔註8〕多數談到「敘事」（也就是所謂的「講故事」），多指向「narrative」，因爲講故事是人類生活中一項必不可少的文化活動意義。「敘事」在起初的定義上，多將其

〔註 6〕《人生三稜鏡》主要楊千鶴書寫，後由張良澤、林智美翻譯成中文版本。
〔註 7〕申丹、王麗亞著，《西方敘事學：經典與後經典》（北京：北京大學出版社，2010），頁 2。
〔註 8〕申丹、王麗亞著，《西方敘事學：經典與後經典》（北京：北京大學出版社，2010），頁 2。

放在一個文學理論〔註9〕（「敘事學」〔註10〕）或有關某一特定客體的一系列系統性的概述。這一客體，也就是敘事學所要探討的資料體（corpus），由為各種各樣目的而完成，並具有許多不同功能的「敘事文本」。〔註11〕誠如女性主義學者在談論故事層面時，多關注作品中女性作為從屬者、客體、他者的存在，女性的沉默、失語、壓抑、憤怒、瘋狂、反抗，身分認同危機，女性特有的經驗、母女關係、同性關愛，女性主體在閱讀過程中的建構等。〔註12〕

　　相較下，以男性為主要敘事的歷史時間，不單掌握了過去的歷史書寫權，也掌握了女性在歷史書寫情境中的形象；因此當女性作家開始能夠以一個女性作為敘事的視角時，對男性的歷史觀會產生影響，意味著女性書寫雖不見得要選擇重寫男性過去的歷史形象，或男性賦予女性的形象。〔註13〕這使得女性覆（複）寫〔註14〕了傳統男性為主的歷史外，也象徵著權力的移轉。因此歷史敘事的解構，看見的不單是女性的聲音，也是男性書寫的權力開始受到挑戰的開始。楊千鶴《人生的三稜鏡》異於過去女性的散文寫作在於，對於生命主體、敘事視角的掌握是頗具能動性，《人生三稜鏡》類似於自傳的書寫，成為了所謂的「二次閱讀」，它比事情第一次發生時更具震憾，雖然「回憶起的過去已經失去了它原初的鮮活骨肉，但它卻贏得了一種新的，與個體

〔註9〕是關於敘述、敘述文本、形象、事件以及「講述故事」的文化產品的理論。請參閱米蘭‧巴爾著、譚君強譯，《敘述學：敘述理論導論》（北京：中國社會科學出版社，2003），頁1。

〔註10〕過去「narratology」多譯為「敘述學」或「敘事學」，但近年來，已多翻為「敘事學」，而本文往後將「敘述」統譯為「敘事」，舊有的「敘述」一詞，則指稱為「講述」等，用在一般的對話與書寫情境。

〔註11〕米蘭‧巴爾著、譚君強譯，《敘述學：敘述理論導論》（北京：中國社會科學出版社，2003），頁1。

〔註12〕申丹、王麗亞著，《西方敘事學：經典與後經典》（北京：北京大學出版社，2010），頁201。

〔註13〕1970年代之後的婦女史研究超越婦女運動史的範圍，關注女性的生活和意識，研究課題也大為擴展。這種以女性經驗為中心的研究在1980年代之後引起質疑，無疑的，受現代主義、後殖民主義的啟示，部分史家認為西方婦女史研究偏重特定階級、族群婦女的經驗，容易忽視其他族群或不同階級的婦女；也有學者提出「性別」（gender）的概念，反對婦女史研究僅以婦女為主軸。易言之，「性別」論者提出婦女史並不是以讚揚婦女的成就為目的，而是為了突出男性與女性之間的關係在歷史上的作用。請參閱游鑑明，〈口述歷史與臺灣婦女史研究〉，《傾聽她們的聲音：女性口述歷史的方法與口述史料的運用》（臺北：左岸文化，2002），頁57。

〔註14〕「覆寫」或「複寫」的概念演發於德希達的「延異」。

生命更加親密的關係，在個體生命的疏散和再次尋找之後，個體被再次發現，並凝聚在一起，超越時間。」〔註15〕且在敘事上對應於「自我」的私領域與美感經驗，更多時候楊千鶴給我們的是掌握書寫歷史的積極性格。

　　也許這樣談楊千鶴無法突顯其自傳的書寫動態，讓我們把時間再往前拉一些，在過去女性的散文作品，例如50、60年代以來琦君、張秀亞、鍾梅音再到林文月、張曉風等人，多數維持著傳統的抒情風格，而創作元素中最多的就是「家庭」、「家族」。這使她們的散文一方面達到不違和社會體制的「和諧關係」，另一方面也承繼了中國傳統文學裡對「美」與「文」的要求，也就是「美的鑑賞」裡頭是無法容述邪惡、醜陋的情感。〔註16〕這使得她們的寫作裡頭，即便如琦君的《橘子紅了》、《髻》等都不時張揚家族裡頭的「倫常崩壞」，但在傳統敘事下依然保有美感與真摯情感。此外，由於素材與作家創作時的要求，往往會通過類似於「半自傳式」的寫作手法，召喚讀者前來。以琦君來說，如《橘子紅了》、《髻》等作品，看似小說卻又如散文，中間又夾雜了強烈的自傳性格，「髻」象徵的僅僅只是物件，也代表了二太太與元配（即琦君的母親）依偎在父親（男性體制）的身分處境，文中的「我」對於二太太的 S 型髮髻有著莫名的緊張，因為那代表著不是一個女性的美麗而已還有「我的母親」在這場「爭寵」過程的失利與失落。只是這一切隨著文中父親去世，兩個女人開始有了新的交集、相依為命，而「我」最後也與二太太同住。一切的一切到最後不過是消逝的悲涼，爭的一時也不逃不過最後入土之事，感慨的韻味最終在文末漫散開來。

　　《髻》似小說卻頗富自傳意味，使得讀者會逼近現實的感受。確實回顧琦君一生，她出身於書香世家，父親是傳統士紳看似開明卻又在家族中扮演著威權的角色，琦君從小生活在大宅院、私塾教育，更重要的她父親娶了二門太太，也意外地造成琦君面對著家族的人事物時，總不免受到母親、父親關係影響。但在這樣，在戰後初期的散文寫作中，琦君帶給部分讀者，就是中國傳統社會的餘溫與想像。

　　50、60年代以來女性散文家，她們的作品在不一程度滲入了「自我」的

〔註15〕馬克‧弗里曼（Mark Freeman）著，〈自傳性理解和敘事研究〉，《敘事探究——原理、技術與實例》（北京：北京師範大學出版社，2012），頁67。

〔註16〕張誦聖，《現代主義‧當代臺灣：文學典範的軌跡》（臺北市：聯經，2015），頁46～47。

情感、自傳材料，讓散文作品的界限在虛構眞實的兩端更趨向眞實，且是作家個人的眞實，敘事者在一瞬間被抹除了，讀者以爲敘事者就是作者本人，所有的故事就像是眞實上演的，沒有人或也不知道如何質疑眞僞。這和本文談論的生命史、自傳是有若干程度差異的，如前所述「寫作主體」的能動性決定了文本的樣態，也決定了生命的向度、敘事者的位置，以及文本是否朝向社會開族的多重關鍵，而這一點我們卻可在《人生三稜鏡》中找到線索。楊千鶴在書裡提及在戰後進入政治場域的經過、歷鍊與挫敗，除批判戰後的國家機器的支配過程，另外就是女性如何表述進入政治場域，畢竟政治場域形構的不僅僅是意識形態、文化話語的競逐，而是何者是屬於自己的「公共領域」上的話語體系，即女性／男性對於政治的態度，如何實踐自我的理想。若以文本來看，顯然除了她的經歷之外，還有她在書寫過程中，具有的反思與凝視的動量，亦即自我生命歷史的詮釋與解讀，因爲自我並非一個獨立封閉的，將自我看作純然的一人是錯誤，書寫自我、凝視自我不代表封閉自我，在更多時候生命史的寫成是對歷史、外在事物的察知，因爲其中將可發現到紛歧多元的來源，不論是直接間接、個人與否都將共同創生自我。〔註17〕另者，楊千鶴的求學過程除了突顯日／台的不平等待遇之外，其實可以看到另一個教育體系所欲建構的樣態，例如新娘學校即是當時對於女性職業（與未來）的重新安排，這可以令讀者思考的是，女性進入可受教育的體系中，並不表示從舊有的價值觀、家庭觀中得以脫出，學校裡頭也許正複製著另一套服膺於（舊）傳統社會的價值體系。

　　與《人生的三稜鏡》相似的還有范麗卿的《天送埤之春──一位臺灣婦女的生活史》。作者范麗卿將臺灣從日本殖民末期到國民政府遷台的 60 年代中間的個人點滴，以小型日記形式寫成回憶錄。在語言的使用上，受限於作者的日本小學畢業的學歷使用母語──閩南語的關係，轉換成國語句法寫作，似乎無法傳達所有的意思，但從中依然可以看到相當特殊的敘述模式，例如跳脫對於預設讀者──你（或某個人）的描述，在文本裡的讀者是「雲」，一個伴隨著敘事者──我的「讀者」。因此在文本的結構上，敘述者的對話對象皆從「雲」開始，並將它當作故事裡頭重要的生命伴侶。除了敘述手法上的差異，由於作者本身對於語言（國語）的掌握度不足，需借由李元貞的參

〔註17〕請參閱馬克・弗里曼（Mark Freeman）著，〈自傳性理解和敘事研究〉，《敘事探究──原理、技術與實例》（北京：北京師範大學出版社，2012），頁76。

與，使故事結構趨於流暢與完整。〔註18〕在情節鋪陳上其實並未有太大的更動，也能適宜地傳達作者的思想。

范麗卿的書寫，是通過生活涓滴來的。這也相當程度呼應了年鑑學派以來提倡的個人生活史，而不專注政治領域的大歷史。生活史讓我們把歷史觸角轉換到生活場景當中，民俗、宗教、醫療都是歷史的面貌，歷史不再是君王的權力，年鑑學派等的歷史研究者盡力地挖掘生活場景的碎片，而她就是通過生活回應歷史軌跡。

對比之下，楊千鶴、范麗卿的書寫還包含著翻譯、自主寫作的反思：前者是指素人作家范麗卿與楊千鶴同時書寫屬於自己的回憶錄，但在語言上卻同樣不是這麼熟稔，故前者借由學者——李元貞使故事更為完整，而後者則是透過翻譯轉換成中文，兩者之間都不免面臨到語意上的落差、語言翻譯上的歧異等問題，也就是「轉譯」的「譯（意）定模式」，使受訪著與採訪者之間保有的「回旋空間」，因為在寫定、翻譯過程中，勢必面臨到文化背景、採訪現場等影響，而對相同事物卻有不同概念或思考，進而呈現在文字表述上的落差；其次，是女性的教育程度能否決定書寫的實踐性，很顯然地，不管是楊千鶴或范麗卿，即便教育程度不一、生命歷程不同，都能通過書寫建構屬於自己的生命史。

二、口述歷史下的發聲位置

在談論過女性掌握「書寫」及「話語」後，接下來要談的是，關於「口述歷史」的發聲位置。之所以要找尋發聲位置，主要還是避免產生「缺席」（absence）狀況，所謂的缺席對應於「在場」（presence），「在場一方面是事物在空間的顯現，另一方面又是事物在時間上的現在時刻。缺席一方面是指事物在空間的隱蔽，另一方面又是指事物不在時間上的現在時刻，而是在過去或未來開放呈現。」〔註19〕這裡想先拉出一個課題，即口述歷史與一般歷史的差異在於「誰可以發聲？」是口述者（被訪者）、採訪者還是其他人呢？以《人生三稜鏡》、《天送坤之春——一個臺灣婦女的生活史》來看，基本上是以自傳體形式出現，〔註20〕但裡頭卻還是有敘事者，通過敘事者假設了部

〔註18〕 范麗卿自承對於國語句法的掌握度不足，故希望學者李元貞能幫忙看稿、修改。
〔註19〕 江民安編，《文化研究關鍵詞》（臺北：麥田，2013），頁325。
〔註20〕 自傳的主體（autobiographical agent）因被理解為參與到多種多樣的話語交往，

分的讀者藉此勾勒出一個屬於敘事者─我的故事，同時這也使我們必須意識到，「自傳的主體（autobiographical agent）因被理解爲參與到多種多樣的話語交往，因此他的故事就成爲所講述故事的具體處境的表現。〔註21〕也就是說自傳的書寫，一旦決定公開或讀者市場，那麼現實的考量就是這樣的故事到底要講給誰聽的問題，比如採訪者、研究團隊或讀者。〔註22〕另外，自傳在敘事手法上，多以第一人稱展現，但在實踐意義，乃是一個女性作家對於書寫權力的肯認與掌握。另一個值得探析的是，採用的敘事視角與口吻會決定其歷史呈現的樣貌，也就是女作家採用的「公開的作者型敘述（全知敘述）可以建構並公開表述女性主體性和重新定義女性氣質，而女作家採用的「個人型敘述」（第一人稱敘述）則可以建構某種以女性身體爲形式的女性主體的權威。〔註23〕

　　相較之下，口述歷史〔註24〕雖然以被訪者爲主，但書寫與敘事間卻產生了落差，例如《山深情遙——泰雅族女性綱仔絲・萊渥的一生》由綱仔絲・萊渥口述，由洪金珠文字化。看似由綱仔絲・萊渥掌握了故事的發展，但在文字化的過程中，不得不思考到編織與敘事方向的偏離，也就是女性的聲音

因此他的故事就成爲所講述故事的具體處境的表現。與此相關，也有一個故事講給誰的問題。馬克・弗里曼（Mark Freeman）著，〈自傳性理解和敘事研究〉，《敘事探究——原理、技術與實例》（北京：北京師範大學出版社，2012），頁76。

〔註21〕馬克・弗里曼（Mark Freeman）著，〈自傳性理解和敘事研究〉，《敘事探究——原理、技術與實例》（北京：北京師範大學出版社，2012），頁76。

〔註22〕馬克・弗里曼（Mark Freeman）著，〈自傳性理解和敘事研究〉，《敘事探究——原理、技術與實例》（北京：北京師範大學出版社，2012），頁76。

〔註23〕蘭瑟曾在《虛構的權威》認爲，女作家採用的「公開的作者型敘述（全知敘述）可以建構並公開表述女性主體性和重新定義女性氣質，而女作家採用的「個人型敘述」（第一人稱敘述）則可以建構某種以女性身體爲形式的女性主體的權威。在蘭瑟看來，不是將敘述模式視爲形式技巧，而是視爲政治鬥爭的場所或政治鬥爭的工具。請參閱申丹、王麗亞著，《西方敘事學：經典與後經典》（北京：北京大學出版社，2010），頁209。

〔註24〕從19世紀中期關注國家與政治事件的史觀受到懷疑、20世紀史學界對傳統的政治事件史的一再反撲，再到年鑑學派（The Annales Svhool）的形成、後現代主義、後殖民主義之興起，一種由上而下、關心一般百姓或地區歷史的書寫方式驀然形成。這種由大歷史轉向小歷史（little history）、微觀（microstoria）的研究趨勢，促使口述歷史有大好的發展機會。請參閱游鑑明，《傾聽他們的聲音：女性口述歷史的方法與口述史料的運用》（臺北：左岸文化，2002），頁52～53。

究竟有無完整地呈現，反而才是最引人關注。書裡主要描述一位身為泰雅族頭目的女兒，小時後就經歷了日本統治的時代，也跟著改過日本名為「山口初美」。因族裡的誹聞被迫在 16 歲嫁給同族的男性，並生下了一女。但 21 歲時，丈夫就因病去世了。此時敘事的時序已進入了日本發動的侵略戰爭後期。敘述者——她後來在部落附近認識了因戰敗而不願回國的日本兵大西。基於對日本人的報恩情結，綢仔絲決定幫助大西留在臺灣，後來更愛上了大西，為了援救大西，兩人逃入山中在當中愛上大西，並為大西生了兩個孩子，兩人糾纏了八年，但是大西在「得志」後卻抵擋不住擔任立法委員的黃節文的誘惑而準備「拋棄」綢仔絲，與前夫所生的女兒被送給人當養女，小女兒也因病死亡後，綢仔絲終於下定決心要與大西分開，大西最後也返回日本。只是最後兩人沒能在一起。促使晚年又改嫁給一個戰後來臺灣的外省人。

　　三任的丈夫，敘事者印象最深刻者竟是日本殖民者——日本大兵大西，這當然可以理解為情感的催動，然而口述者對於殖民者的被支配狀態，而使得敘述者認定需用感謝報恩之心對待日本人，對於「蕃」的認同是極為自卑、低下的。這也使得口述者的發聲位置，從故事的一開始，就呈現極為「非主體性」的方式。這裡所謂的「非主體性」並不是指口述並非萊渥，而是指在敘述／書寫的過程中，無意間展現了被殖民者的卑微心態，再加上書寫者對於文字、知識的掌握，使得口述者——萊渥的主體性一再地被壓縮，甚至有部分的扭曲。這使我們必須小心地警覺到，訪問者永遠都不是受訪者本身，兩者間應是在「不同」之中彼此觀照的一種「距離」，提醒著我們受其 cultural shock 時，也應在己、異之間時而相互抽離，時而對應觀照，並有意識地暫時放下自己文化體系中的價值判斷或固有的定見，真正回歸報導人具體而真實的生活脈絡。〔註25〕同時，在敘事過程中，我們會被牽引進入相關的脈絡中，並在過程中感受到多重的衝擊、認同或反抗，如文化的、情感的、個人與集體的，這些情緒有很大部分是來自於自我的反思，因為我們可能無法經歷相同事件，卻可感知事件背後的種種力量、種種痛苦甚至是壓迫，故自傳的主體或寫作的主體，他們的敘事一方面協助他們重整個人精神結構，另一方面也帶著讀者、帶著我們重新審視、安頓內在不安的情緒、即將爆發的情緒甚

〔註25〕宋錦秀，〈策略、情境與倫理——婦女史「口述歷史」研究的幾點觀察〉，《傾聽她們的聲音：女性口述歷史的方法與口述史料的運用》（臺北：左岸文化，2002），頁 148～149。

或是個人都尚未感知的情緒。〔註26〕

第二節　從藍博洲的《臺灣好女人》談私領域到
公領域的實踐境遇

　　談論過女性的生命史書寫後，進一步要探索的是女性投入政治場域是如何被看見、如何被書寫。女性投入公領域的歷程，接合了臺灣政治發展歷程外，她們的身影與實踐策略如何被傳播、看見，則成了女性生命史值得被探析之課題。因為敘述女性投入公領域的歷程，在某個程度來看，亦是如何被公開地看見、公開地現身（聲）的過程。因為從家庭角色的幕後到公眾人物的幕前間，所扮演的角色不同勢必得有不同的舉動及符合此身分的言行，但在同時也可能帶給了女性多重的壓力，迫使她們得從顧家、顧小孩的賢妻良母幕後行為轉為顧百姓的幕前行動，在難以兼顧或拋棄家庭事務下，不一程度地造成沉重的生理心理負擔，女性找尋自我的過程也更顯曲折、困難許多，而以下就以相關作品作為討論。

一、從幕後到幕前的轉換

　　在談論藍博洲的《臺灣好女人》前，其實女性從政者述撰的生命敘寫並不在少數，例如像余陳月瑛的《余陳月瑛回憶錄》、呂秀蓮《重審美麗島》等就是她們併合政治歷程的生命回顧。《余陳月瑛回憶錄》是余陳月瑛自一九九三年縣長一職退下後，由余陳月瑛口述、彭瑞金整理撰寫而成的回憶錄。此書除了介紹余陳的出生背景、原生家庭的環境之外，余陳月瑛特為強調幾個部分，並貫穿於書的主軸：一、自身非出於政治世家（家族）；二、「家官」（余登發）對於政治的參與所引發的後續效應，以及推出自己的媳婦（余陳月瑛）參與選舉的過程與用意；三、余陳月瑛從偶然到坦然間的心境轉換。雖然這

〔註26〕敘事認同中個人與他人之間的張力是與生俱來的。自臍帶被剪斷的那一刻起，我們在世上就有了獨立身分。而儘管我們的生命故事隨誕生而始，但我們的誕生故事並不屬於自己。我們可能年復一年多次聆聽自己的誕生故事以後，方能將它當做自己的故事講述。同理，我們作為獨立個性存在於世間的最初時刻也必然是通過他人講述的故事所確定的。傑娜・巴德利（Jenna Baddeley）等著，〈繪製生命故事之徑──貫穿一生的敘事認同〉，《敘事探究──原理、技術與實例》（北京：北京師範大學出版社，2012），頁130。

三點是此書的主軸，但三者又回應於余陳月瑛本身對於「參政」的回顧與反思，這似乎也說明余陳月瑛的個人特質：勇敢面對所處的困境、依順「家官」對於臺灣政治的判斷與參與、盡其本份為人民著想等等，在在彰顯出個人的傳統、突破與堅毅的多重樣貌。

在《余陳月瑛回憶錄》裡頭，除了可以審視余陳的從政歷程外，其實也表現了她為人妻、為人媳和為人母的特質，而這些特質讓她從廚房的舞台空間轉換到了政治的舞台空間。但和男性的政治人物不同處在於，她一開始似乎是被動且依附在男性（家官）的權力場域之中，是在男性的安排中出場並決定她的位置，這並不是說余陳月瑛沒有個人的自由意志與理想目標，只是這種的方式確實是「偶然」而後「坦然」。

然而真正從政之後，余陳月瑛也開始思考如何投入政治或以自己的方式展開「仕途」。書裡特別提到，她不完全遵循過去男性的問政模式，而改以理性、剛柔並濟的方式進行，也突顯了女性是可以不完全複（父）製男性的模式，而走出另一條問政、施政的道路。其次，書裡或多或少突出了余陳相較於丈夫（瑞言）的特質，例如持家有道、有生意的頭腦或手腕等等，雖不見得有意貶抑丈夫的地位，卻也顯示出個人在「家官」面前、支撐家庭的重要位置，這其實可以比較出女性與男性在家庭、社會和政治場域中所面臨的不同挑戰與責難，如果沒有扮演好自己的角色，則似乎就不是傳統定義的女人（或男人）。

這使得余陳在幕後的工作雖然重要卻可能不易被看見或稱讚。所謂幕後到幕前自於戲劇演出的「幕」之概念，藉遮掩著演出人員後在後台準備狀態，同時也將其視為不見卻需投入的情境。幕後代表的多為不被重視、不被看見的工作，而在傳統兩性分野中，幕後幾乎就是女性、母親或妻子的空間，並且在此空間上施作家務等。也就是我們似乎較常看見幕後及其兼負的家務，在道德感包裝下，往往由女性的自我犧牲支撐。〔註 27〕這使我們警覺到，幕後並不是一種隱藏而是不見，女性雖然佔有家裡部分的空間，如廚房，但卻不是真實擁有，因為廚房的用途在於產出食物，供應家人三餐使用，但在廚房的空間使用上，婦女只是使用而非獨有。而真正類似於書桌、書房等個人

〔註27〕聲稱女性比男性有道德的過程中，家務勞動的意識形態是決定性的因素，尤其是「母性的道德感」，包括自我犧牲等。請參閱 Kathy Davis 等著、楊雅婷等譯，《性別與女性研究手冊》（臺北：韋伯文化國際，2009），頁 404。

使用的空間，往往女性（如母親）都被排拒掉或作最後的思考，這使得女性看似與家有高度聯結，卻沒有自主的權力與空間，女性往往會被迫考量先讓小孩、丈夫或其他人使用，而將自己的空間挪移出來，而喪失了獨有空間的機會與權利。

　　因此必須要問的是，究竟余陳月瑛的特殊性是決定在她的家庭角色還是政治角色上，或者是兩種角色互為影響的結果？從幕前轉向幕前的過程，余陳所扮演的角色失缺了主動性，但又在兼負了多重責任，扮演好每個角色。余陳脫出於「細節政治」〔註28〕的描述，一標示出她在家庭與公共事務的特殊位置，另一方面也突顯出女性透過書寫不僅在於表述政治傾向或實踐動作，也能夠從生活異轉與補充男性較少關注的課題。當中不免看到余陳的困境，身為傳統的女性需照顧著家庭、以家庭及小孩為重，一旦轉換成丈夫的政治伙伴，則必須投入其心力。余陳所象徵的，和張娟芬以為的「進退政治」有些許的不同，張娟芬是在談論到同性戀與異性戀機制時提出了所謂的「進退政治，在她看來，「女人進入異性戀家庭，就退出公領域；進入愛情，退出事業，丈夫進，妻子退。這一進一退之間，兩性權力的落差就更大了。當異性戀關係發生時，男人之間的人際網絡並不受影響。」〔註29〕同理可證，綜觀來看余陳依然擺脫不了父權機制的運作，可是她卻「進」到了公領域，反而丈夫是「退」了。故《余陳月瑛回憶錄》回憶的不僅僅是她生命、政治參與史，更多的部分是藉由個人回應（回憶）「家官」（余登發）的參政歷程，再進而投射於臺灣的政治發展史。從中可以看出，余陳月瑛的參政之路，是一種偶然與必然的結合，但無論如何，一但挑戰來臨，還是發揮女性特有的細膩、堅毅、溫柔以及對於家庭的投入，為自己、家庭、地方和國家盡其心力。這才會有後來臺灣第一位女縣長的誕生，造就了臺灣政治史的新一頁。雖然可以理解為「家官」是余陳月瑛進入政治場域的推手，但這也突顯了余陳月瑛的生命經驗與「家官」過度黏合的現象，無法完全地形塑出一個屬於自我的生命歷程，這也是看來順常卻又無法完全切分的書寫狀態。

〔註28〕周芬伶認為，女性散文著重生產與生活，多於家庭與愛情間著墨，這也是女性散文特色，可稱之為細節政治，以補充男性擅長的大敘事。請參閱周芬伶，〈女性散文〉，《散文課》（臺北市：九歌，2013），頁90。

〔註29〕張娟芬，《姊妹戲牆》（臺北市：時報文化，2011），頁128。

二、投入公共領域的戰場

幕前與幕後的轉換其實是一個空間裡頭權力、位階、面容的轉換，象徵著父權體制下對於空間的權力分配與掌握。相較之下，投入政治場域比從幕前幕後的被看見更與眾不同，一來是面對他人對自我的質疑，二是女性及所代表的弱勢者、邊緣性格者需與權力者展開競逐或對抗，更顯其折衝矛盾下的心靈狀態，例如呂秀蓮在《重審美麗島》寫到，不僅僅只是臺灣政治的挑戰革，更多時候我們必須關注呂秀蓮的女性身分為她帶來的不是禮遇與美好生活，在《重審美麗島》裡，我們看見到是更多女性對於歷史事件的重述與重議。此書共分八章，其中第一章主要描述臺灣戰後的政治景況，以及相關的反抗威權統治的作為、雜誌的創發，勾勒出黨外時期實踐行動的兩個利器；而二至七章則著重於美麗島事件的前因後果、外圍環境、內在結構的剖析；至於第八章，則側重於一個「知識分子」的重新凝視、批判書寫，這個部分其實透顯出威權統治下不是連良心、價值觀都被忽略的重要課題。整體看來，此書的「重審」其實內含有若干課題，一是審判意義；二是審判過程；三是重新審視之意義。前兩者是一種「重現」，藉以還原當時事件的起因、審判和國際救援、特赦的原因分析；但最後者則是一種「重新審判」和「重新審視」的雙重價值，因為這涉及了價值重估、平反和民眾、知識分子如何「認識」事件背後的因素與複雜結構，藉此突顯威權統治下的霸權運作、黨外運動者內部的權力分布，以解釋黨外運動的運作狀況。

其實仔細審視此書，可以發現呂秀蓮除了再現當時事件的發展脈絡之外，作者呂秀蓮盡可能地以旁觀者和客觀者視角切入。令人玩味的是，其實這不僅僅突顯呂秀蓮的書寫位置，其實也曝露了自己在當時的權力位置，她表述自己「在場」卻也告訴大眾她「不在場」，前者近於歷史事件的在場證明，後者則傾向於一種權力運作下的邊陲位階，正突顯出權力的運作從來不是與生俱來的，「歷史」有時並不具備特定的意向與目標，簡單來說歷史事件究竟是一種「必然」還是「偶然」的發展。例如在書中，呂秀蓮點出當時提出的「暴力邊緣構想」，其實就近乎於一種後設的詮釋與論述，然而筆者不是要指責這種論述的結果，而是想指出歷史本身的弔詭之處就在於，它看似合理、平順一切其來有自，其觸發的媒介往往又難以預料。歷史運動過程中的非理性條件，以及某種合理預期，前者指著歷史（事件）發生的偶然性，後者指著歷史事件發生的條件性，而兩者雖然都可賦予後人詮釋歷史事件的質素，

卻無法保證這是唯一且有效的原因即在此。

　　相較之下，由藍博洲採訪、收集和撰寫的《臺灣好女人》，則呈現了另一個政治系譜議題。《臺灣好女人》以五位臺灣女性作爲此書的內容，其對象分別爲新竹客家女學生傅如芝、雲林莿桐女青年高草、臺北的許月里、蔣渭水的養女蔣碧玉、臺灣工運前輩許金玉。雖然五位女性有生、有死，已無法完全親炙本人，故只能分別從口述、文獻、檔案和其他的資料中建構五個人的歷史圖像。〔註30〕

　　《臺灣好女人》並非藍博洲報導文學的首作，卻是他貫常處理歷史題材的文學表現，同時加上他使用大量的田調與口述歷史寫作，創寫出不少作品，例如《藤纏樹》便是根據他做的口述歷史而寫成的政治小說，而頗爲人熟知的《幌馬車之歌》則屬報導文學。〔註31〕

　　這本書值得被關注的原因在於，一、政治氛圍的改變（左翼如何發聲），二、藍博洲所代表的政治傾向與關懷面向：三、男性爲歷史女性人物發聲的視角與轉譯方式。前二者涉及臺灣政治、社會情勢改變，已在緒論談論。我們可關注的是第三點：男性爲女性創寫的差異。因爲男性究竟是否可以爲女性發聲的問題，一直是女性主義敘事學一向關注的課題，「女性主義敘事學在故事這一層面探討，主要可分爲以下兩種類型：一、男作家創作的故事結構所反映的性別歧視；二、女作家與男作者創作的故事在結構上的差異，以及造成這種差異的社會歷史原因。」〔註32〕書中，其實可以看見女性作爲書寫的對象、題材甚至是關注的課題，展現出不輸男性的魄力、堅毅精神和奮鬥不懈的戰鬥意志，顯然她們不僅僅站在一個戰鬥的位置上，她們也具備了作爲人的基本價值——自由、平等的認知。故她們展現出作爲人的抗鬥意識。但無可否認的，藍博洲在書中，其實並未多加以描述女性的特質（尤以生理性別），例如在尋找女性受訪者、受難者時，大都附帶在男性的故事中帶出，

〔註30〕藍博洲的經歷相當豐富，最早爲《人間》雜誌撰寫報導文學起家。他書寫的課題內容多與白色恐怖有關，例如《臺灣好女人》等皆是，但更多時候，藍博洲是以冷戰結構下的國共關係形塑出臺灣那微弱的左派之聲。臺灣戰後的書寫，受政治及國家機器運用的場域影響，較難看見其左派的聲音。較著名者爲陳映眞，他在60年代末期即開始寫作，並開始以一系列著作作爲他立基於全球冷戰結構下的左派立場。

〔註31〕周芬伶，〈利用田野與調查寫作〉，《散文課》（臺北市：九歌，2013），頁150。

〔註32〕申丹、王麗亞著，《西方敘事學：經典與後經典》（北京：北京大學出版社，2010），頁201。

才進而反映出五位女性的生命歷程、受難歷程。但即便如此,能夠找尋出女性受難者的故事、困境甚而展開對話,或許更值得關注。在《臺灣好女人》當中,五位女性的口述歷史,其實象徵著某一種性別、階級的關係,但裡頭涉及女性的自覺、家庭和親情的部分,則較不顯著會有這樣的情況,一方面是部分「被書寫者」本身的「不在場」所致,但從中也可看出身為一個男性的書寫者,是如何看待女性投入公領域的,卻也遺忘私領域中,女性特質與被壓抑的面向,而不得不依附於婚姻甚至是男性的主聲帶之下。也讓女性從家庭解放出來的可能性大減。

理解到歷史不再是「大」到必須容納收編各種聲音,實存的他者講述著自己的歷史,也告訴我們屬於他們的歷史。各種小歷史被說著,彼此互有聯結與歧出的故事情節。過去會向未來綻放,也會積存在結晶裡,會在不同的角度上看到相同／相異的事件、問題。相似地,過去的事件向現代的我們開放,不再具有單向、唯一的詮釋,霸權意識的歷史詮釋權應被挑戰,而人民的故事就是最好的印證,他們記憶的結晶展示出閃動片段,一個不同於過往官方、主流的片段。本文提列的作者及文本都是一個又一個「結晶體」,〔註33〕也許不盡相同卻又動人無比,我們也將從中收集屬於自己的再從未來開放。前面有談到報導文學、生命史、口述歷史的詮釋效度,是對於過往歷史事件的補敘、插敘。或用解構(deconstruction)角度審視,用以質疑、淡化或消解過去對於「邏各斯中心主義」的追求。但其中卻也讓我們看到他者的身影、希望我們去傾聽他者在說什麼。故此帶我們去看見被大敘事掩遮的他者並可能地回應,並以此構築了歷史的另一個可能,小敘事相較於大敘事也許渺小微弱,卻往往提供了人們看見過往及理解事件的「補充說明」。於未來而言,這樣的書寫有其必要,小敘事將可能隨著被釋放、融入,它們會共同形成視域融合的一部分,進而影響著未來對於過往的想法。若真要說有種大敘事的存在,那是「複合式的歷史」,它會很像套餐組合,形構出合宜的歷史圖像供我們選擇。

像藍博洲透過《臺灣好女人》譜識的左翼運動脈絡,使我們理解左翼運動在臺灣歷史進程裡扮演了重要角色、或者說應該是一種「對應」的功能,潛抑於社會脈動之中。藍博洲裡頭採訪對象,呈現了時間與空間的斷離,對於主角來說,其實早已逝去不在,唯有的是旁人、親人建構的主角,一個「還活在現

〔註33〕此處挪借德勒茲(Gilles Deleuze, 1925～1995)的「結晶體」概念。

在」的主角。挪用列維那斯的視角，「活著」比誤判、害怕死亡更值得注意，人們該承擔著「他人之死」。列維那斯拉出海德格對自有存在的限制，因為認知生命被限侷於死亡之內，故人們應體認到在死亡臨近前，應使自己更積極更有意義地活著，實踐存在價值。再以克羅齊的精神史陳之，藍博洲勾勒出來的不是一個人的歷史，而是當代史的最佳印證。誠如克羅齊以為的歷史不只是「死人東西」，他們所兼負意義在於能夠「死而復生」，被現時現地的人們所用、重新記憶、重新討論。故而無法被討論或暫時被擱置的歷史材料，只能先在墓地裡暫睡。所以，左翼運動人物的甦醒不純然在於肉體存活，而在於精神不滅與被說著的故事。因此，我們該對他者有更深的期盼、更多的關注以及擔負其生命的肩膀，從分裂走向分享，從被動走向主動的歷程。

第三節　《暗夜倖存者》與《鐵盒裡的青春——台籍慰安婦的故事》的身體敘事

性別中，「身體」成就出許多不同的殊異空間，承載複雜質素與權力關係，形塑出不同的對話基礎，例如從母性空間、家庭空間再到公共場域的空間，都佈滿著性別——權力，這迫使人們必須更仔細、更小心地審視身體作為展演、對抗不同暴力形式的身體論述等皆是。故散文作品裡，如何延續及更真誠地面對「身體」所承載的力量，似乎也在呼告著身體被書寫的實踐敘事。身體屬於作家，卻也代表著另一種聲音，或許這也是和過去從男性看女性，到女性抵抗男性、女性看見女性，和女性看見男性與女性間，所轉化出的多層性思考與經驗重組。

一、沉默還是行動的抉擇

所謂的身體其實並不純然指向一個生理特質，放在社會「建制」出的來的身體，傅柯（Michel Foucault）以為身體規訓也是權力的被支配狀態。當然關於性別中的論述許多，這裡想要特別談論是女性面對著「身體」從私我「被迫轉向」公共敘事時，在沉默與行動中的拉扯折衝，而徐璐的《暗夜倖存者》便是一種私我／公共間的特殊轉移。

徐璐的《暗夜倖存者》，本書分成六章：〈對自我身體的探索〉、〈對自我愛情的探索〉、〈對生命死亡的探索〉、〈對身為女性的探索〉、〈對自我生涯的

探索〉和附錄的〈我的大哥〉，六個篇章分別是徐璐以自我、身體與內在凝視／外在觀仰的多重面向展開之書寫。其中若要細分，可將本書〈對自我身體的探索〉和〈對身為女性的探索〉作為女性面對性、身體所展現的姿態；而〈對自我愛情的探索〉與〈對自我生涯的探索〉則主要是審視人生，沒有所謂的對錯、好壞，而是如何歸結過去與通往未來的一個方向；最後則是〈對生命死亡的探索〉和〈我的大哥〉則觸及了親人、生命與死亡的課題。當然這不是說徐璐有意將六個篇章分成三個主題，但基本可以看出從自我的視角觀探出去的各種課題：性侵害、愛情、家庭、親人、死亡、女性主義的重新思索。

徐璐並非一般人認知的家庭主婦，她的身分經歷恰好搭上臺灣戰後一系列的女權運動，她首次接觸的女權運動是在一九七七年，當時現任桃園縣長的呂秀女士以「拓荒者出版社」為據點，展開了臺灣的女權運動，給了徐璐很大的震憾與感動，也很感動；另外就是她的大學老師李元貞女士，亦曾邀請李元貞到住處，促膝長談了許多男女之事。對當時的她來說，不論是李元貞或是呂秀蓮女士，對女性的關懷、對兩性在社會上不平等的憤怒都使她十分欽佩。〔註34〕同時，她那完全被改寫的人生腳本，是從一本被貼上「左派」標籤「天地生活」的雜誌開始的。因為月刊的內容是以勞工、婦女、環保、社會運動為主。由三個從來沒有真正唸過馬克思、對左派只有膚淺了解，而且是在受到以「左」為主流的 70 年代大潮流所影響的年輕人，在衝動下一起合辦的。由徐璐掛名發行人，那時一九八一年，徐璐廿三歲。〔註35〕再隔三年，一九八四年的議員選舉，因擔任「八十年代」雜誌編輯的關係，徐璐和幾個同事去幫忙監察委員張德銘先生做文宣，當時黨外的選舉全靠戶外的政治演說，而且群眾動輒上萬人。陰錯陽差下，在龍安國小的那場演講，幾個助講員和候選人全都因跑場或車子卡住趕不及，場上的司儀一把就把徐璐拉上演講台。結果，徐璐在台上講一個「外省第二代」的心聲，加上用的是國語，在當時的黨外台上可能被群眾噓下來的情況下，講完後竟獲得全場群眾熱烈的掌聲。〔註36〕這也奠立了徐璐後來關注黨外運動的契機，同時也讓她

〔註34〕徐璐，〈我不是女性主義者，……〉，《暗夜倖存者》（臺北：平安文化，1998），頁 137～138。

〔註35〕徐璐，〈我與我的八○年代〉，《暗夜倖存者》（臺北：平安文化，1998），頁 163。

〔註36〕徐璐，〈我與我的八○年代〉，《暗夜倖存者》（臺北：平安文化，1998），頁 184～185。

用著國語訴說著外省第二代的心聲，為黨外運動注入了不同的元素。

在一系列社會參與的活動中，究竟是否啓發了後來《暗夜倖存者》或不可知，可是作為女性她確實擁有了更多不同的角度審視自身，也就是種種經驗累加的也許不是勇敢而已，而是知道什麼叫勇敢，也知道更多時候外在世界與內在世界的衝突，並不是完全無解，卻需要更多的耐心、愛心與包容才能釋放即將引爆的壓力。因此，在《暗夜倖存者》裡除了生活點滴的記載，令人關注的徐璐如何剝開「私我」、「身體」的生命經驗：

> 至於那些覺得把這樣的遭遇公開是一種「矮化」或是不好的標記的
> 人，不管是我的好友或是我不認識的人，我也更明，正是因為他們
> 的這種價值觀。才使得有數十萬，甚至數百萬的女性強暴受害者仍
> 必須一個人在角落裡獨自哭泣，因為這個社會給予這些受害者的眼
> 光異樣的，是歧視的；也正是因為這種歧視和扭曲，使得強暴的罪
> 行年年暴增，因為施暴的人不一定得到制裁。而根本不必自責，更
> 不應為此感到「羞愧」的受害女性反而必須受到精神上最大的懲罰。
> 〔註37〕

這段話曝顯出性在公開／非公開間的遊移、保守與不安。性課題放在女性與壓迫的聯結上，著實違逆了性的傳統框架，或者說是以父長式說話框架而無法逃逸。這裡拉換視角，從他者究竟是誰？為何應關注的面向切入，也許會更為實際。他者有許多種被探討的角度，例如被凝視下的女性身體，將女性視為消費觀賞的商品，利用「性－魅力」賣點產出大量可供消費的有形與無形商品。但他者也是另一種權力結構下的壓迫者，他們餵養了主體權力結構的養分，成就主體得以存在的鏡映關係，例如過去傳統婚姻中女性不為成就自己，而是為了男性，而想方設法生男孩，將子宮捐輸給家庭、家庭，被當作是生產工具以求取自己存在價值與地位。這樣角度反應出「他者」並非完整存在，被有限度地看見、詮釋著（甚至活著）。再回來看看徐璐這段話，「正是因為他們的這種價值觀。才使得有數十萬，甚至數百萬的女性強暴受害者仍必須一個人在角落裡獨自哭泣，因為這個社會給予這些受害者的眼光異樣的，是歧視的」，因為我們並沒有把「他者」視為主體的「擔－負」〔註38〕，

〔註37〕徐璐，〈自序〉，《暗夜倖存者》（臺北：平安文化，1998），頁49。
〔註38〕此處轉化負擔為「擔負」，是從「擔責」、「承擔」進而「負責」，求其「赴」的實踐意義。

我們或許從無視到漠視他者，也或許從漠視再進階看見他者（如受暴、被性侵害的女性），卻從來不把他者視作我們生命的一部分，他者與我們之間看似對話，互為主體形構了世界，卻依然沒有「共存」的可能。我們一樣在需要時將其「勾」了出來，卻沒有「勒」〔註39〕在一起，享其生死共榮。更嚴重地，我們忽略了他們，只因為「性」與「身體」的課題被「女性」符號掩遮住。

另一方面除了女性符號的遮掩效果外，還涉及了「揭露」一詞的曖昧特性，若借用胡紹嘉《書寫與行動——九○年代後期，女性私我敘事的態度轉折及其意義》〔註40〕的論點，能知悉類似於徐璐的書寫，疊合了隱私的再定義、「書寫、行動與自我的三位一體」。隱私的再定義，論文當中提出了許多的議題、書寫重點不在「私」，而是「隱」，即是一種主動性的動作，不主動展現個人亟欲掩蓋的那個部分。但也如此，就會有所謂「揭」的部分，並引起外界對於個人的衝撞、攻擊的可能，意在披露隱的部分。而關於「書寫、行動與自我」，其中提及了「書寫是孤獨的」、「書寫是種扮演」、「書寫是種進出」、「書寫是種創造」；「自我是位置」、「自我是範圍」、「自我是關係」；「行動是一種朝向」、「行動是一種構成」、「行動是一種作為」等等的小命題。若以《暗夜倖存者》來看，其實「自我」的價值以及出版的意圖，就是採取一種與外界（社會）協商的狀態，除此之外，藉由這樣的書寫，可以讓作者、讀者重新審視「書寫」的意義，不僅僅只是展現，也是一種行動（實踐），也是再演繹的詮釋發言。

進一步來看，選擇「沉默不說」也是工具性的論述，一是所謂的積極性的抗拒，迫使外界進入「沉默者」的世界與語境，但另一個部分則是完全性的放棄，也就是沉默者（甚至是外界）自然而然地築起了一道高牆，將沉默者與聲音禁閉起來。以徐璐的受暴歷程來說，顯然她遭遇到較屬於後者的狀態，不管是她的男友、傳播界的好友甚至是傳統的價值體系的束縛，都使沉默成為最後的處理手段，甚至是壓制女性對於身體權力的自我主張，在此情形之下，沉默具有的「抗拒力量」，逼迫外界進入沉默者的「沉默語境」中，

〔註39〕 「勾－勒」一詞多放在「勾勒」的語彙下使用，此處將其拆分，是為了將他者與我們拉得更近。

〔註40〕 胡紹嘉，《書寫與行動——九○年代後期，女性私我敘事的態度轉折及其意義》（臺北：國立政治大學新聞學系博士論文，2002）。

不僅不可能，也促使受暴的女性和自身的沉默共處。〔註41〕

　　至於「沉默的轉換與機制」，則是指向了「走入沉默——沉默空間——走出沉默」的轉換方式，簡單來說，沉默不是「閉上嘴巴」如此簡單而已，也不是單獨指向了口語上的「不說」，而可能是一種替換（代）式的語言，例如身體語言（更會打扮、更不會打扮）即是另一種沉默化的語言。若以《暗夜倖存者》來看，受暴後的徐璐，其實採取的就是一種外在形式（打扮如常、認真工作）的方式，這就是一種沉默化的語言，並進而在她的生活、生命與各種環境中營造（或形塑）這樣沉默化的空間，但如此一來，並沒有解決實際的問題，也唯有卸下這一切，揭露此一語言的背後意義、真相後，方是走出沉默的時刻。以精神分析的面向來說，面對受暴的情形時，內在的精神機制會開始啟動，會選擇不同的路徑、方式或面貌來保護受創的部分。舉例來說，受暴者面對到暴力、性侵害的遭遇後，必定會有防禦機制產生，此時可能會遇到幾種狀況，例如外界的反應不如「受暴者」預期的友善時，例如加諸「強暴迷思」的大帽子，〔註42〕使受暴者的內心可能會做出不同的選擇，一者是不再與世界為敵，但另一種情境可能是抽離出另一個內心的轉化，告訴自己放棄這種訴說於外的可能性，甚至是以人格分裂狀態安置受創人格。要指出的是，對於單獨個人來說，人格分裂是存在的，但整體社會結構亦是以這樣的人格分裂在對待類似的事情，那些「道德人格」總教導著某一種規律，但事情發生後，另一個「譴責式」的人格又再度出現，試圖抗拒著事實的真相，避免再度傷害道德人格建制。

　　可是反暴力真是暴力「後」的詮釋嗎？也就是說過去我們往往會以女性、受暴者能否在「當下」作出反抗以示顯個人對於身體自主的捍衛，藉以表述個人在受暴過程中曾有的反抗事實，這使我們容易陷入一個迷思，不反抗就代表接受，身體與心靈難道無法切分嗎？或許該審思的是，「受暴女性是否『抗拒成功』的界定，可能不在女性是否成功逃脫受暴的命運，而是在女性

〔註41〕　請參閱林百合，《為什麼不說——少年小說的沉默現象》（臺東：國立臺東大學兒童文學研究所，2005）。

〔註42〕　西方女性主義的反性暴力論述主要在於破除流傳的「強暴迷思」（rape myths），意指強暴加害人及強暴受害人的偏見性、刻板化或錯誤不實的信仰與態度。可參閱羅燦瑛，〈魚與熊掌：女性主義反性暴力論述之困境與省思〉，《臺灣社會研究季刊》（1999.06），頁192。

是否能夠根據她的自主意識，發掘她的行動力或能動性。」〔註 43〕例如書裡
提及：

> 「蜷縮」和「堅強」這二個完全矛盾的行為交織了我在遭遇強暴事
> 件後內心錯綜複雜的網。有時這個網像個防護罩，讓我可以若無其
> 事地投入工作；有時，這個網又像那用來困死魚群或捉捉犯人的大
> 網，纏得我幾乎窒息。在我逐步釋放自己的壓抑，並試圖去更了解
> 自己時，我也終更能體會，堅強是一種源自於內在的巨大力量，但
> 是，如果不能找到內心力量的源頭，有時，人所表現出來的「堅強」，
> 其實只是一種武裝，甚至是偽裝。〔註 44〕

「堅強」是什麼？是武裝、偽裝還是真正誠真地面對，不論哪一種反應，都
突顯著受暴者的矛盾衝突，受暴者從受暴開始到後來，如何自我重整成為非
常困難的選擇。受暴當下其實本就是個複雜情境，如果受暴者不逃離不代表
著不想逃離而是有更多的考量，當中取決的是受暴者的自主意識與能動性，
女性能以清楚也察知到自主意識的存在，並以此作為一系列的「反抗述語」，
那麼她的反暴力就永遠存在，而非只是當下的抉擇如此單純而已。或者也可
以說，女性在陳述受暴的經驗時，所提供或被迫說明不僅僅只是個人的經驗，
「在某個層面上，經驗是個人的過程，在另一個層面上來說，各種經驗是疊
加的。我們的經驗總是我們自己的，但是它們受到個人所在的社會、文化以
及機構的影響。」〔註 45〕所以在經驗疊加下，女性害怕說出的不是屬於個人
獨有或美好經驗，她們要顧慮的是社會上的其他人因為沒有經驗所轉移的害
怕，進而去質疑願意陳述受暴經驗的女性，反而是在傷口上灑鹽或冷眼看待，
造成更多無形的傷害與壓迫。

　　書寫不僅在於表述事情的因果，或是私人經驗轉移到公眾場域的分享過
程，而是揭露、協商的狀態。《暗夜倖存者》中，其實明白指出了協商機制在
受暴初期、過程都是不存在的，「忘記」似乎成為唯一的方式，對於其他的受
暴者亦是如此，他們要協商的只剩下「內心的掙扎」，所有社會對話空間在此
刻都消失，更遑論法院上一再被撕裂的創傷，或者說社會的道德機制，過去

〔註43〕 羅燦瑛，〈魚與熊掌：女性主義反性暴力論述之困境與省思〉，《臺灣社會研究
　　　　 季刊》（1999.06），頁 210。
〔註44〕 徐璐，〈強暴倖存者〉，《暗夜倖存者》（臺北：平安文化，1998），頁 45～46。
〔註45〕 海迪‧巴赫（Hedy Bach），〈撰寫視覺的敘事探究〉，《敘事探究——原理、
　　　　 技術與實例》（北京：北京師範大學出版社，2012），頁 262。

多關注加害者／受害者的迫害關係，而忽略甚至是鄙視了性與身體加諸其間。而這也呼應了揭露究竟應放在何種層次的探討，徐璐看似坦露了內在的精神狀態，但放在公共領域，她的書寫卻揭露著社會結構「不揭露」部分，女性反成為沉默的聆聽者。但其實女性不等於沉默，而是傳統、社會結構中的權力關係，餵養了沉默的果實，等待著女性熟悉這股味道。沉默是一種權力結構的詮釋，也成為了言語的表述，但也可能是社會隱抑的集體暴力。也就是說「受暴恐懼是女性集體意識的社會化後果，受暴創傷則反映本土社會對受暴經驗的文化建構。女性對強暴受害的高度恐懼，面對性侵害的失能癱瘓及對受暴經驗的創傷反應，可能多源自性暴力的社會建構效果。」〔註 46〕女性一旦受創，感受到暴力陰影的不僅只有心理與生理，還有社會建制下的身體話語，要想統整回覆、療癒所要穿越抵抗的也就沒這麼簡單了。

二、裂解與重構下的身體

　　《暗夜倖存者》裡瓦解是生理—心理的深層受迫過程，也就是不單單只是身體的碎裂感受、受迫經驗，是自我內心聯結在生理肌理的認同，在一瞬間被撕裂的痛楚，例如徐璐在書裡提到的，「或許正是這種對身體的強烈感情與感覺，所以當強暴事件發生時，對我而言，對方所強暴的不只是一個女性的身體，他還強暴了一個小女孩最美麗的、像蝴蝶一樣的夢和記憶。在那一刻，他不只強暴了我的身體，他也強暴了我的內心……。那個內心的彩色世界可以帶給我們一趟美麗的人生之旅，但當它受到了侵犯、凌虐……，它所帶的摧毀力和沮喪也是巨大的。」〔註 47〕蝴蝶喻示著燦美、自在飛翔與擁有萬眾矚目焦點，而小女孩的的夢與記憶可能代表著純真、無邪，當施暴者的黑暗降臨，掩蓋掉的不是夢與記憶，還有殺除小女孩的衝擊力道，小女孩作為夢想、純真的精神象徵，在一瞬間瓦解掉，心理再無法提供空間給小女孩，外在與內在世界都換了色調。從此「每天的深夜裡，開始成為恐懼的時刻，我仍持續地服用安眠藥，但持續有一年多，每到半夜我還是一定會驚醒，黑暗的角落裡永遠站著一個男人。我內心深處那個受傷的「夜晚的小孩」一再浮現，告訴我她的恐懼、她的痛。有時，我也彷彿看到巨大的海嘯追逐著那

〔註 46〕羅燦瑛，〈魚與熊掌：女性主義反性暴力論述之困境與省思〉，《臺灣社會研究季刊》（1999.06），頁 209。

〔註 47〕徐璐，〈強暴倖存者〉，《暗夜倖存者》（臺北：平安文化，1998），頁 31。

個小孩,但我卻任她被大浪淹沒。糾纏不清的困惑、憤怒、傷痛……在我內心結成一個巨大的網、一個巨大的黑洞。」〔註48〕這使得我們在談到身體經驗時,往往無法只是從生理特徵輕描淡寫過去,還必須深思心理被衝擊、瓦解情況,重新思考生理心理被迫重整的狀態。

除了《暗夜倖存者》裡頭將「受暴經驗」坦露出來外,其實裡頭也在伸張某種社會正義(即便不成功),告知女性身體自主權的重要性。如果《暗夜倖存者》標示出女性為了重整與療癒形構出的敘事時,對應出的是面對國家機器介入下女性更難以自我統整的一面,舉例來說,《鐵盒裡的青春——台籍慰安婦的故事》的「鐵盒裡的春青」,其實是來自於書中一個李米順(化名),剪下頭髮和指甲,放在鐵盒裡,希望萬一她(李米順)遭遇不測,能夠有人把這個鐵盒帶回臺灣去交給親人,而陳樺則是最後拿到這個鐵盒的人,後來回到臺灣卻遍尋不著李米順的親人,只能作為陳樺和過去那段歷史的傷痛回憶。此書以慰安婦阿嬤為口訪對象,以第三者代為書寫的形式呈現。內文以曾經當過慰安婦阿嬤的口述內容,作為敘事的鋪陳,從中不斷揭開一個又一個慰安婦阿嬤的故事,並觸發讀者重新審視日本發動戰爭時的軍事機制,不僅是武力侵略,還有對於女性慰安婦、軍夫在身體上的多重剝削與奴役。這除了說明日本在戰爭時期動員女性從事慰安婦,更引導讀者重新認識、審視這群慰安婦阿嬤的遭遇。可是至成書之末,阿嬤們都無法得到一個合理的賠償與道歉,使得阿嬤們再受日本國家機器二度傷害。

慰安婦議題證明戰爭無情外,也反映國家機器下受害者的受害狀況。不論是戰爭、戰後,日本操縱著國家機器,將慰安婦納入了體制中運作。放大一點來看,若將臺灣視為一個「國家身體」來論述的話,過去我們多會從政治、經濟和文化的層次來探討這個「身體」在意識形態的轉化甚至是文化認同的過程,即便我們將「教育」、「現代化」的身體改造論述放入,也可能只是看到人民對於殖民文化或知識體系的接受,進而產生了一種「外觀上」的身體轉變,例如服裝、化妝品、審美觀等。但若要將單純臺灣視為一個被殖民的他者,卻又往往忽略了慰安婦作為實體身體的創傷烙痕。

臺灣的身體論述,其實是缺乏但也需要「慰安婦」的身體經驗,因為這是一個無法抹滅、虛構甚至是欺瞞的歷史傷痕。就是因為慰安婦阿嬤被侵略的身體,反應了身體經驗在日本國家機器運作下的徹底「改造」甚而破壞的

〔註48〕徐璐,〈強暴倖存者〉,《暗夜倖存者》(臺北:平安文化,1998),頁17。

狀態。因此，《鐵盒裡的青春——台籍慰安婦的故事》揭露的不僅只是歷史表述形式，而是女性身體作為一個被殖民者底下的受創過程與苦難記憶，或者說，相對於歷史學者用書寫作為記載歷史和記憶的一種方式，慰安婦阿嬤被迫以「身體」刻下國家機器的不堪與暴行。

　　慰安婦的活存使戰後臺灣社會面對的是複雜卻又一致的課題，戰後臺灣社會在威權統治下，日本殖民成了負資產，臺灣人從戰敗國的統治一下子成了戰勝國底下的失敗者。因此慰安婦在負資產中成了追索日本責任的藉口，這對於一般肯認日本殖民有正面影響的臺灣人民而言，確實造成了認同上的困境，因為慰安婦涉及不是殖民策略的實施，而是人道關懷的反思。

　　呈現慰安婦議題不在於單向度批判日本殖民者而已，帶著著我們思考的是日本殖民的價值重估、倫理責任該如何擔負。如第一章所述，臺灣戰後歷史重整之複雜，在於國家體制、族群認同、歷史記憶與真實經驗的交織複構，因此無法單一地剖析日本殖民對戰後臺灣的影響，也就是殖民帶來的侵略、侵佔與壓迫是必須譴責的，可是殖民帶來的現代化效應、交流互動甚至是情感聯結也是無法忽視的。更重要的是，在戰後臺灣的族群認同中，臺灣人的殖民經驗對於殖民意圖的政治是充滿著許多考量的。故當我們在回顧《鐵盒裡的青春》、《山深情遙——泰雅族女性綢仔絲·萊渥的一生》時，我們可能就會看到截然不同的認同傾向，或者說，小歷史的陳述就是在於「刺穿」大歷史的布幕，使我們看到更多不同面向，不論是好與壞，都是他者存在的證明，也是我們不可忽略的真實之聲。

　　當我們以進入新世紀的角度審視，更應謙卑地擔負起相關的倫理責任，也就是她們作為周遭之人的實存，是值得去關心的。雖然「現實裡的倫理總是艱困的，因為我們活著的每一天都必須承擔起對許多人的各式各樣責任，且這些倫理責任經常處於一種衝突與拉扯的狀態。」〔註49〕故作者或當事人的書寫，呈現出一張又一張的面容，既是歷史的面容也是個人的面容，歷史再怎麼偉巨也無法彌補一張張心靈、身體破碎再重組後的面容。如果列維納

〔註49〕列維納斯一再地提示著眾人，你我兩人之外的第三者永遠是臨近性的他者，因為他／她不是一個形上的絕對他者，而是永遠在世間圍繞著我們的活生生的他者。在自我與絕對他的關係中，自我只須對絕對他者負責。然而第三者的出現，打亂此單向簡單的絕對倫理關係。此時，自我的倫理專注意識必須馬上被切割分散至許多第三者的身上。賴俊雄，《回應他者——列維納斯再探》（臺北市：書林，2014），頁69。

斯能告訴我們的，就是去看見每一張面容的存在，體撫他者的眞實感受，因爲「他者的眞理在此不是一去個人化的中性詞，而是表達。生存者在表達中打破存有所有的掩飾與通則，而讓此眞理整體的內容全部攤開在它的形式上，最後消弭形式與內容的分別。表達並非修正過的主題化知識，卻是主題（thematization）轉化爲對話的展現。」〔註50〕

第四節　從張娟芬的《愛的自由式》談同志的情感與認同

　　前面多述及性別論述中的女性，這節將視角拉回到同志身上，並且是女性與同志疊合的身分。

　　回顧同志運動可以發現，同志的現身是透過一連串的被迫曝光、抗爭而來的，並可以發現到現實的世界往往比書寫的世界來得更不友善，〔註51〕以較大的社會事件來看，例如 1992 年的「潘美辰事件」，〔註52〕由於《台視新聞世界報導》報導，而引發的事件，可說是媒體暴力、獵奇的代表作。但也促發了臺灣第一個女同性戀團體「我們之間」，爲臺灣同志運動發出第一聲號角。1995 年 3 月 25 日，爲了抗議衛生署委託臺大公衛所教授涂醒哲所做的〈同性戀者流行病學研究報告〉、1997 年發生常德街警察惡意臨檢、逮捕男同志事件、1998 年 8 月華視偷拍女同志事件，1998 年 12 月東森電視台惡意側錄同志導演陳俊志紀錄片〈美麗少年〉電影事件，2004 年三立偷拍女同志事件，皆可見到同運團體與婦運團體（尤以「婦女新知」爲核心）的相互聲援支持。〔註53〕

〔註50〕列維納斯著、汪素芳譯，〈形上學與超越〉，《回應他者——列維納斯再探》（臺北市：書林，2014），頁 509。

〔註51〕同志運動在九〇年代以前的臺灣，還是個陌生模糊的字眼，在文學上或有表現但但在運動層面或新聞能見度上，可能還是類似於祁家威的身影。在一九八〇年代末期，「婦女新知」孕育著「歪角度」讀書會，女同性戀的情慾和認同曖昧地滲透其中。莊慧秋，〈追尋彩虹的軌跡〉，莊慧秋主編，《揚起彩虹旗》（台北市：心靈工坊，2002），頁 10～11。

〔註52〕「潘美辰事件」就是強迫曝光的最好案例，通過媒體渲染、嫁接議題導向的訪談，即便有錯也在不敢曝光、不敢出櫃的威脅下，不檢討個人失誤而以同性戀的「污名化」作爲擋箭牌。張娟芬，《姊妹戲牆》（台北市：時報文化，2011），頁 64～65。

〔註53〕林實芳，〈婦運與同運的有志「異」「同」：以婦女新知基金會的倡議歷史爲例〉，

　　相較下，書寫的世界顯得勃然興展許多、友善許多。所謂同志書寫或文學表現並非突轉現象，推溯戰後臺灣的文學，從白先勇的《孽子》、朱天文的《荒人手記》、曹麗娟的《童女之舞》、凌煙的《失聲畫眉》再到酷兒書寫的洪凌《異端吸血鬼列傳》、陳雪的《惡女書》、紀大偉《膜》和《感官世界》勾連戰後同志書寫系譜，展示了臺灣同志書寫的成就與樣貌。關於相關研究不少，例如紀大偉、洪凌等都有相關論述，且建構出一條明晰的坦（露之）途，構織出同志文學系譜。紀大偉曾在〈如何做同志文學史：從 1960 年代臺灣文本起頭〉裡針對同性戀、同性戀文學作了初步探討的，並且針對何者為主體，或者主體被看見了及如何被看見，提出不同程度地思考，並且進一步探索同性戀是什麼？以及同志文學是什麼？同性戀是如何被歷史化的？〔註54〕紀大偉點出，1961 姜貴的《重陽》，裡頭就有寫到的男男情慾，相較於白先勇的《孽子》早了許多。但與白先勇不同（或關注於同性戀作為慾望主體），在於姜貴其實想通過裡頭的性行為（雞姦），表達出國共戰爭體制下的壓迫與接受的特殊景象。紀大偉在〈如何做同志文學史：從 1960 年代臺灣文本起頭〉裡頭特別指出的是，同志的性行為是否等同於社會建構下的同志身分，甚同於同志自身的性別／自我認同呢？紀大偉以為這顯然是有差異，且同志身分建構過程「差異」間變得明確起來，從生理性需求、情慾身分的認同再到政治上的認同，一步步地顯現在文學的創作裡頭。這也是為何紀大偉要從白先勇《孽子》外去討論姜貴《重陽》的原因，因為《重陽》恰好在戰後同志文學書寫的分界、改變。也就是從類同性性行為過渡到同性自主性行為的轉變，也就是「我在這裡」的詔告。

　　類同於女性在文學史的現身策略，並非憑空而自，文學史的寫成到主體的生成關係是建構在權力網絡中，女性如此同志的命運又何嘗不是？若說女性在男性代言下能夠被依稀地看見，那麼同志連現身的機會都少得可憐。故紀大偉想提醒讀者的是，同志一直都在，但同志文學的「寫成」是通過再三確認而來。〔註55〕對此下面將依循張娟芬的《愛的自由式》以相關同志書寫，

《婦妍縱橫》99 期（2013.10），頁 36〜38。

〔註54〕紀大偉，〈如何做同志文學史：從 1960 年代臺灣文本起頭〉，《臺灣文學學報》23 期（2013.12），頁 68〜69。

〔註55〕紀大偉此文想提出的是，從白先勇在 60 年代創發，指陳了 80 年代《孽子》的承先啟後，展現 90 年代《荒人手記》、《逆女》對《孽子》致敬的系譜。此外也讓我們知道，同志認同是通過「被認同」（被建構）與自我認同的拆衝、

以生命史、自我剖析的精神向度切入，探析散文作品承載的「私我」，尤其是看不見或被漠視的他者，如何在多重轉折、他人凝視與內在掙扎的困境，將書寫當作說故事的途徑外，亦藉此作爲療癒與自我統整的方式。

一、同志如何現身？

（一）不在場的鯉魚

以女同志作爲本節的討論，確實有點溢開女性書寫的邊界，然而女性底下的同性傾向、同性間的認同，似乎又很容易被擠壓在女性、同志的論述間，此處將花一點篇幅從《愛的自由式》的寫成推及性別中的邊緣他者。

回顧臺灣的女同書寫，或可從《中國人的同性戀》找到口述歷史、生命史的蹤跡。攤開《中國人的同性戀》裡頭分四大部分：揭開同性戀的面紗、觀念的探索與挑戰、玻璃圈的故事、讓他們活得更坦然。其中第三個部分「玻璃圈的故事」是以訪談、口述史方式呈現，而林瑞嵐訪談執筆的〈她們的三人世界〉則是描述三位女同性戀合住在一個屋簷下各自延伸、交疊的故事。裡頭主角展展、詠詠、葦葦，而展展和詠詠是情侶，並在訪問時透露即將要「結婚」的訊息。〔註56〕但若以〈她們的三人世界〉對比整本書比例，不到數頁的篇幅幾乎就將女同志的情感故事說完。當然《中國人的同性戀》一書有時代背景，光從「中國人」的符號隱約可見當時臺灣社會的氛圍與族群認同。

故真要說到女同生命經驗的呈現，大概非張娟芬《愛的自由式》莫屬，張娟芬通過訪談再「重組」《愛的自由式》，其實重組代表了理念、概念先行，張娟芬在敘事過程中，不斷地介入、重組，像是把許多不同歌曲譜在一起，在和諧底下，更多的是張娟芬對於女同的性別論述、角色扮演、自我認同、社會認同、情慾流動狀態的敘述。一如她所設想，希望透過面訪與參與觀察，去看「不分」、「T」、「婆」等角色各自表現出（或者，「表演」出）什麼樣的性情與氣質，而落實到彼此的互動中，又會形塑出什麼樣的情感關係？並在後來又修正爲，著重的不是角色而是 T 婆的「風格」。〔註57〕只是整本書的內

對話而來，也從生理現象擴展到的生理、心理認同，再進到政治、文化認同。紀大偉，〈如何做同志文學史：從 1960 年代臺灣文本起頭〉，《臺灣文學學報》23 期（2013.12），頁 68。

〔註56〕 林瑞嵐，〈她們的三人世界〉，莊慧秋主編，《中國人的同性戀》（台北市：張老師出版社，1994），頁 147。

〔註57〕 張娟芬，《愛的自由式》（臺北市：時報文化，2011），頁 33。

容雖以人物口訪的故事為主軸，但更多時候我們看到的是張娟芬有意識地「拆解」故事片段，組裝在不同的主題、脈絡之下。反而人物的內在情感、角色性格都在不一程度下被抹除、消減，反而看不到女同的「現身景象」，以及她們敘事的完整性。

在此情形下，邱妙津的日記、半自傳小說《鱷魚手記》，似乎更貼近於某種女同的情感敘事。何以如此呢，一如「鱷魚」之名的出現，代表了捕捉，對名字的捕捉、對形象的捕捉、對恐懼的捕捉。這裡可區分出兩個面向，命名與被命名的關係。若以此對比《鱷魚手記》和《邱妙津日記》就能發現「鱷魚在哪裡」。也就是日記曝露出來的，在多更情節、人物與事件上恰好符合《鱷魚手記》的敘事，這告訴了我們日記作為小說《鱷魚手記》的相輔之用，因為兩者在不一程度上指向了邱妙津／鱷魚的雙面基底。故在論述上，將以邱妙津的《邱妙津日記》為主，輔以《鱷魚手記》，如此一來或許挑戰了散文作為真實反映的舊有印象，但在敘事結構底下，散文切分出來的「敘事者」，早不是真實世界的作者，而是一個用心述說故事的「說書人」。且不論是《邱妙津日記》或《臺北爸爸　紐約媽媽》都面臨了私我「曝光」，而在書寫技法上也許看似貼近作者的真實世界，但卻不得不有所剪裁、割捨及隱瞞，以符合「讀者」與文學結構上的美學要求。

首先應理解到的是，邱妙津透過日記作為抒發情緒的管道，卻又在書寫過程中不斷反覆地回應自我、甚至可能否定自己：

> 日記只是寂寞的補白，除了重疊無創意的情緒外，就是無數生活裡的噪音，更像個垃圾桶，只是我需要收藏大量的垃圾才能為我活過的生命壓榨出幾張乾燥的標本。但這些都是垃圾，當我發現它們確實無能幫我生活得好時，我認同三島最後把它們通通燒掉。〔註58〕

（1989.6.10）

這段話裡提示著日記的書寫功能，不僅僅只記錄事物，還有文學功能的療癒作用。當然日記是否能作為文學欣賞是有待保留的，畢竟裡頭涉及了文學性強弱、寫作對象、如何寫作等繁複認定。〔註59〕

日記是垃圾筒，看似無用污穢卻又必須存在，「才能為我活過的生命壓榨

〔註58〕邱妙津，《邱妙津日記上冊》（臺北：INK 印刻，2007），頁 27。

〔註59〕周芬伶以為，日記是否能視為文學的爭議較大，主要端看寫日記的是誰，以及是否視為寫作的一種。請參閱周芬伶，〈被忽視的日記散文〉，《散文課》（臺北市：九歌，2013），頁 158。

出幾張乾燥的標本」，只是究竟能否幫助生活得更好則成為另一個難解的習題。這也令我們思考到「日記」作為文本探尋的意義是更具能動性，周芬伶曾指出，「寫日記是為找回主體，因為在現實生活中我們常迷失自我，而成為客體，即是連自己也感到陌生的異己，他是被客體化，異化的自己，盲從、任性、碎亂、恐懼……，我們只有透過書寫日記，找回真正的自己，真正的自己是無拘無束，快活自在的。」〔註60〕主體在現實生活中失落成為客體，使得自我定位模糊不明，更多時候在現實生活中的角色往往是被「定義」的，人們在場域佈建中可能被「異化」可能喪失意志，更可能找尋不到「存在」的價值，人們是被觀看被框架的，自由於是不復存。

面對著《邱妙津日記》，我們面對的是一個不完整的在場者，她已不存於世，日記成為再誕生書寫，於是邱妙津活了過來只是活得並不完整。她日記裡最該被保留的人名，一一化成了符號成了不可知的世界，於是邱妙津依舊有很多的事並沒有告訴我們或無法告訴我們。

但直到《鱷魚手記》，人們開始在光明世界裡頭觸接到黑暗般的存在，邱妙津以一種隱諱未顯的筆法，以「日記體」呈現出一個「T」對於女性同學、女學妹的愛戀。翻開《鱷魚》看似以第一人稱我敘事，但這個我並不真實卻也不虛幻。這裡涉及兩個敘事手法上的探究，第一，「手札」本身帶有私密性、個人化，在正常情況下旁人無以窺見，若說《鱷魚手札》算是遊移虛構／真實的書寫，那麼《邱妙津日記》則算是名符其實的日記，並符合了日記其實是「獨白」與「自我對話」的文類。正因此，日記體文類才會被鄭明娳視為散文的類型之一。書寫本身就充滿了「縫細」，也就是並非所有的事件、情節或情感都能夠被鉅細靡遺地保留下來，書寫捕捉的是事後的感覺與情緒，早已被統整過了，更何況是一本出版的「日記」。作者邱妙津抽分出敘事者描述「主角」歷經的種種，以一種近乎全知預測的方式，為故事留下了不同伏筆，這已接近於小說情節的鋪設而非即情式、即興式書寫方式了。日記體在現實世界裡的呈現，應該是瑣碎、順時且不帶裁剪痕跡，於是日記保有「事件」的某時某地或某物瞬間的「印象」。但這不表示日記並不具有多重敘事的可能，反而在「自我對話」時，可能擬造延伸出不同的角色、藉以透過不同角色對話，分擔不必要的情緒及焦慮。

〔註60〕請參閱周芬伶，〈被忽視的日記散文〉，《散文課》（臺北市：九歌，2013），頁160。

　　裡頭性與愛困境似不如《鱷魚手記》難以現身，但同樣面對著「我」究竟是誰的敘事困境，這點可以在《鱷魚手記》顯見，因文本一開始就以「敘事者——我」登場，裡頭「我」卻不是常常呈現著「人的形象」，有時反而是一隻「鱷魚」，但有時談論到鱷魚時卻又用「它」作爲代稱，其原因是「因爲性別未知，對於鱷魚一律去性化稱呼」〔註61〕。這也看得出來「我」面對性別認同上的若干困境，而迫使著「我」必須掩裝自己，若面對著愛人水伶、外界眼光與生活處境，必須不斷地轉換人／鱷魚的形象，作爲生存的方式。《鱷魚》裡頭以時間順軸作爲鋪陳，一下子將自己帶入了鱷魚的世（視）界裡，牠（她）確實存在，可是沒有人願意跟牠（她）靠近。在人們的視界裡的，鱷魚並不是自願地來到人們「眼前」，是被動地「曝光」，被赤裸裸地呈現在大眾面前，故鱷魚的段落並不意在「展現」（show）同性戀，而是試著展現同性戀如何被展現，以及展現那些展現它的方式構成了它的文化存有。〔註62〕同時，這也間接地呼應臺灣社會對於邊緣族群（非我族類）的厭惡、排斥，而採取的僞裝及自嘲，因爲鱷魚的存在本身就是恐懼、噁心的化身。

　　「鱷魚」並非眞實存在的「惡物」，牠像是個無法被詛咒的「邪物」，也像是個無法被理解的「生物」，在人類的世界中存活下來，以一種卑微的方式活著，期待污名化被去除的那一天到來。這使我們感到「曝光到不能不曝光」〔註63〕的刺人畫面，如果說同志的生命史書寫是私我的曝光，那麼他們揭露了社會中、讀者們期待的曝光，就變得格外地諷刺與戲謔。私我敘事首要面對是自我的認同，進而揭露在讀者面對，可是卻又在其中反覆質疑被曝光的壓迫，讀者像是在進入一個花花世界同時，又再度地被有刺的花朵刺傷。但之所以如此，還是在於外在現實世界的不友善、惡意或窺探心理，導致同志的書寫在更多時候，不得不直接去挑戰、面對這最血腥、殘忍的一面，而曝光成爲了壓迫的視線外也成爲另一種反刺的手段。這或如朱迪斯・巴特勒（Judith Butler）指出的，「『變成同性戀』而承受的一些恐懼和焦慮，以及害

〔註61〕邱妙津，《鱷魚手記》（臺北：時報文化，2003），頁61。
〔註62〕馬嘉蘭，〈揭下面具的鱷魚：邁向一個現身的理論〉，《女學學誌》15 期（2003.05），頁20。
〔註63〕曝光是現身潛在語意邏輯（semantic logic）一種強化的表現，現身意味著讓身體／自己在隱含的觀賞者、讀者甚或其他人被「看見」，曝光卻意含了「光」的強化，成爲傷人的刺眼光線（a wounding glare）。馬嘉蘭，〈揭下面具的鱷魚：邁向一個現身的理論〉，《女學學誌》15 期（2003.05），頁5。

怕跟某個在外表上『同』性別的人發生關係後，會喪失自己的性別歸屬、或不知道自己將變成什麼樣的憂慮。」〔註64〕這其實也呼應了邱妙津自述：

> 活著充滿被他人的「否定」，我體內最美最重要關於愛的生命力不斷
> 地被我所愛的人否定，她們否定我愛的權利，而我原本又是如此強
> 烈地具有「要去愛」的傾向，這麼多的否定就幾乎是否定我的存在，
> 使我變得更熱烈渴望被肯定「能愛」的人。〔註65〕（1991.6.9）

被他人的否定，底下的「鱷魚」面容被親炙了嗎？被接受了嗎？若說他者的存在註定是我們存於世的「負擔」，那麼視而不見並不會讓我們離他們更遠，也不會將之驅逐於另一個看不見的世界，他們與我們共存著。更多的蔑視、誣詆、厭惡甚至極端的手法也不會讓他們消失，因為他們的存在像是成就了我們共存世界的種種，他們也許就離我們這麼近，一如鱷魚匿藏在你我之間，他們活著、動著、言語著。可是真的有人理解、體會甚至於迎向他們嗎？似乎成了《鱷魚》裡最無法理解的一面。

在文體上多將《邱妙津日記》視為私我敘事，而將《鱷魚手記》視為半自傳的小說，兩者基本上雖有差異卻又緊扣在一起，互為彼此的潛敘事，潛敘事多指向敘事完成前的架構、理路或相關條件，如小說作者在構織故事脈絡時，往往有個潛敘事已在進行著，潛敘事就像藍圖，在寫作前浮現梗概與推演順序，故潛敘事必然包含了許多情節基本架構。相較之下，《愛的自由式》就有點試圖挑戰一般敘事上的定義，當 T 與婆成為女同志的兩種身分時，誰是 T 還是婆？T 是什麼樣子婆是什麼樣子？T 與婆誰比較能成為反抗異性戀論述的角色？T 與婆的同志覺醒與生長歷程究竟有何差別？都成為書裡不斷結構又解構的課題。

（二）父（腹）語術的生成

談到父語術其實就是在談論同志面對異性戀、父權機制的壓迫。可是這樣的語術究竟適不適用於女同志呢？或是在女同志的書寫，她們面對的是什麼樣的壓迫呢？對此，有必須先拉回到男同志的書寫中找尋父權、異性戀的壓迫。

日記體式的《邱妙津日記》或自白式家族史《臺北爸爸‧紐約媽媽》，看

〔註64〕朱迪斯‧巴特勒（Judith Butler）著，宋素風譯，〈序（1999）〉，《性別麻煩：女性主義與身分的顛覆》（上海：上海三聯書店，2009），頁 5。
〔註65〕邱妙津，《邱妙津日記》（臺北：INK 印刻，2007），頁 17。

似貼近作者眞實世界，卻有著另一個敘述的形態。這不僅僅表示著散文的結構在敘述上的一種切分，不應將作者與敘述者融混來談，同時也說明一種自我剖析過程的「對話」景象，並從中找到性別的認同（或不認同）。另一方面，《邱妙津日記》的出現，除了自我對話的歷程外，更自揭「異性戀常規」（heteronormaltivity）〔註66〕的荒謬劇。如果以「眞實作者」和「隱含作者」的概念來看，異性戀的身分（形象）是陳俊志、邱妙津過往展現在社會、外人的面具，可是同志、鱷魚才是他們意向的「隱含作者」。他們通過此向過往自我告別，在未出櫃前，是習以爲常的異性戀，但他們通過書寫向讀者宣示著不同立場，是這個社會的「異性戀狂想曲」將他們切分成眞實與隱含的兩人。唯有書寫將這個裂隙縫補起來，試圖統合爲一，但那不是過往的臺灣的社會所能容許，而是更久遠的以後，甚或「死亡之後」

　　以陳俊志的《臺北爸爸‧紐約媽媽》爲例，裡頭的敘述就以「我」與「他」的兩種方式進行著。故事內容從童年出發，面對父母親的分合、姐姐的離逝接連到自我內在性別／慾望的覺醒，將「我」濃縮在家族的敘事。至於「我」（或他）的性別認同裡頭最爲大的反對者，是家庭、是父親，一個傳統父權的象徵，與此的對抗看似一種墮落卻是「拾回」，間接找到生存意義。但由於裡頭破碎的事物太多，在回溯的時刻，不免爲此感嘆了起來：

> 童年碎裂成好多斷代史，一片一片的故事碎片之間遽然猛烈被扯斷，一個畫面跳接另一個畫面，毫無邏輯。他想破頭也找不出關連，人生好比走馬燈，他在記憶中黏貼魔術燈籠的畫片，用盡力量尋找邏輯的鎖鍊。〔註67〕

記憶作爲敘事的唯一連結，看似最爲可靠卻又不是如此，使得述說的同時是在拾黏著這些毫無頭緒、毫無邏輯的故事片段。在類型上《臺北爸爸‧紐約媽媽》是屬於家族史的敘事形態，當中由於家庭遭遇的種種困難，迫使媽媽必須到美國去，反應出在戰後臺灣政府接受美援的關係，建立起堅實的中美防禦條約，使美國政經、文化影響大增，只是伴隨著70代一連串的外交、經濟的打擊下，使得當時在臺灣的中華民國宣稱的唯一且合法的「中國代表」

〔註66〕當一個人沒「出櫃」（come out），就預設他／她是異性戀者。游美惠指出「男大當婚，女大當嫁」，常常不察「嫁」「娶」內含的性別政治。這一點在李安的《囍宴》、《斷背山》可視爲「異性戀常規」的代表作。請參閱游美惠，《性別教育小詞典》（高雄：巨流，2014），頁68。

〔註67〕陳俊志，《臺北爸爸‧紐約媽媽》（臺北：時報文化，2011），頁34。

逐漸在國際上失去了支持，遭受到空前的挑戰，此時臺灣在國際政治上的失利則適度被轉移到經濟層面，例如開始推動十大建設，將臺灣產業從農業轉向輕工業，再從輕工業轉向重工業的。時間大致反映了臺灣戰後的經濟發展形態，空間上則跨了臺灣與美國兩者。《臺北爸爸・紐約媽媽》當中，敘說的是一個幽微的悼亡人之事（雖然很多的散文敘事也是如此），裡頭有太多的記憶、太多複雜情緒，裡頭的人非常的貧弱，身形貧弱、聚合貧弱，不到顛沛流離卻聚少離多。

　　書名以為在探討親子關係，以為是現代版的父子親仇（甚至是變形後的伊底帕斯情結），但裡頭內夾情慾，輾轉敘說著一個孩子在認同上的多重困境。若引用拉岡的精神話語結構，在自我的認同塑形中，對於話語主宰者的反抗、逆轉會扯斷、反制出父權話語權的縫裂。其中當然無法完全地表現出身為「同志」的「起跑點」，卻看見了一種與白先勇《孽子》相同複雜的自我辨識過程，且是在文本內部顯示，一路上父親無微不至的實體幽體，父親未離開現世卻比陰魂的幽怨還深，不來自父親對於小孩，而是小孩衍化出的「對話體」，以便讓自己好過些，作為對抗的堅強底線。這似乎使讀者可以感到一種特殊微妙的訊息，某種失敗、受挫、痛苦經驗的分享往往會回溯到父親、母親身上，試圖「驗證」某種軌跡、某種遞延，這不僅在同志的生命故事裡，非同志的故事裡家長的出現，似乎就在印證「現在自我狀態」的源由，例如前面談到的徐璐如此描述父親：

> 但當我打開心胸，再進一步探索，那深沈的，幾乎讓多數人無法察覺的「缺乏自信」，其實正是源自於我對自己生命中那摯愛且「完美的」父親其實是一個徹底的「失敗者」的疑惑與恐懼。所以，當一個男性在工作上展現出他的自信與專業時，總能給我一種安全感，那是我那「完美的父親」在現實生活中所沒有的能力，也是我內心深處最大的恐懼。我藉由這樣的情感關係彌補了我內在的匱乏與恐懼，但也為此忽視了更重要的一件事——自己真正內在的感受和自己應奮力去建立的自我。〔註68〕

徐璐對於父親停留在美好、完美的形象上，鏡映回來的卻是自身所匱乏的部分，使得建構自我變得困難許多，也讓真正的內在感受有所偏離。

〔註68〕徐璐，〈女人四十——愛情與自主的追尋〉，《暗夜倖存者》（臺北：平安文化，1998），頁94。

　　相較下，《臺北爸爸‧紐約媽媽》的父親不是被「我」所殺，卻被遠遠地
拋拒在心理之外，但小時候的「我」卻如此地仰慕父親，相較之下，母親身
影則有多重的轉折。但另一個替代女性發言，則是「我的姐姐」，卻是一個早
已逝亡的姐姐：

> 姐姐十九歲就死了。我常常幻想一種身世遊戲，想像拼湊姐姐現在
> 幾歲，隱藏在世界的哪一個角落，過著怎樣的人生。她躲在街角，
> 熙來攘往人潮中，隨時準備給我一個驚奇。告訴我一切都是假的，
> 一切苦難都沒有發生過，我們的家庭從來沒有破碎，生命如花朵。
> 〔註69〕

姐姐的逝去是對「我」的一大打擊，觸動了「我」對於原生家庭、情感的裂
解。書裡流露出更多是「我」對於父親的指責，「我十七歲讀建中二年級年姐
姐過世的。那一整年我大概把一輩子所有的眼淚都流光了，常常半夜痛苦驚
醒。我從來沒有真正原諒過父親，我一直認定是爸爸嚴格霸道的管教把姐姐
害死的。姐姐死去的那年，迷上迪斯可舞廳，和一群少女姐妹淘浪跡西門町，
嗑藥跳舞，那是我沒趕上的迪斯可年代。」〔註70〕這裡並非要隱指「性別認
同」在家庭中的出走、叛逃的非合法性，而是針對「我」對於原生家庭的「情
感逃逸」，從父權監制下出走，或許可以說當認知到「我」的屈從是父權機制
下被「交換」來的產品時，在父權機制運轉中，不可避免的縫隙與懷疑，造
就了深層的抵抗、崩解，逃逸自此完成。這使得我們理解到情感置放在一種
敘事結構、語言邏輯中卻反而突顯出文本外的期盼、規範甚而被禁制面向。

　　另一個值得探索點是父（腹）語術的生成。腹語本是身體加上語言的表
演藝術形式，通過媒介，如木偶、玩偶或某個看似能發聲的工具替代品，「我」
是「父語術」的生成物，在某種權力機制下，我成為了父親的發聲替代品，
演出了一齣腹語大戲。可是「我」又何嘗沒有潛藏內在的「腹語」呢？在外
揭的臉孔面具下，同一張嘴卻有著不同聲調，說著違心之論，說著家庭和樂
的謊言。在「父語」（外塑權力話語）與「腹語」（夾逢中的話中話）共構了
家庭中的多重語調，矛盾衝突在和諧表面下潛行。腹語術代表話語空間的擬
造，也是在現實世界通過話語溝通的媒介，它和物質空間不一樣卻有著相同

〔註69〕陳俊志，〈一個人在路上，想回家〉，《臺北爸爸‧紐約媽媽》（臺北：時報文
　　　　化，2011），頁19。
〔註70〕陳俊志，〈姐姐〉，《臺北爸爸‧紐約媽媽》（臺北：時報文化，2011），頁70。

的情感指向。物質空間在很多時候是一種情感、記憶交混的空間，它承載著實體的重量也承載非物質的想像，例如在書裡提到的紐約，就隱含了物質與非物質的概念。書裡提到的紐約並不僅僅只是地理上標誌的地名，它代表母親的「處所」，是一個蘊孕情感、深化記憶的象徵，即便紐約離這麼遠。

如果說腹語是陳俊志轉化出對父親的敬畏、羈絆，那麼母親呢？在書裡一段話，或可解釋母親是怎樣的存在：

> 是的，還有一種「美國的味道」，我差點遺忘。日後，在我留學紐約的年月，在布魯克林猶太區一個老式的糕餅舖子，我無意中嚐到一款橢圓形狀，不規則完全沒有切割的巧克力，一股苦澀的味覺通過舌頭直衝鼻端腦門，剎時我渾身充塞著失去母親的新店的童年，穿過時間而來的複雜滋味籠罩全身。我的母親被遺忘在美國，她的孩子們被遺落在新店。〔註71〕

對於小孩來說，母親是遙遠的存在，是一種遺忘的存在，而孩子也成為遺落的存在。之所以會對比母親，很大部分是來自於對於父親的競視，也就是對於父親不滿的轉移投射，可是距離卻讓這種轉移投射更顯困難，也顯悲涼。

相較之下，女同志於父親否有相同的「閹割情結」呢？放在文學表現上，白先勇的「孽子」是對於父權的極度反叛，情感上若不依此決裂，身體上的情慾似乎找不到下一個慾望機器的接合處，故陳俊志表現的似乎恰好是這種反叛的印證而已，但對於女同志來說，父就變得很特殊，當然這和作者描述視角、事件有關，可是這也觸引著女同志如何處理與父親關係，例如：

> 爸爸送我去搭中興號，他騎著摩托車在路旁急急尋找我的樣子，使我深深體會到：（他老了，不久之後我也得為他舉行這種葬禮，在我還來不及習慣沒有他可以依靠的時候），想到這裡我的眼淚忍不住直流，畢竟他是我這一輩子最愛我也是我最愛的人，但是我卻從來沒辦法為他做什麼，眼看著他在葬禮上那麼傷心地哭泣，我卻只能遠遠地站在旁邊看，他是我最愛的人啊。就連這剩下的幾十年，我也得一天在外面漂泊，不敢回家、害怕回家，回家等於是回到垃圾場、墳場和戰場，對於這個家只有無力感。〔註72〕

〔註71〕陳俊志，〈美國的味道〉，《臺北爸爸・紐約媽媽》（臺北：時報文化，2011），頁47。
〔註72〕邱妙津，《邱妙津日記》（上冊）（臺北：INK印刻，2007），頁210。

邱妙津對於父親是憐愛的，她看到的不是壓迫而是情感的流動。父親對她來看，即將變成脆弱，脆弱到連自己的家都充滿無力感。

對此回頭審視《愛的自由式》就可以發現裡頭幾乎不談「父親」而是談「父權」、「異性戀霸權」〔註73〕：

> 陽具中心的定義是異性戀思維的產物，因為它根本看不見同性戀。它把○號同男當作「假女人」，於是○號一號的同性戀不過是一種假的異性戀；它把 T 當作「假男人」，於是分 T 婆也只不過是一種假的異性戀。〔註74〕

在張娟芬的訪談中，T 婆的分野有時不是來自於角色扮演，而是情感雙方的認定協商，此時男／女框架的異性戀思維就可能出現在雙方的關係，但這種關係卻又在某些時被女同拒斥，因為她們認定這是社會給予的框架、不見得適用於女同，更多時候，她們強調一種變異、酷異的性別流動，例如：

> 怪胎式的 T 婆論大致會說：T 婆角色是一種踰越常軌的性別表演，顛覆了「男人—陽剛—愛女人」、「女人—陰柔—愛男人」的三合一規範；T 扮演的陽剛和婆扮演的陰柔，不是在模仿異性戀或父權，而是將那些元素重組、挪用、掉包，達成嘲諷的效果。而且 T 婆角色是有彈性、可以互換的，才不像男女角色那麼具有強制性。〔註75〕

也就是在《愛的自由式》裡頭我們較看不到真實的父親，而是看到父權思維在女同情感關係的擺弄，造成了另一種父語術的存在與精神壓迫。

二、慾望與情感承諾

（一）慾望的凝視

從格拉圖（Plato, B.C.427～347）「洞穴」（the Cave）開始，視覺成為人類探索文明與知識的感官基礎，因為光線的指引照射，人類開始看見不同的世界。故看見與被看見成為人類生存慾望與感官回應的過程。慾望的投射／凝

〔註73〕 張娟芬提到，她在 1991 年寫的〈女性情誼與異性戀機制〉非常勉強的將「父權」與「異性戀霸權」統稱為「異性戀機制」，至於兩者是如何「混合」卻未加說明。當時提出時，主要在於團結同女和異女的前提下，故暫時忽略差異性強調共通性。時序已遠恐，張娟芬也更細膩小心地處理同女和異女間存有的差異與隔閡。張娟芬，《姊妹戲牆》（台北市：時報文化，2011），頁 197。

〔註74〕 張娟芬，《姊妹戲牆》（台北市：時報文化，2011），頁 49。

〔註75〕 張娟芬，《愛的自由式》（臺北市：時報文化，2011），頁 22。

視，有時不僅僅是視覺或生理反應，一定程度也是心埋缺憾的鏡映。在前面小節談論到的身體觀，一種被國家機器、公共（父權式）話語壓迫的身體，在國家機器啓動時毫無招架之力，即便抵抗、訴求公理往往也會遭遇到無情打壓、異樣眼光。如此身體無法觸及慾望的流洩，這當然文學表現及議題有密切關聯。

相較之下，同志書寫的身體疊褶了更多可能，或使慾望成爲展現自我與抵抗策略，只是相較於女同的慾望書寫，男同在這方面顯得較不遮掩。以王盛弘的《關鍵字：臺北》、大 D 小 D 的《搖頭花》來說，裡頭花了不少篇幅將兩種空間的疊合勾勒出同志情慾流洩的華麗篇章，因爲在《關鍵字：臺北》劃出公（健身房）／私（身體）空間的衝擊激盪，以健身房作爲身體慾望的投射空間，互以文本話語不斷，並大展健身房與身體的美好狀態，〔註 76〕而《搖頭花》更是毫不遮掩地將身體挪作實驗場，作爲禁藥的實驗場、性愛的實驗場。相較之下，在《臺北爸爸‧紐約媽媽》裡的慾望，不僅是身體的記憶，也是從男孩變成男人的另一個表述形式，例如在〈鐵皮書性史〉提到：

> 花生花落。性的視覺的快感複雜度隨時光飛梭累積，他和不同的前
> B 們開始懂得尋訪豔的汽車旅館對著所有的鏡子大幹三百回合，滿
> 滿都是身體陰莖與屁眼。在上昇的暈眩中初嚐視覺群交的快感。很
> 久之後，他開始學會用紫外線夜視功能 DV 拍下最炫的性愛光碟，
> 留下如同劇場一晚一個生命的美麗時光。〔註 77〕

近乎坦露不諱、近於濫交的性愛，看似墮落卻是在享受，並以作爲生命最美麗的一刻，而成爲書寫身體的最佳記憶，並由此作爲身體展演與文本現身的策略，或以身體經驗提供共享的認同與行動。〔註 78〕從文本內可以看到的是敘事者——我，對於同性身體的慾望勾動，透過描述生理、身體，然有擁有性衝動與佔有慾念，這或可簡化爲單向度的慾望投射，也就是類於於光線從一端照向另一端的「直線過程」。這裡需要拉開另一個課題來談，投射的慾望是複雜的，在「聚焦」或「焦點匯合」的過程中，並不是從一個視線拉到一個視線如此。在聚焦同時，包含了如何抉選、如何觀看、如何突顯以及如何

〔註 76〕 王盛弘，《關鍵字：臺北》（臺北市：馬可孛羅文化出版，2008）。
〔註 77〕 陳俊志，《臺北爸爸‧紐約媽媽》（臺北：時報文化，2011），頁 150。
〔註 78〕 引述 Jennifer Harding，林秀麗譯，《性與身體的解構——Sex Acts：Practices of Femininity and Masculinity》（臺北市：韋伯文化，2000），頁 107。

觸動慾望（提升或降低）。

　　同志選擇身體作為修煉場、展演處，不見得是純然地享受，更多時候身體展演向傅柯借來的是權力下的抵抗策略，例如胡詠晴曾針對《搖頭花》〔註79〕裡同志展現的身體提出看法，她認為「若以身體做為權力的場域而言，身體是被規訓與控制的，必需具備健康、體態美等，以期符合大眾與社會期待的『身體』是完全不同的，在《搖頭花》裡，身體是抵抗一切的最好力量，也是最真誠的感受」〔註80〕，因為主流社會的機制還是以原我（Ego）被社會的超我（superego）被制約時，身體會將邊緣議題從虛幻的網路與紙張文本中，不斷地向真實的空間越界而來，因為唯有身體才是最真實的感受，也是在主流社會權力結構中拓展並告知的實質存在。〔註81〕也就是「身體」在更多時候是社會建制、慾望交纏所凝造的「特殊場域」。

　　如果說王盛弘及《搖頭花》太過張揚男同志身體的慾望，那麼女同志呢？從《愛的自由式》、《邱妙津日記》來看，坦露身體的敘事並不見得會出現在女同志書寫上，例如：

> 「理想的愛情」，之於我竟是存在於世上的。想到自己所愛的那個女人，自己有多愛她，自己投注了多少情感與力量在她身上，一個女人被我所愛，從少女變成少婦，她的變化，她的成長，她的靈魂、她的身體的一部分，我都是如此熟悉，都是經我愛撫、注視、吸吮、滋潤而變得更美的，經我來檢證且認可的一個如此美的女人的典型，使我的慾望／身體無論如何也離不開她。〔註82〕

邱妙津對於「美的女人」勾動了慾望，可是裡頭夾雜的更多是「愛情與成長」，使得「她的變化，她的成長，她的靈魂、她的身體的一部分，我都是如此熟

〔註79〕《搖頭花》的兩名作者大 D、小 D 是相戀六年，泡舞廳嗑藥五年，分手半年的同志愛侶，兩人曾在 Gigigaga 發報台和 Pchome 個人新聞台以《身體漲潮》為名發表電子報，其中數十篇文章收錄在《搖頭花》一書，裡面記錄兩人試用 E（迷幻藥）的迷幻過程及想法。

〔註80〕胡詠晴，〈真實／虛幻？慾望／污名？——從《搖頭花》談身體與書寫的越界想像〉，（新竹：第二屆「網路文學」研討會，國立交通大學通識教育中心，2005 年 11 月 26 日）。

〔註81〕胡詠晴，〈真實／虛幻？慾望／污名？——從《搖頭花》談身體與書寫的越界想像〉，（新竹：第二屆「網路文學」研討會，國立交通大學通識教育中心，2005 年 11 月 26 日）。

〔註82〕邱妙津，《邱妙津日記》（臺北：INK 印刻，2007），頁 170。

悉，都是經我愛撫、注視、吸吮、滋潤而變得更美的」，進而再產生無以抗拒的慾望。這裡的身體不是直接坦露，而是被滋養、塑造的，是由愛而性的「凝視」，而非由性直接而來。

這使得我們理解到，一般如男女間的慾望投射雖夾雜了性的渴望，卻往往是公共論述中可被談及的「討論」，因為通過討論可反制性別的權位階，可作為性別平等的出口。相較下，同志的慾望在過去不僅潛藏在公共論述之下，是無法被「討論」的，因為社會似乎並沒有開放同志上台面的機會與空間。所以慾望成了秘密更怕被揭露。須深思的是，性與愛對於同志來說是否是等值、連動的關係。慾望的觀看或許是性的展露，但如同邱妙津對於女性友人的想望，不僅是愛還有更多的照顧心態，性的成分被減低了許多，這也讓我們理解或必須深思的是，慾望的表述不是只有一種樣態，更多時候也包含了更多動人的篇章。

（二）摯愛還是窒礙？

女同志的愛情究該何去何從，或者放大來說，同志的愛情該何去何從呢？若從許佑生的《摯愛 20 年》〔註83〕來看，同志間依然找得到天長地久的伴侶，也能夠相互扶持共同走入人生的不同階段。只是相較於許佑生在愛情關係裡的堅持，我們也應深信一個特殊卻重要訊息，「同性戀解放運動的鬥爭者，為未來的同性戀提供了機會，使他們的生命故事少了些隱密和痛苦。」〔註84〕

從白先勇的《孽子》開始，同性戀的愛情幾乎與反叛、詛咒、毀滅繫聯在一起。孤臣孽子、反叛逆女的形象在文學裡成就一場驚天動地、無可自拔的「毀滅儀式」，也就是從開始相愛就啓動了儀式擺轉，儀式的完成就是毀滅。在通過開始路上就同樣踏上了消失的捷徑。從《中國人的同性戀》中的〈她們的三人世界〉展展的婚約開始，唯一守得住彼此的是「承諾」，也就是在愛情關係裡頭兩人的認同與努力，可是一如展展所述，當承諾消失時儀式的陣法也隨失消失，旁人無語其他只能冷眼看之，好處在於同志婚姻的「未合法」或許可以讓她們兩人少了一些小孩撫養、親屬托照、財產分配的瑣碎事項，

〔註83〕許佑生藉由撰寫《摯愛人生》重新回顧他過往多年來的奮鬥歷程，並且回應他與伴侶間的分合離散。

〔註84〕傑娜・巴德利（Jenna Baddeley）等著，〈繪製生命故事之徑──貫穿一生的敘事認同〉，《敘事探究──原理、技術與實例》（北京：北京師範大學出版社，2012），頁147。

比起異性戀在儀式上的堅持或離婚後的不堪，展展陳述的是心理上看似堅定卻又無比脆弱的自信。

　　這點在《愛的自由式》較無深入討論，多數間談的是關於Ｔ婆的認同關係，也就是「作爲女同的證明」，例如裡頭談到，婆風格在女同志次文化裡是個負面的、可疑的地位，除非與一個Ｔ緊緊的黏在一起，否則就沒有能見度，得不到信任，沒有合法性。或者說，凡是不Ｔ或不夠Ｔ的風格，都有「合法性危機」。〔註85〕在愛情關係裡，婆成爲進退失據的代表，她成爲不被信任或可能容易退卻的象徵。若是如此，女同的愛情關係該如何看待呢？我們把視角拉回到邱妙津，她提出了「承諾」所指向的種種質疑：

> Ｓ啊，你說我們同性戀之間相愛沒有法律、社會制度保障，唯有靠彼此之間的忠誠及相愛來保障我們自己了。你說，這樣更好。是的，Ｓ，我明白你的意思，這樣更眞實，最眞實最好。我問你說作爲同性戀一定要過著這麼不忠貞及不斷換伴的生活嗎？你笑著說不會吧，你覺得你自己就可以一直待在這裡……，唉，我說你怎麼可以這麼純潔！〔註86〕（1995.6.10）

裡頭反思同性戀是否要過著「不忠貞」、「不斷換伴」的生活，究竟是來自於社會的現實還是批判無從可知，可是卻能明白感受裡頭對於「相愛沒有法律、社會制度保障」的無奈，唯有的只靠忠誠、相愛。〔註87〕這個在〈她們的三人世界〉裡的展展也有類似的感嘆：「異性戀可以得到法律保障，還可以結婚，但我們不行。所以我們需要建立一個『承諾』。將來感情沒了就會離婚。我們

〔註85〕張娟芬，《愛的自由式》（臺北市：時報文化，2011），頁42～43。
〔註86〕邱妙津，《邱妙津日記》（臺北：INK印刻，2007），頁271。
〔註87〕邱妙津曾提到這種害怕愛情失落、害怕自我認同的處境。如1994.5.3所寫。如今我突然明白很多事，關於我的憂慮與恐懼，關於我的同性戀悲劇史與面對社會的挫敗，都不是我在心理學裡所讀到的「病態人格」，都不是我意志薄弱、懶惰、過去的痛苦經驗史、能力不足、懦弱或不夠成熟使然。相反地只要是我熱情的事，沒有一件沒有成功過，我意志堅強、勤奮、能力超級、勇敢、誠實而具穿透力、之於內外在「人」的反省力也較他人成熟，我的問題是制度和男性加諸我的限制、威嚇、輕蔑、挫敗與羞辱，家庭、學校、社會造成我對這一切根深蒂固的恐懼（無形）與挫敗（有形），而我還無可救藥地認同這一切男性價值，造成萬劫不復的「心理結構」。唯有尋求愛我的女人的保護，唯有她眼裡有「我」的存在，這是依賴愛情爲唯一出路的「病」源。邱妙津，《邱妙津日記》（臺北：INK印刻，2007），頁167。

朋友聽到了我們的決定都不會笑我們，認為是給予祝福的時候。」〔註88〕

在同志人生的旅途中，若真的有一種證成生命的關卡，那麼十之八九大概都會座落在愛情課題上。因為愛的主體／客體間的，存在的雖然都是愛情，但放置在社會結構中，這樣的愛情變成障礙。從自我的認同開始、找尋愛的對象再到旁人的接受或質疑，都是一關關的障礙，不似異性戀般容易。總的來說，Ｔ與婆之間的認同關係，也是複雜多層次的，從Ｔ婆、同志社群間、外部投予的認同，是層疊而非單一直線。楊娟芬提到其實Ｔ婆之間的認同是游移，當一個比較當Ｔ另一個似乎就要當婆，雖然這也會落入異性戀框架中，可是若是兩人世界的相處模式，彼此立基點應是相互照應、各獻所長，而不是硬套入Ｔ婆模式，失卻在愛情關係中純然的互動依賴。但即便如此，我們也不應只是看到女同、男同之間對於愛情的取捨、無力感，而應放在社會脈絡底下，探析他們無安全感的因素，究竟在於人還是在於社會、法律才是。愛情雖然需要靠情感關係中對方相互繫聯，但外在條件的配合也很重要。當我們看到一對同志在愛情關係上的失敗、游移或成功，多半可能來自於認同的成功與否，這不僅在於Ｔ婆的認同，也在異性戀的世界裡一樣得證。

小　結

臺灣女性運動，從日本殖民到戰後有其特定發展脈絡。戰後女性運動，是從女性權益出發再到女性自我深層認同，結合而來性別意識、同志運動，可謂這一波波女性運動的結盟助力。本章節多數篇幅關注女性，而非性別的大論述框架，一來期以聚焦、審視女性生命書寫的展現，而來是相關議題龐雜是無法在單一脈絡裡一一釐清，但即便如此本章節還是在女性運動思考，再補充了女同志的相關論點，期以「她史」能有較完整的輪廓。

對此，不論是自傳、口述歷史還是報導文學，皆能看見不同女性的發聲境遇，她們在公領域、身體經驗遭受的壓迫，多難以想像。這一方面和過去的散文書寫有一定程度關係，另更重要的是女性如何為自己發聲、以及該站在什麼位置發聲。過往散文作家多呈現出較多私領域、自我的表述，較少涉入公領域，也就是多數時間是站在幕後，幕前多是男人的舞台。放在歷史敘

〔註88〕林瑞嵐，〈她們的三人世界〉，莊慧秋主編，《中國人的同性戀》（台北市：張老師出版社，1994），頁147。

事相同，男性、官方的敘事往往被認爲是重要可貴的，但未必能關注於每一個人，而女性試圖爲自己發聲，運用口述歷史的表述意義、公／私領域轉換間的實踐困境、身體的特殊經驗成就自己的故事，方可彌補中間的陷落。使得女性在傳統父權機制下的聲／身都能被聽見、看見，勾勒出戰後臺灣社會底層的生命圖像、生活樣態，進而填補散文（史）的生命敘事。

第三章　族群的再現與聚合

　　臺灣自戰後以來，就因爲政治統治上的種種措施，以國家機器手段劃開了的臺灣的歷史軸線，並藉以「中華民國式」的民族想像作爲性格統一論述，卻未細加體會社會因殖民、戰爭、政治等因素而撕裂的族群情感。據英國學者葛爾納（Emest Gellner）的研究，「族群」與「民族」有許多共同之處，最大的差異在於「民族」通常還牽涉到政治主權的觀念，「民族」是由民族主義界定出來的，民族主義要求的就是「文化界線」必須與「政治界線」重疊的一種政治原則。〔註1〕而臺灣的族群關係在很大的部分就是文化、政治界線的釐清過程。

　　回頭來看，以 1970 年代爲主要「接斷」，代表了臺灣社會場域開始藉由經濟、政治、社會不同氛圍的激化，向禁錮開始質疑、反抗，卻同時是一種後殖民狀態的「解殖」，而其中的一項課題即是如何面對殖民（與再殖民）遺留的課題，一如二二八、白色恐怖留滯臺灣人民的精神圖像般。〔註2〕這些歷史事件造成了臺灣政治轉變，不單是二二八前後臺灣社會的混亂或是之後的「清鄉」與「綏靖」，使得臺灣人民不得不服膺於國家機器形構的恐懼結構中，也使得一般人民陷於此陰霾中無法自拔，更甚者，是造成永久性的記憶傷痕與仇恨情緒，造成歷史上難以撫平的一頁。此外，臺灣社會在進入 80 年代後，因應經濟發展所需，社會進入了更蓬勃發展的景現，卻也因爲缺工、國際交

〔註1〕轉引述自王甫昌，《當代臺灣社會的族群想像》（臺北：群學，2003），頁5。
〔註2〕後殖民論述面對的是第三世界脫離殖民的「狀態」，然誠如本文在第一章所述，臺灣社會其實面對的「戰後狀態」並不是「脫離日本殖民」，反而陷入了另一種（戒嚴的）「再殖民」，使得「解殖民」討論向後延遲，而一九七〇年代是個重要的「敘事機轉」。

流等因素，開始有了移工、移民陸續加入了臺灣社會，但臺灣社會一直未以明晰的方式處理他們的困境。在此景況下，以下章節將提出幾個族群課題的書寫，作為散文與臺灣社會因應的敘事形態。

第一節　喑啞之筆──《無法送達的遺書：記那些在恐怖年代失落的人》與《長歌行過美麗島》示顯的創傷記憶

一、斷裂的生命敘事

關於「斷裂」意指某種無法連貫的狀態，若依柏格森的概念，我們應無法體驗或理解到變化差異，但在生命歷程來說，卻可能遭受某種挫折、苦難經驗而被迫中斷，而影響臺灣人民或作家書寫，莫過於來自於二二八事件或白色恐怖的直接／間接威脅，使得臺灣人民不得不重新思索生命的意義，這也突顯出歷史事件對人民、記憶帶來的創傷，可能遠遠超出想像。

當前二二八、白色恐怖的文學討論，幾以小說為大宗，例如吳濁流《無花果》、《臺灣連翹》、林燿德《一九四七高砂百合》、李喬《埋冤一九四七埋冤》、陳燁《泥河》、郭松棻〈月印〉、李昂〈彩妝血祭〉等。其中吳濁流、鍾肇政、李喬的小說多以臺灣土地為軸線，直接或間接批判殖民政權，也引導讀者思索臺灣符號象徵以及臺灣人在政權輪替下的歸處。林燿德的《一九四七高砂百合》則從原住民的視角批判了漢人在財富、語言的矛盾中選擇了互殘。至於陳燁的《泥河》則通過半自傳式、真實／虛構夾雜的家族敘事，形構出女性為主角的二二八小說，迥異於男性對應於政治的意圖；郭松棻的〈月印〉則透顯出左翼知識分子在國家機器底下獻身、贖罪情結，也突顯出左翼思想如何婉轉地在實踐的道路上前進。

幾篇小說頗具規模，承載臺灣歷史形構出文史互文與黏合。小說類型用來陳述事件事、批判現實雖然常見，但在臺灣特殊環境下，小說強烈的虛構性格可為「現實」帶來政治上的保護效果。政治肅殺、時局不安情勢下，觸碰現實有時等同於觸碰禁忌的牢籠，無意間就可能遭致危險。然而虛構的情節得敷以一層現實外的保護色，緩衝不必要的詢問。可是也因為小說的虛構性格，使讀者觸碰如此痛苦、危險的歷史事件時，得以消解迎面而來的迫人，

且在真實／虛構的遊移中獲得喘息。

　　相較之下，描寫二二八事件、白色恐怖的散文並非完全沒有，但更多的是類似於口述歷史、生命史或報導文學類型，其原因一是臺灣進入 70 年代的多方衝擊後，實質來到 80 年代才有處理二二八事件的動能。但我們知道其實在解嚴前後對於二二八事件的平反與探討，其實是從民間轉向政府單位的。因為像鄭南榕在 1987 年 2 月發起的「二二八和平日促進會」等〔註3〕，都是試圖突破禁忌，要求公平正義的來到。但實際上，遲至 1990 年 6 月 13 日，國立編譯館才決議將二二八事件編入教材〔註4〕，並於二個月後的 8 月 14 日，教育部才公佈「二二八事件」正式編入高中歷史課本〔註5〕。而 1991 年 1 月 18 日，行政院公佈二二八事件專案小組及研究小組名單〔註6〕，2 月 28 日，全國舉行二二八事件追思紀念會，總統府資政邱創煥公佈對二二八事件專案調查報告。〔註7〕同時並於年底的 11 月 31 日，臺灣省文獻委員會出版「二二八事件文獻輯錄」，算是第 1 本官方二二八事件出版品〔註8〕。

　　但我們必須知道的是，前面政府的一系列動作其實是將過去未談的以重新詮釋的方式置放在公共場域中而已，並未深入地去探討二二八事件的前因後果，而沒有仔細地去探究究竟整體事件是何人所為，以及為什麼要如此對待當時的人民，也使得二二八事件雖然可以以較為公開的形式談論，但事實的真相卻一直未明，卻也使得臺灣人民的集體記憶還一直塵封在過去不可談、不能談的空白歲月當中。然而關於二二八事件的紀念與追尋，一直到了 1995 年 2 月 28 日，總統李登輝參加二二八紀念碑竣工落成典禮，代表政府向受難者家屬道歉才算有了一個較為不同的局面〔註9〕，因為這代表當時政府以非和平的手段對人民所下的殘暴處置。隨後的 4 月 7 日，總統令制定公佈「二二八事件處理及補償條例」全文 16 條，並定 2 月 28 日為國定紀念日〔註10〕，而到了 1997 年 1 月 27 日，二二八事件紀念基金會通過二二八事件紀念碑文〔註11〕，為二二

〔註3〕李筱峰，《臺灣史 100 件大事（下）戰後篇》（臺北市：玉山社，1999），頁 137。
〔註4〕張勝彥編，《臺灣全志・卷一，大事志》（南投市：臺灣文獻館，2004），頁 382。
〔註5〕張勝彥編，《臺灣全志・卷一，大事志》（南投市：臺灣文獻館，2004），頁 384。
〔註6〕張勝彥編，《臺灣全志・卷一，大事志》（南投市：臺灣文獻館，2004），頁 388。
〔註7〕張勝彥編，《臺灣全志・卷一，大事志》（南投市：臺灣文獻館，2004），頁 389。
〔註8〕張勝彥編，《臺灣全志・卷一，大事志》（南投市：臺灣文獻館，2004），頁 395。
〔註9〕張勝彥編，《臺灣全志・卷一，大事志》（南投市：臺灣文獻館，2004），頁 422。
〔註10〕張勝彥編，《臺灣全志・卷一，大事志》（南投市：臺灣文獻館，2004），頁 423。
〔註11〕張勝彥編，《臺灣全志・卷一，大事志》（南投市：臺灣文獻館，2004），頁 439。

八事件作了基本的撫平性的追憶活動。〔註12〕

　　從以上的時空背景，以及戰後政府的處理方式可以發現歷史事件對於時空背景下的人們的影響是何等的巨大。二二八事件是發生在臺灣土地上相當重大的事件，其中受害者更涉及各個族群，其影響與創傷歷經了半個世紀依然於現今留存著，如歷史學者 Jöhn Rüsen 指出的：「創傷經歷的積累導致了一種對於創傷的歷史態度的變化。只要遇難者、倖存者和他們的子孫，還有那些犯下反人類罪行以及與此有牽連的所有其他人，他們在客觀上受到這種害人不淺的對常態的偏離的制約，主觀上面臨正視它的任務，那麼，想撫平創傷帶來的傷痕就不太可能。」〔註13〕同時一如吳乃德指出，「1947 年的二二八事件固然重要，其後對臺灣文化、臺灣歷史、和臺灣語言的壓制，同樣是造成族群政治敵意的重要原因。透過壟斷教育、文化、和媒體機構所進行的大規模「中國化」，固然在部分本省籍民眾身上成功地培養了中國認同，可是卻同時為族群敵意造就了堅實的基礎，提供了族群政治的強大火力。」〔註14〕在這樣的基礎上，阮美姝《孤寂煎熬六十年》〔註15〕就以半自傳、半散文形態描述父親與個人的生命經驗，藍博洲開始大量訪談白色恐怖下的左翼受難者，這都奠立了後續口述歷史作為承載二二八事件、白色恐怖的濫觴。其中對二二八受難家屬阮美姝來說，時任臺灣新生報總經理的父親阮朝日，在二二八事件後不久消失。阮美姝後於 1960 年在日本學音樂時，讀到王育德《台灣苦悶的歷史》提到阮朝日因叛亂罪被處死，開始進行父親死亡調查。其追討事實的真相成為她的願望，然而公義與和平若遲遲未到，以至真相無法釐清。她需要的是真相來撫平她的傷口，她需要的一個公義的證明以撫慰家庭的創傷。

　　正因為類似於阮美姝等人的遭遇，使我們在一系列相關書寫中看到的不是歡愉的場面，而是一種精神狀態的撕裂與重整。對此，我們談兩種斷裂：「消逝」與「困挫」，前者可以《無法送達的遺書：記那些在恐怖年代失落

〔註12〕另外如白色恐怖的受難者則是在 2000 年政黨輪替後，打著轉型正義大旗，開始針對白色恐怖受難者展開一系列的補償。

〔註13〕Jöhn Rüsen，〈危機、創傷與認同〉，陳新主編，《當代西方歷史哲學讀本（1967～2002）》（上海：復旦大學出版社，2004），頁 309。

〔註14〕吳乃德，〈認同衝突和政治信任：現階段臺灣族群政治的核心難題〉，《臺灣社會學》4 期（2002.12），頁 78。

〔註15〕請參閱阮美姝，《孤寂煎熬六十年》（臺北：前衛，1994）一書。

的人》〔註16〕作爲二二八、白色恐怖的標誌，後者則以《長歌行過美麗島》
爲例。

所謂的「消逝」可指涉多方事物，一如二二八、白色恐怖〔註17〕的受難
者（及家屬）面對到生死存亡、記憶抹除狀態，如胡淑雯寫載〈女兒〉：

> 白色恐怖的陰影，造就了她內斂的性格，久經特務監視的經驗，也
> 令她怯於表現眞情。美蜺不敢擁抱，不敢聞嗅，也不敢親吻那些叔
> 叔們，那些「父親的替身」。如今，她依舊只能親吻父親的相片，撫
> 摸父親的相片，聞嗅父親生前親手製作的美麗相冊，就像擁抱不死
> 的回憶。〔註18〕

美蜺的父親——劉耀廷死於 1954 年 1 月 29 日。自此之後，她的母親施月霞
就再也不談論父親，隨後改嫁，美蜺也從劉改姓爲陳。胡淑雯特別點出的，
白色恐怖拉開了許多人的情感、記憶，橫阻在中間的是膽怯、恐懼還有更多
的「陌生」。但美蜺知道這就是她的父親，「生前親手製作的美麗相冊」，是留
給她的唯一記憶，卻也是兩人斷裂的記痕。

劉耀廷，在日本殖民時期畢業於日本早稻田專門學校法科，後任職於高
雄州立女子高等學校（現高雄女中），一九四九年遷居臺北並在「大安印刷廠」
擔任經理。印刷廠暗中印製「反政府文宣」，如「反政府」新聞與論文，還包
括「中華人民共和國開國文獻」、「中華人民共和國國歌」等「紅色文宣」。印
刷廠負責人爲作家呂赫若。另據當時的判決書另記載，劉耀廷在一九四九年

〔註16〕依書裡記載事件時序應以《無法送達的遺書：記那些在恐怖年代失落的人》
　　　　爲先，《長歌行過美麗島》稍晚。可就內容來說兩本書恰可銜補臺灣的重大歷
　　　　史事件：二二八、白色恐怖、美麗島事件。

〔註17〕一般以爲，二二八事件起因於查緝女煙販林江邁的私煙引起。事實是戰後臺
　　　　灣社會動盪不安、民生崩潰、兩岸民情差異、經濟衝擊等社會結構中的一環。
　　　　事件起因於 1947 年 2 月 27 日，專賣局臺北分局查緝員傅學通於大稻埕，搜
　　　　查女煙販林江邁的私煙時，發生爭執並釀成血案，民眾陳文溪遭誤射死亡，
　　　　引發翌日之「二二八事件」。2 月 28 日，臺北市民因不滿香煙緝私案，集結於
　　　　長官公署前及臺北專賣局門口示威，公署衛兵向民眾開槍，全市騷然，各地
　　　　民眾並隨之集結。臺灣省警總司令部發佈「臺北市臨時戒嚴令」。3 月 7 日，
　　　　二二八事件處理委員會，向行政長官陳儀提出「32 條處理大綱」，翌日遭拒。
　　　　3 月 8 日，國民政府軍陸軍第 21 師在基隆登陸，展開大規模鎮壓與屠殺。國
　　　　民政府宣佈，派遣國防部長白崇禧至臺灣處理二二八事件。請參閱張勝彥編，
　　　　《臺灣全志・卷一，大事志》（南投市：臺灣文獻館，2004），頁 20～21。

〔註18〕胡淑雯，〈女兒〉，《無法送達的遺書：記那些在恐怖年代失落的人》（新北市：
　　　　衛城，2015），頁 146～147。

八、九月間，兩度參與反政府刊物的印刷，並於同年十月間，在劉述生的吸收下，加入中共地下黨「TL 支部」。是年秋天，地下黨「基隆市工作委員會」被破獲，解散印刷廠，呂赫若潛逃鹿窟山區，劉耀廷南返高雄老家，於一九五一年與相戀多年的施月霞結婚。後於 1952 年十月十七日深夜被補，於 1954 年 1 月 29 日執行槍決。〔註19〕

　　從描述可以得到許多訊息，例如劉耀廷曾與過中共地下黨，並曾協助印刷「反政府文宣」，中間還涉及了呂赫若等人。在傳統官方敘事底下，劉耀廷是意圖顛亂政府」的人士，他意圖結盟中共地下勢力顛覆當時的國民政府。所以白色恐怖的實施是為了「保護」其他人民不受牽連、迫害。然而回顧當時戰後初期的臺灣政經情勢，可以得知白色恐怖看似是政治上的手段，卻帶有多重不同的議題在內，一是「外來遷佔者」權力結構的重整與延伸，二是對於「恐紅」、「恐共」的敗戰心理與當時兩岸對峙情勢採取的「滅敵」手段。也就是說白色恐怖一方面是為了「滅敵」，另一方面是為了掩飾及有效統治臺灣的手段。故類似於劉耀廷、呂赫若等就在「肅清」中被「掃除」，並被烙上「污名化」的標籤。

　　相較下，《長歌行過美麗島》裡的唐香燕遭遇的的「困挫」卻是對於生活狀態、政治場域上不得不面對的擠壓、剝除或抽離。書裡一開始就從唐香燕的父親戰後來台說起。1946 年，唐香燕的父親帶著太太與兒子們來到臺灣，起初在臺北一家實業公司工作，看似安平的生活卻意外擊碎在 1947 年的「二二八事件」當中。「二二八事件」背後承接著經濟恐慌、官僚腐敗等問題，時局動盪之下，外省人與本省人互有誤會也互有援助，而唐先生就是其中幸運的一員，在過程中受到本省人的庇護倖存，卻也掩遮不掉人們內心深埋恐懼，以及接踵而來的戒嚴統治。白色氣氛在一般百姓的心中停駐，形成了一道牢籠無法逃離、無法言語、無法自由地呼吸，迫使唐家人舉家搬遷到南部高雄，藉以感受一絲溫暖。白色，在那年代極端恐怖卻也透出純淨無瑕，投影在醫院產房，成為唐香燕的出生地，南方的烈陽將病菌驅趕，也暫時避蓋政治肅殺，她成為了父母親手上的一顆明珠，穿越過糕點的甜蜜回憶、有神秘偏方的菜市場、有唐式瓦樓建築的東海大學，穿越成年的點滴後伴輝於陳忠信而堅毅明亮。

〔註19〕 內容轉述於胡淑雯，〈妻子的漫長等待〉，《無法送達的遺書：記那些在恐怖年代失落的人》（新北市：衛城，2015），頁 135。

　　唐香燕的丈夫—陳忠信，來自彰化田尾鄉，家裡務農。1978 年，在中央公職人員選舉展開時，為桃園縣立法委員候選人張德銘律師助選，開始涉入臺灣政治活動。後於 1979 年 8 月成立的《美麗島》雜誌社擔任執行編輯，與唐文標、王杏慶三人號稱「臺北三醜」，一同為臺灣前途、雜誌努力。雖然《美麗島》只發行四期，可每期銷售量卻屢創新高，第四期發行了十四萬冊破了歷來政論雜誌數字。《美麗島》雜誌帶動的不僅僅是銷售量，更是黨外運動集結與臺灣民主運動的重要基石。轉折來自於以美麗島雜誌社成員為核心的黨外人士，於 1979 年的 12 月 10 日國際人權日時，發起示威遊行，遂引觸當局鎮壓引起後稱的「高雄事件」（或稱美麗島事件）。隨後 13 日清晨，陳忠信與多位《美麗島》人士被補遭到起訴入獄四年。從辦雜誌到丈夫陳忠信入獄，無不在唐香燕的生命中烙下了深重印記。

二、難以抹滅的創傷

　　臺灣歷史總是顛簸卻又激盪人心，「美麗島事件」牽連不單是一個家庭的事，而是許許多多人的血淚斑斑，例如唐香燕的丈夫當被貼上了「異議分子」標籤，女人變成了暴力分子的太太、小孩成為暴力分子的小孩，鄰里側目、親族遠避。使得女性不得不從幕後（家庭的角色）到幕前（公眾人物），迫使她們得從傳統的顧家顧小孩的賢妻良母轉為顧人民的「公眾人物」，卻又不能拋棄家庭的事務。大難來時，這些女人不論是太太還是情人，沒有一位背棄她們的先生、情人，沒有一位扔下人生的重負不面對。哀痛的女人得接下先生的責任，為他照顧家庭、小孩、家業、政治工作，尤以小孩的成長無以逆反，小孩急著成長，並試著理解或找尋「不在家」或「特殊」的父親，可是總有龐巨力量拉扯著這群小孩，而這群小孩中有著唐香燕生命中最重要的孩子——陳函谿。

　　身為父親的么兒、丈夫的牽手、兒子的依賴，唐香燕無法單獨被談論或家族的故事被抽離，因為需要她的「實際存在」才能串連起三位男性的故事，書中一方面兼顧了自傳特質，卻也強調面對深層自我的呼喚，也就是憑藉作者回憶所撰寫的歷史，由「現在的自我」詮釋「過去的自我」，建構出個別記憶與集體記憶，勾勒出臺灣社會底層的生命圖像。唐香燕為父親與母親說話，為丈夫說話，為好友唐文標、蘇慶黎、許榮淑、湯鳳娥、艾琳達說話，更為親愛的孩子留下人生的記憶。從 1946 年迄今，從上海到臺北、高雄、臺中再

到兒子飛旅的倫敦，遷變萬種述說的不是動人瑰麗愛情，而是父族一輩在兩岸局勢對峙下的委身逃遷，丈夫投身於政治運動的強韌意志與民主使命，這樣的故事未必親身窺見，卻在歷史血液中不斷漫留下來，使歷史有了重量。故在《 》裡頭感受到的是唐香燕串連起的家庭故事，她的自傳不僅僅對著自我的過去敞開，也向著家庭的父母親、丈夫與小孩敞開，這種共同追憶（joint reminiscing）（或謂共享歷史）就隨著父母與孩子之間關於共享的個人歷史的交流而發展。〔註20〕

相較之下，二二八、白色恐怖受難者的家屬面對的就是一連串的苦難、污名以及生命歷程的困頓，例如劉耀廷，使我們看到了戰後初期，知識分子度過日本殖民後再度面臨生命威脅的悲慘故事。另外，〈老子就是臺灣黑五類〉裡頭提到的黃大一，他是白色恐怖燕巢支部案受難者黃溫恭的遺子。在父親死後，他憑藉著個人之力努力向上，卻一再地因為他父親留下的「印記」，使得他與妹妹黃春蘭被迫放棄出國深造的機會，使得兩人命運更為的乖舛，一如羅毓嘉採訪下所記：「但黃溫恭不知道，那五封遺書，合計六千四百九十七個字，並未送達家人手中。生命在他三十三歲那年靜止，而對他的家庭來說，又何嘗不是如此？他是家庭合照上永遠缺席的父親，他的妻終身未再婚，子女雖健康成人，卻難甩白色恐怖陰影的糾纏——他女兒在子女面前也絕口不提永恆空白的『外公』。」〔註21〕

若說唐香燕面對著是的家人的聚合離散、美麗島事件以來的政治壓力，那麼瑟縮在陰暗角落的二二八、白色恐怖的受難者則是在生命中被狠狠地切斷，苟活殘存與否已不是個人的問題，而是國家機器暴力的極致與無情。因此，《無法送達的遺書：記那些在恐怖年代失落的人》與《長歌行過美麗島》帶來的意義不僅止於「真相」，還有更多在歷史前的悔改，如同列維納斯所述：

> 若歷史聲稱能把我自己和他者融入在某種非個人的精神中，此聲稱的整合便會是殘忍且不正義的，亦即忽略了他者。歷史作為人類之間關係的記錄，不應忽略「我」在他者前的倫理位置。在這位置中，

〔註20〕 傑娜‧巴德利（Jenna Baddeley）等著，〈繪製生命故事之徑——貫穿一生的敘事認同〉，《敘事探究——原理、技術與實例》（北京：北京師範大學出版社，2012），頁131。

〔註21〕 羅毓嘉，〈老子就是臺灣黑五類〉《無法送達的遺書：記那些在恐怖年代失落的人》（新北市：衛城，2015），頁86。

他者高於我。雖然我無法身處歷史之外，但是在我與絕對他者的關係中，我的確發現一個倫理的位置，這對於歷史書寫來說有不容置疑的重要性。……〔註22〕

列維納斯一直提醒我們的是，歷史不能簡單地化成「誰的歷史」，也不能單純地化成直線式、前進式或所謂進步的狀態。歷史在我們眼前降臨，我們與歷史相互依存，感受彼此，因為我們都在實踐著歷史的最大關懷，我與他者的「對待關係」，「此歷史敘事位置的發現並非意謂著我必須與他者合併，而是必須與他者對話。歷史是由歷史的斷裂處重新形塑。在這斷裂處，我們開始思考如何取捨對待他者的方式。當人真誠地接近他者時，便會強迫自己走出同者的歷史。」〔註23〕

　　然而二二八事件、白色恐怖帶來不僅僅只是「創傷」與精神結構的陷落，在《無法送達的遺書：記那些在恐怖年代失落的人》裡頭，可以看到是人在大時代下的道德選擇，或者說是道德良知如何扭曲的痛苦。在哲學層次上，道德是支撐著人之所以為人的價值尊嚴，誠如尼古拉・哈特曼（Nicolai Hartmann）所述：

道德價值具有雙重的關聯性：一方面，它們是相對於（亦即關聯到）某個「個人」，這個人是道德價值的承擔者，因為只有一個自由的、有意志力、有行動能力、能夠預定且實現目標、有自己想法、能鑑別價值的存有 —— 亦即一個「個人」—— 才有可能表現道德行為。另一方面，道德價值與某一個作為對象的個人有關聯，因為道德價值總是行動價值，而行動價值一定是相對某個個體才能成為行為。因此，道德價值在（主動的）主體和（被動的）客體兩方面與個人相關。〔註24〕

道德價值之所以成立不在於單向的給予，而是在雙向且有意識的作為得以成立。可是在國家機器的威迫下，挑戰人性的不僅只是生存還有價值判斷的崩解，個人應有「自由的、有意志力、有行動能力、能夠預定且實現目標、有

〔註22〕列維納斯著、汪素芳譯，〈形上學與超越〉，《回應他者 —— 列維納斯再探》（臺北市：書林，2014），頁510。

〔註23〕列維納斯著、汪素芳譯，〈形上學與超越〉，《回應他者 —— 列維納斯再探》（臺北市：書林，2014），頁510。

〔註24〕尼古拉・哈特曼（Nicolai Hartmann）著；根瑟・馬庫斯、劉貴傑譯，《哲學概論》（臺北市：巨流，2011），頁196～197。

自己想法、能鑑別價值的存有」的一切，都變得極為困難與危險。這會使我們思考到另一件事在於，在白色恐怖底下，往往有著「誰是出賣者」的疑慮與道德評價，可是在更多時候，我們不應去追究「誰出賣了誰」，因為這是虛假的命題，「出賣」的惡行在於有意為之而存在，可是在牽一髮動全身的恐怖陰影下，「招供」只是一種法律的敘事要項，並不為道德價值判斷所肯認。

因此我們應該重新確認的一件事在於，探討白色恐怖、二二八事件的來龍去脈，理解臺灣歷史突轉的原因，不僅在於轉型正義還有人們追求真相的權利義務。這一切的一切，能使我們站上道德價值的位置，透過「他者」的故事重建公平正義、關懷社會，因為「在道德上真正善良的人雖然本於道德心態而行動，但是行動本身並不是為了這個道德心態。他所關心的不是自己在道德上的存在，而是他人的整個存在。行動者假如希望對他人的存在 —— 包含肉體與精神 —— 有所幫助，就要促進一些對相關人而言是有價值的事實情況的出現。」〔註25〕《無法送達的遺書：記那些在恐怖年代失落的人》傳達的訊息在此，列維納斯的哲學思維也在此，通過對他者的關注付出，我們重拾的不是虛假的道德價值的口號，而是真實的實踐力。

三、遺書該如何說話？

無法寄達的遺書顯示著某種斷裂，是歷史、記憶、生命也屬於家庭，「遺書」之「遺」並不是遺留而已還帶著更多的（被）「遺忘」，一個是遺書的無法寄達，一者是對於痛苦記憶的抹除、壓抑。無法寄達的遺書是《無法送達的遺書：記那些在恐怖年代失落的人》裡一再強調、拾落的重要片段，「無法」有雙重意涵：情感與行動的無法、法律上的無法。後者多數是因為政治因素，所以在家屬被槍決後，幾乎都不會收到「遺書」，唯一遺留下只有「死訊」。這使得家屬所有的記憶頓時被「滯留」在「死亡之前」的各種想像，因為最後看見的只有「屍體」（也或許沒有）；前者則是一種情感與行動上的「憾恨」與無能為力。

這使得我們陷入另一個迷思在於，「遺書」或「家書」的挖掘或重現意義何在，只是家人情感的撫慰如此而已嗎？亦或是還有其他訊息，對此可借用芭芭拉‧摩根-弗萊明（Barbara Morgan-Fleming）在〈檔案作品中的敘事探究〉

〔註25〕尼古拉‧哈特曼（Nicolai Hartmann）著；根瑟‧馬庫斯、劉貴傑譯，《哲學概論》（臺北市：巨流，2011），頁199。

提出的看法作為延伸：

> 在研究過去時，我們必須再回到下述問題：「關於誰的歷史？誰寫了
> 這個故事？故事中有誰的聲音？故事中誰沒有發出聲音？當我們關
> 注事件的某個方面時，哪個方面被忽略了？」既然生活是人為的，
> 所以有關重要程度的結論也是人得出的。由於作者的生活過濾掉了
> 其他人的經驗，所以留給我們的就是一個圍繞著某條主線而展開的
> 故事，而不是一首起伏不斷的生活交響曲。檔案資料則使我們能夠
> 接觸到各類不同的東西，幫助我們理解過去的複雜性。〔註26〕

「關於誰的歷史？誰寫了這個故事？故事中有誰的聲音？故事中誰沒有發出
聲音？當我們關注事件的某個方面時，哪個方面被忽略了？」這些問題不在
於揭露創傷，而是希望人們能夠更誠實地、更勇敢地去面對過往的種種，尤
其是在那些看似在故事裡頭卻失聲的主角們。

　　當然我們可能遭遇到一個困難是，壓迫者、國家機器並不希望人們「記
憶」起這些事情。〔註27〕這並不會讓痛苦消失，反而因為壓抑（異）了精神
可能的出口，導致痛苦竄生，而對於痛苦記憶的壓抑、抹除，就成為「無語
之語」的精神崩解或轉移，例如林易澄在〈他一定是一個很好很好人〉描述
的：

> 就像郭慶沒有想過，即使是這樣的信也沒有送到家人手上。六十年
> 後當郭素貞從檔案局拿到卷宗裡的遺書，也不免訝異，竟只有這樣
> 短短幾行。但也就在這樣的幾行中，疊加上比郭慶生命多一倍歲月
> 的想念，去想像那些信紙的空白上傳達的訊息。〔註28〕

遺書的到來代表了精神狀態的回復與續接，也代表了對壓抑之事的再憶，過

〔註26〕 芭芭拉・摩根～弗萊明（Barbara Morgan-Fleming）等著，〈檔案作品中的敘事
　　　　探究〉，瑾・克蘭迪（D.Jean Clandinin）主編，《敘事探究──原理、技術與
　　　　實例》（北京：北京師範大學出版社，2012），頁6。

〔註27〕 關於國家暴力對廣大人民的傷害，我們必須記住當權者「不願我們記起」的
　　　　事實。但是，在強調「記憶」的重要時，也必須誠實指出，上述的三類記憶
　　　　──當事者的書信、官方判決書、親友的回憶間，通常不存在一致的內容。
　　　　一方面，各類記憶的內部，可能就存有歧異；另一方面，不同記憶間，也常
　　　　有顯見的矛盾。請參閱臺灣民間真相與和解促進會遺書工作小組，〈記憶的
　　　　艱難〉，《無法送達的遺書：記那些在恐怖年代失落的人》（新北市：衛城，
　　　　2015），頁328～329。

〔註28〕 林易澄，〈他一定是一個很好很好人〉，《無法送達的遺書：記那些在恐怖年代
　　　　失落的人》（新北市：衛城，2015），頁33～34。

程中需啓動相對大量龐巨的氣力，迫使自身回到那個空白的歲月，一個被迫寫下或自己留下的空白。一旦被迫回到空白的那個時間—空間，錯亂、痛苦、不捨、憤怒各種情緒都在此時被激發出來，佔據了「現在」（拿到遺書的當下）。可是如同郭素貞拿到遺書時的反應，「也不免訝異，竟只有這樣短短幾行。但也就在這樣的幾行中，疊加上比郭慶生命多一倍歲月的想念，去想像那些信紙的空白上傳達的訊息。」訝異代表了落差，漫長歲月竟被壓縮在短短幾行，歲月苛漫字句卻有限，應該溢散出來的話語竟被空白訊息替代，一切成了「無語之語」的最大衝擊。因爲不是不說而是說得太少，難以替代家人在往後歲的悲苦、創傷。故對於郭素貞來說，想像及努力活下去，成爲空白上亟欲填補的話語。

　　「遺書」讓我們看見兩種他者關懷，戒嚴時期的國家機器運作時，一方面「懸置」了正常法律的行使，藉以樹立假想敵——政治犯，形成了政治鬥爭下需被對立、清除的他者，可是藉由遺書、遺族或家屬，我們看到了另一個需被扶持、撫慰與關懷的他者。《無法送達的遺書：記那些在恐怖年代失落的人》、《長歌行過美麗島》只是少數的例子，且兩書呈現了兩種不同的發聲方式，《長歌行過美麗島》是採自述自撰方式呈現，內容較少觸及事件的來龍去脈，內在是以「情感」爲主要表達且以此擴溢於臺灣解嚴氛圍；相較之下，《無法送達的遺書：記那些在恐怖年代失落的人》是以他述、遺書、歷史資料再現歷史圖像，故事主角的逝去，唯一留下的是近五十年後取得的遺書，也就是眞實的作者再現於今的依憑，「遺書」開始得以發聲，它自己會說故事，以及「被說故事」。〔註29〕

　　以下就以《無法送達的遺書》的一段話作爲反思：

> 所以，本書不在於提供一個穩定的「傳記」或大敘事給讀者，尤
> 其是「人權受害者」與「抗爭英雄」兩種常見類型。而且我們也
> 不僅僅從政治面去詮釋與追憶政治犯的死亡，更想同時呈現這樣
> 的事件，如何影響當事者與親友的生命軌跡，並迴盪成生者數十
> 年未曾出走的生命課題。許多空白，反映的正是國家暴力的深刻

〔註29〕口述史長久以來被作爲強化當地歷史的重要資源。在諸如大屠殺的事件，倖存者因各種需要回憶起大屠殺的證詞的案例中，記憶與敘述複雜地、不可思議地聯繫在一起。羅伯特・阿特金森（Robert Atkinson），〈生活故事訪談在敘事探究中的媒介作用〉，《敘事探究——原理、技術與實例》（北京：北京師範大學出版社，2012），頁193。

> 警覺，子彈奪去的不只是政治犯的生命，也奪去了後世完整記憶
> 的可能。〔註30〕

是的，記憶不該被奪，因爲那標示某種失落，遺書的出現不是一個家族史的「回復」與「拼湊」，更多時候它也擔負著其他受難者家屬的記憶託寓，這才是生命敘寫裡核心的思維與展現。

第二節　再現族群圖像——藍博洲《紅色客家庄》、瓦歷斯・諾幹的〈Losin・Wadan——殖民、族群與個人〉的歷史敘事

　　若依藍博洲的書寫或孫大川、魏貽君的研究來看，客家族群、原住民族群的政治動員情形，是社會轉向現實關懷後族群認同的「結盟」與「覺醒」形式。因此當我們談到客家、原住民的書寫時，必須先放回戰後的歷史脈絡，才能省思自80年代開始不斷湧現的書寫景象。同時這也逼迫我們重新理解，究竟客家、原民族的書寫是一種族群意識的承續還是新的開端。如前所述，對應臺灣政治發展，經歷70年代的國際挑戰，整體約在80年代取得重大突破，而經由「後學」的挪用，使得傳統大敘事開始被挑戰，使得更多的「小敘事」（即個別性、差異性、邊緣性）的故事內容能夠發聲，並進入政治、文學及文化場域中，共同合奏共鳴。因此，這在這個階段陸續湧現的書寫表現，究竟是一種承續／顛覆，那麼其立基點與論述的要點就顯得相當地不同與特殊。也就是說，如今審視藍博洲、瓦歷斯・諾幹的「歷史敘事」時，應有更細緻的思考，且應從歷史的發展去離析原住民運動、客家族群運動的實踐性，才能理解或「看見」不同族群的「過往」，方能連接現在與未來，以下就依此展開討論。

一、何以再現族群圖像？

　　承接上節討論，另以原住民、客家（族群）作爲討論對象、文本。本文不採取從大的族群運動、（族群類型的）文學史框架中去討論，一則是關於原住民、客家文學（史）已有相當成績，二者是本文是想區分出「敘事」、「他

〔註30〕臺灣民間眞相與和解促進會遺書工作小組，〈記憶的艱難〉，《無法送達的遺書：記那些在恐怖年代失落的人》（新北市：衛城，2015），頁331。

者」兩個面向的課題利於聚焦。

　　這裡需要切分出二個層次課題，一是臺灣社會運動裡的族群身影；二是相關作家如何再現族群的歷史。前者涉及了臺灣社會結構的重組，也就是解嚴帶來的轉變影響，以原住民運動來說，基本上在 1980 年代初期的具體成形，乃是循著一連串如《高山青》刊物的散發（1983 年 5 月）、「黨外編輯作家聯誼會」組織少數民族委員會（1984 年 4 月），以及「臺灣原住民族權利促進會」（1984 年 12 月 29 日）正式成立。另外原運之外，1988 年後，原住民開闢了文字為主要的戰場，如排灣族莫那能、泰雅族瓦歷斯‧諾幹、達悟族夏曼‧藍波安等，另如「臺原」、「稻鄉」等出版社也開始出版關於原住民的神話、民俗與祭儀、學術研究等。文化活動部分，如《原報》、《獵人文化》、《山海文化》、《南島時報》等有了相關的報導與批判書寫。〔註 31〕這種運動結合文學、歷史的「並進」，似乎也意外地符合蕭阿勤認為的，在敘事「臺灣」過程中，是以文學、歷史作為敘事材料而形構的。〔註 32〕同樣地，王甫昌曾在《當代臺灣社會的族群想像》裡指出，「客家」的族群認同是一種現代性的「想像」，是 1980 年代後期因應客家社會運動及動員的結果。其特殊處在於這樣的「想像」是以現代國家的公民權利為前提，而部分客家文化運動訴求，是針對強勢閩南文化的壓力而形成。〔註 33〕當然若要縱深談論「客家」、「閩南」以及「原住民」的移民史，勢必牽涉到更大向度歷史與再定義，如此一來恐是本文無法承載，因此只能就 1970 年代後因應著臺灣社會、政治及歷史語境的改變，延用王甫昌對於「（客家）族群」的概介作為相關討論。〔註 34〕至於作家

〔註 31〕　孫大川，〈夾縫中的族群建構——泛原住民意識與臺灣族群問題的互動〉《山海文化雙月刊》12 期（1996.12），頁 101。

〔註 32〕　蕭阿勤，〈臺灣文學的本土化典範：歷史敘事、策略的本質主義與國家權力〉，《文化研究》創刊號（2005.09），頁 97～129。

〔註 33〕　王甫昌，《當代臺灣社會的族群想像》（臺北：群學，2003），頁 133～145。

〔註 34〕　對於「客家」族群的認同，王甫昌認為在 1970 年代以前，便有相當程度的歷史基礎，他將之稱「泛臺灣客家認同」。此一概念相當程度地延長縱深思索移入臺灣的客家人之後代，在臺灣社會的歷史經驗，且認為和中國原鄉的客家人認同、戰後由中國來臺的「大陸客家人」不同。對此，對此陳麗華曾在〈談泛臺灣客家認同——1860～1980 年代臺灣「客家族群的塑造〉中認為此說法有其知識系統的斷點。相關論點請參閱王甫昌，《當代臺灣社會的族群想像》（臺北：群學，2003），頁 121～122；陳麗華，〈談泛臺灣客家認同——1860～1980 年代臺灣「客家族群的塑造〉，《臺大歷史學報》48 期（2011.12），頁 1～49。

如何「再現」族群歷史，則是在前面社會運動的湧動中進一步地述說自己的故事。兩者看似重疊的敘事，在時間序列上卻不相一致，而是交互疊離狀態。

首先要談及的是究竟藍博洲和瓦歷斯‧諾幹爲自己族群書寫的目的爲何。回顧原住民的文學書寫，並不是一個自然勃發且毫無阻礙的，審視戰前與戰後的原住民的文學書寫，一如魏貽君在《戰後臺灣原住民族文學形成的探察》指出，「直到『戰後』始有不同族別的原住民陸續萌發了文化身分的主體自覺、認同意識，逐漸以文化抵抗的動機、目的，採取文學書寫（不論是口傳文學或作家文學）的創述策略。」〔註35〕也就是我們眞實面見一個原住民（族）文學的樣態是在臺灣特有的時間一空間底下衍發且命名，原住民（族）的書寫一路以來面對的權力、語言與出版等課題，無不擠壓了原住民用文學爲自己發聲管道、延遲了「現身」的機會，也間接地影響族群的認同傾向，就以本節提到瓦歷斯‧諾幹，他是經由「族人白色恐怖的田野調查裡，往返中、北部與花東、南部的旅程中，耙梳那些族人最不忍訴說的心靈與歲月時」〔註36〕，進而使轉化成他的「啓蒙與成長的歷程」。〔註37〕

至於藍博洲追尋與關懷客家、白色恐怖課題，自述受到《人間》雜誌影響，他1987年的農曆年過後進入《人間》，剛好是二二八事件四十週年，《人間》編輯部正爲此進行二二八民眾史的紀念專輯。故主動加入此專題製作，偶然地打聽到戰後初期學運領袖郭琇琮醫師，並也理解到二二八之後還有個白色恐怖歷史。〔註38〕因此展開了一系列追尋「白色之聲」的書寫，在這樣基礎上，他亦進一步思索自身族群的「現身」課題，例如在《紅色客家人》述及：

> 從大陸原鄉移墾臺灣的歷史過程中，臺灣的福佬系與客家系漢人，
> 有過無數次因爲經濟利益的衝突而形成的械鬥。歷史的傷痕使得一
> 些抱持「大福佬沙文主義」者至今仍抱著無知的偏見——他們認
> 爲，臺灣的客家系漢人大多是「保守、怯、馴迎權力、附庸政權的

〔註35〕魏貽君，《戰後臺灣原住民族文學形成的探察》（新北市，INK 印刻文學，2013），頁42。

〔註36〕瓦歷斯‧尤幹，〈突破石頭的第一步〉，楊澤主編，《送行：第十七屆時報文學獎得獎作品集》（臺北：時報文化，1994），頁243。

〔註37〕瓦歷斯‧尤幹，〈突破石頭的第一步〉，楊澤主編，《送行：第十七屆時報文學獎得獎作品集》（臺北：時報文化，1994），頁243。

〔註38〕藍博洲，〈歷史的認識與政治的認同〉，《臺灣社會研究季刊》74期（2009.06），頁462～463。

義民」。

　　然而，個人主觀的偏見並不能成為歷史的客觀事實。

　　臺灣客家系漢人的政治性格究竟如何？顯然還得通過臺灣歷來民眾

　　抗爭史的研究，才能得到比較接近客觀事實的認識。〔註39〕

因為過去的特定敘事，引導出藍博洲意圖轉化或重構一個屬於客家人的視角，相似地瓦歷斯‧諾幹也曾一針見針地指出：「其實臺灣的歷史很荒謬，它的荒謬性有很多部分是加諸於原住民之上」〔註40〕顯見不論是從歷史的想像、遭遇或是實際的政治狀態，兩人都試圖翻轉大敘事底下的框架，重以定義與發言。回顧臺灣的社會發展，自80年代開始的原民運動、客家族群意識的再凝結開始，其實結合了文學作品與社群的召喚功能，不僅僅是表達出異於官方單一的族群想像，也是原住民、客家藉由文學創作過程的經驗找回失去的過去，也幫助其他族群重新審視過去的社會發展狀況，例如原住民文學中，可以看到原住民對於認同的許多省思。所謂的認同往往會從同一（identity）與差異（difference）的標準或論述上檢視，對比出中心／邊陲的對立劃分，故文學與文化展現，往往先藉由反宏大敘事的解構行動。

　　這使得我們理解到藍博洲或瓦歷斯‧諾幹的投入之所以顯得格外突出，有很大的部分是在於臺灣社會長期以來的不均衡敘事所造成的，如果想以文學作為工具，有一個部分就是必須重新逆寫官方主導的歷史觀點，所以他們的「再現書寫」擁有相當積極意義。也就是要追尋或重構出族群特有的主體性，面對的不僅僅只有自我認同，還有外在形塑的認同，因為族群的身分形成並不純然只是一個生理的識別過程，身分的形成是一個創造性的過程，並受到受到政治和社會氛圍等力量的影響。〔註41〕這時候歷史底下的敘事重構就扮演重要機制與功能，海登‧懷特曾以歷史有多種敘事組合，引領我們理解到，「依不同方式揭示該等關係之蛻變，俾能於史家相關著述中，藉敘述之結構，賦予其等不同意義。」〔註42〕海登‧懷特的概念一方面打破「歷史」

〔註39〕藍博洲，〈代序：紅色客家人〉，《紅色客家人》（臺中，晨星，2003），頁2。

〔註40〕魏貽君，〈從埋伏坪部落出發──專訪瓦歷斯‧尤幹〉，瓦歷斯‧尤幹，《想念族人》（臺中市：晨星，1994），頁234。

〔註41〕芭芭拉‧摩根-弗萊明（Barbara Morgan-Fleming）等著，〈檔案作品中的敘事探究〉，瑾‧克蘭迪（D.Jean Clandinin）主編，《敘事探究──原理、技術與實例》（北京：北京師範大學出版社，2012），頁11。

〔註42〕海登‧懷特（Hayden White），劉世安譯，《史元：十九世紀歐洲的歷史意象》（臺北市：麥田出版，1999），頁367。

的權力特質，藉以找出書寫過程中的「縫隙」，了解「歷史」（動態）本身已在「當下」瞬然消失再也無可捕捉，剩下是歷史學家（或歷史研究者）的工作。歷史學家通過不同的敘事結構、術語、詮釋視角〔註43〕構築一個令其滿意或認知爲合理的「歷史故事」。

　　因此這使我們必須再追問的是，再現、重構族群歷史之後呢？客家、原住民的歷史就能永遠地被供奉在歷史殿堂裡受人膜拜不滅嗎？還是在傳統的大敘事底下，再現不過是燦爛的點綴而已。更積極地或更負責任的作法，即在於如何使歷史研究與說故事成爲實踐的動能，成爲文學史裡被討論的要角才是。

　　對此想挪借魏貽君談論原住民（族）的文學史建構過程中的側面思考。魏貽君在研究戰後原住民（族）文學時，面臨「共構入史」（co-formative historiography）〔註44〕與「自築入史論」（self-constituted historiography）的複雜情境，「共構入史論」的認知前提，在以臺灣主體性（Subjectivity）兼容多種族的主體（multi-racial subject），邀請原住民文學共同參與「臺灣文學史」的構築工事，藉以喚起多元對話、眾聲鳴唱的「多種族風貌的臺灣文學」。〔註45〕前面章節已約略提到瓦歷斯・諾幹的敘事文本，可以稍微窺見他建構族群歷史的態度與視角。基本上瓦歷斯・諾幹是批判「共構入史」的，而強調「自築入史」的發言策略。〔註46〕因爲各族對於入史的態度、進程與詮釋權各有不同的理解，且也不應以一個原住民（族）文學史的大敘事作框架，抹除原住民（族）間與其他族群間的差異。對此，「自築入史論」（self-constituted historiography），認爲可優先強調文學奮戰位置的屬性相近，再進而共同定義臺灣文學史的主體構造，其思考在於不能將各族或各種書寫視爲「平等」的

〔註43〕例如海登・懷特承繼亞里斯多德（Aristotle）、近法維科（Vico）以及近代語言學家、理論家所樹立之詮釋傳統，借用詩學喻法——隱喻（Metaphor）、轉喻（Metonymy）、提喻（Synecdoche）及諷喻（Irony），用以標明不同類型的敘事模式。請參閱海登・懷特（Hayden White），劉世安譯，《史元：十九世紀歐洲的歷史意象》（臺北市：麥田出版，1999），頁36。

〔註44〕「共構入史」、「自築入史」是魏貽君詮釋原住民（族）文學的書寫、敘事及歷史時所衍分的詞彙，在此挪用相關概念作爲本論文的起發點。

〔註45〕魏貽君，《戰後臺灣原住民族文學形成的探察》（新北市，INK 印刻文學，2013），頁61。

〔註46〕魏貽君，《戰後臺灣原住民族文學形成的探察》（新北市，INK 印刻文學，2013），頁63～64。

起跑線，顯然會忽略各種書寫內外不同的情境、忽略書寫單一趨向的主體論述中隱然未知的權力運作。

對此，魏貽君另提出「文學主體聯屬模式」（model of subject articulation），認為在「文化差異性存在」（beings of cultural difference）的認知前提下，臺灣文學的範疇邊界恆常處於不斷再創造、再定義、再生產、再編成，以及再聯組的過程之中，故改以「聯屬」、「接合」（articulation）的角度，思考原住民文學與臺灣文學的關係屬性定位問題。〔註47〕魏貽君提供臺灣（文學）得以不斷「轉化」的可能性，對應於本文的散文研究亦然，在性別、族群、階級的課題上，「聯屬」使得彼此保有各自空間，也保有協同合作的可能，或是肯認散文敘事形態內容中的「族群、性別與階級」的疊合／分離關係，當是「接合的」（articulate）相互融攝。同理，當我們在探析散文類型並將其視為臺灣敘事的一部分時，應特為注重「差異」，可是在對於填補臺灣主體敘事的書寫上，屬於臺灣的又不應缺席，故聯屬既保留了未來願意與主體想像，又保了各種書寫驅動的能量，也就是將「差異」也視為主體構造的一部分。

二、重述與召喚

G. Barraclough 在《當代史學趨勢》曾提到：

> 然而，在構成歷史的這三項要素——即結構、事態和事件，或用布羅代爾的術語，「地理時間」、「社會時間」和「個別時間」——中，前者是歷史學家最為（或應當）關心的，因為結構和事態是事件賴以發生的基本場所。在這個舞臺上，個人扮演著來去匆匆的角色。當這個演員隱去之後，舞臺仍然存在，當光輝燦爛和令人神往——而同樣短暫的——的明天和後天來臨時，這個舞臺又將為別的演員所佔據。〔註48〕

歷史學家透過社會的結構、空間，以及社會上的發展歷程中，找到許許多多可以記載的單一事件，這裡的事件也許不會存在某一個空間點上，但在必要的歷史詮釋上，則意外地被連接起來，並因而獲得歷史學家所認為的脈絡。

〔註47〕魏貽君，《戰後臺灣原住民族文學形成的探察》（新北市，INK 印刻文學，2013），頁 65。

〔註48〕G. Barraclough 著，楊豫譯，《當代史學趨勢》（臺北市：雲龍出版社，1999），頁 66～67。

　　對於過去的歷史學家而言，也許會將歷史視爲客觀記載的條目，一條接
一條地被連接起來或並置。但對歷經後現代思潮的歷史學家、研究者來說，
卻認爲歷史是被敘事且被分解開來的材料，只是一個有待於拼湊的過程，但
對於作家而言，他所能扮演的角色或他所能介入的視角究竟爲何？卻又引發
了歷史敘事所帶來的疑問及影響。因爲對於試圖再現（或重構）族群圖像的
作家而言，歷史的意義不僅僅是史實的記載，而是如何承先啓後，找到過去
而至未來的整體統合的協調性。如艾瑞克・霍布斯邦（Eric J. Hobsbawm）言
之：

> 要成爲人類社群的一分子，就要將自己安置在這個社群所擁有的過
> 去當中，即使是用排斥的方式也無妨。因此，過去乃是永久存在於
> 人類意識中的一個面向，也是人類社會中，無論是制度、價值或其
> 他行爲模式所不可或缺的一部分。〔註49〕

作家透過歷史事件，而找到關於族群的若干發展跡痕，使他們被認同也被認
知成爲社群重要的一分子。因歷史發展除建構「過去」外，更應強調重視「歷
史感」，培養歷史感須透過「特定事件」獲得共鳴，一如藍博洲選擇客家莊的
白色恐怖事件，以及瓦歷斯・諾幹以 Losin・Wadan 的個人史作爲強烈召喚是
相同的。經由此能將歷史因素透過自我的存在與投入，找到可以詮釋的介入
點與策略，促使客家、原住民族找到與歷史間的整體統合性與價值意義。透
過「特定事件」的書寫，具有強烈改寫、逆寫官方歷史意義，以此召喚可以
承先啓後的族群意識。歷史是社會與社群關係的連繫與變動的總合，也是一
個整體不斷發展與改寫的過程，但不是說陷入無源無頭的追尋之中，而是必
須藉由特定事件（或日期）召喚讀者或族群投入所謂的歷史意識之中，而記
憶起「過去」並勇於開創（或嚮往）未來。

　　選擇《紅色客家庄》與〈Losin・Wadan——殖民、族群與個人〉著手，可
以發現到「集體經驗」（即便沒那麼全面）與「族群（個人或社群）經驗」的不
同走向，一者看似承載了共同的歷史記憶、創傷、療癒，但另一方面在不同的
族群經驗裡，卻是有著完全不同的感受或傷痕。這在一定程度上呼應了瓦歷斯・
諾幹曾言：「文字本身一定是會有其文化價值系統的投射作用」〔註50〕，因爲文

〔註49〕 艾瑞克・霍布斯邦（Eric J. Hobsbawm）著・黃煜文譯，《論歷史》（臺北市：
　　　　麥田，2002），頁34。
〔註50〕 魏貽君，〈從埋伏坪部落出發——專訪瓦歷斯・尤幹〉，瓦歷斯・尤幹，《想

字使他們的聲音得以被保留，過去對立異化的他者不在遠方而是在身邊，列維納斯一再指出的，他者有著強制律令，令我們得趨向他們、照顧他們，這使得作家筆下的族群不再是被歷史邊緣化的一群，他們該說他們的故事，而在中間會找到某些故事的聯結，使其互動合作。

三、異質他者的意義

從前面討論可以略知，作家如何突破或重寫官方的單一史觀及敘事，其實就有賴於找出空間點上的時間差異性，而這種差異性又往往會透過敘事對象的文化與背景而有所變動，而改寫的效果不單只是引起族群間的權力緊張關係，似乎更直接地知道經由歷史的敘事重寫或改寫，而找到各自族群文化在共時空間內的失落。一如大河底、泰雅族所聚凝的空間／時間，使我們理解作家藉此喚起讀者對於官方線性歷史的歧異性而有所警示和提醒。從村庄、部落的人物、物件著手，才能擺脫出官方所建構的「共同體」，以及同一歷史詮釋。村莊及部落的歷史，借由作家之筆再現獲得不同的詮釋。

官方的歷史往往是一部文化政治的權力系譜，往往只記載了官方所需的史料或觀點，但這種大敘事的權力結構，伴隨著政治經濟的壟斷，其實也就成了一部「他者不存在的歷史」。但他者並非實質的不存在，而是成為歷史詮釋上被點綴的一部分，而非真正多元的視域。因此類似藍博洲、瓦歷斯·諾幹等在 70、80 年代後，開始重視族群文化與重要性的作家們，不僅要在文化與政治上的場域鬥爭，還有更多是介入官方的歷史敘事，找到關於族群的歷史視角與歷史意識，試圖從遺落的、喪失的或忽略的歷史情節中著手，重新尋求一個「自我」與歷史對話的空間，而報導文學、口述歷史正可扮演這樣的媒介，使異質的他者能夠被看見、被談論、被重視。一如江文瑜指出：

> 在過去聲音與影像未發的時代，傳統所謂的「歷史」通常透過文字符號記錄，流傳而下成為「正史」。這種現象凸顯了過去「擁有文字權」和「歷史詮釋權」兩者經常是互為因果的雙向關係。在此歷史脈絡下，過去能詮釋歷史、記錄歷史的人也往往屬於握有權力的階級，他們眼中所見所聞常是與「權力」相關的人、地、事、物。〔註51〕

念族人》（臺中市：晨星，1994），頁 222。

〔註51〕江文瑜，〈口述史法〉，《傾聽她們的聲音：女性口述歷史的方法與口述史料的運用》（臺北：左岸文化，2002），頁 111。

文字權、歷史詮釋權並非各說各話的輕鬆狀態，記錄就是選擇、淘汰或取捨的過程，也代表了剔除與選入的價值判斷，裡頭更多架構起的是權力運作，而不是意見並陳的美好狀態。這使我們重新理解到，過往為了為了解構單一性格的大歷史敘事，多從後殖民理論，從中心／邊陲、自我／他者的二元對立性詮釋中探析他者與使用文字時的窘境，也確實帶我們走向更具批判性與解救他者的重責大任。

但這裡從想異質的「他者」走向更具有的負擔性格的「他者」，不論是藍博洲或是瓦歷斯·諾幹，他們書寫的人並不純然是大敘事底下被遺忘的一群，更不純然是被官方敘事對立起來的「他者」而已，他們筆下的「他者」充滿了生命力、充滿了各種歷史碎片的跡痕，提供我們一個足以關懷臺灣歷史的藉口、動機，提供一個「他者的他者」（或第三方的他者）看見與此的繫聯。這就是一種對於生命聯繫生成的重新認知，一如賴俊雄在探析列維納斯時所指出的，「生命是不斷豐富「生成」（becoming）的差異化運動，永恆地在多樣異質的關係間游牧，以破除西方傳統以主體結構為中心的概念。生命「生成性」強調的是與異質經驗的不斷連結。它並不是一個過程或者一個生產結果，其強調的是改變或差異化本身，一種內在於生命的變化形式。生命永遠處於「生成──他者」（becoming-Other）的運動中。」〔註52〕當中的「生命」並不是物理或生物特質的生死寂滅，而是驅力、動力與精神狀態的顯現。他者的生成並非特定專屬模樣，無法被框架、無法被緊捉也無法被完全定義，充滿著各種可能與變化，就像好奇寶寶般不斷地向世界探索、奔馳與逃逸。他者充滿著對主體的抗爭、辯論與衝突。故過去的官方歷史忘記大河底的客家莊、泰雅族部落，並非不在而是在作者的書寫中幽然重生，這樣的他者並不站在我們對立面而是旁邊，陪著我們一起看見更多歷史未曾言說的事。

然從國家層面來看，臺灣在第二次世界大戰的時空接點上，面對過去的國家──日本，竟然拋棄了人民而去，而臺灣人民面對新政權的來臨，卻又在戰後的二二八事件中遭受打擊，致使人民以為可以改變被殖民的地位，卻再度令人民失望。或可這也是後殖民主義（postcolonialism）之所提的，「後殖民」之「後」（post）不單只是時序上的空間與時間上的解放，殖民本身的效應與文化也一併進入了解放的時空中。藍博洲、瓦歷斯·諾幹的書寫正突顯

〔註52〕賴俊雄，〈導論〉，《回應他者──列維納斯再探》（臺北市：書林，2014），頁32。

了時間、空間隔離出來的極端狀態，客家、原住民並未在「後」的「時間─空間」內獲得述說的權力，一如第一章提示的，此時的臺灣並未提供一個得以容述的基點，在權力運作下的，在臺灣當未浮出地表，形構出地誌圖像時，此時歷史敘說的時間─空間不但被（中華民國）「佔有」，也被「漢」（中華民族）的時間─空間暫時覆蓋。他們再度成為被說的「他者」，一個被殖民者擠壓推移出「說歷史的範圍」，成為「無法說自己歷史」的一群。

　　因此我們若認為他者意義從「分裂」轉向「分享」的能動位置改換，就必須理解到，他者的出現可能某種程度是壓迫者與被壓迫者的「意外合謀」。例如作家為提升政治動能、召喚族群認同，初期可能會採取了一種對抗或對話的形式構築自己的位置與主體，進而拉開中心／邊陲的相對空間，且有更深切、攻擊性、反思性的動能。但相對地來說，因為語言、文化、認同及族群間複雜的互涉聯結，使得作家反而在陷於一種游離的中心／邊陲拉扯之間，「他者」變成一直處於弱勢與被拒斥的狀態中。同樣地，若說他者歷史的「再現」是「他者」自為的，那麼我們可能得理解一件事在於，是否族群的追尋過程只有拼回、重建與失而復得，沒有更多的失落嗎，在追尋與失落的雙重辯證過程中，究竟有哪些是值得留下，又有哪些是無法想像的，甚至可以說，有哪一些是未曾想像的。同樣地，從中可以理解到，一個族群或一個區域、地方文化傳承斷裂、被干擾，都會造成不可彌補的傷痕，而這「傷痕」總會在某個時間點、某個苦難到來時，重新被憶起，即便它看似癒合，卻依然顯現在人們的面前，提醒著我們曾經的經驗，而且再也不會是完整的模樣，切割、粉碎、傷痕才是「真實」的，黏著的效果是一種「再協商」與「再隱匿」的過程，千萬不要以為它會平白消失。

　　對此，我們應深刻地理解到，重尋歷史的意義，不在於挑起戰爭或仇恨，而是積極地去面對過往的種種的。不管是臺灣人民或是藍博洲、瓦歷斯‧諾幹而言，其實都在拓展歷史的反思性，即便對歷史有所不同的誤解、詮釋甚至是疏異性，都應走向一種類似於即透過端看歷史的視域（horizon）〔註53〕

〔註53〕視域的觀念是伽達瑪（Hans-Georg Gadamer）詮釋學（Hermeneutics）中相當重要的一個部分。對他而言，他認為人的視域和文化知識基礎，絕不是斷裂或無中生有的，而一切一切都來自於先驗性以及歷史性的影響，而這些積累特性卻會影響個人看待他人，以及歷史的視角和態度，甚至影響我們的判斷和詮釋。相反地，也因為個人是受到歷史性的文化影響，促使從整體看個體、從個體看整體的詮釋策略是必然且必要的，這也是由點到面，由面到點的不

的形式，對過去和現在的落差做更密切性的調合以便獲得調節，並同時安置他者、獲得撫平傷痕的力量才是。

第三節　歷史的遇合──以《遇合》、《人生》為例

　　談到族群課題時，幾無可避免地得進入「外省」的詞彙中探究，源究許多，顯示出戰後臺灣集結了眾多「歷史記憶碎片」在島上重組，而其重要的匯合地當屬──眷村。如果要推導眷村的書寫源流當然繁如星流，如苦苓〈想我眷村的弟兄們〉和朱天心的〈想我眷村的兄弟們〉可謂其眷村書寫縮影，這也使得依眷村延伸而來的人、事、物及文學書寫，成為集合眷村的重要材料。只是，依循本文脈絡想要談的是，眷村投射的不應只是中華民國式的國家圖像，在小敘事、小人物裡頭，大時代背景固然難以抹去，卻也無損人們求此安定的微小願望。在細微處，眷村代表了時代沖刷下匯集的區域，看似一致卻又不一致，相信眷村裡頭的族群故事應有更多酸甜苦辣、悲歡離合。

一、眷村的空間擬像

　　居住在眷村裡的人們不見得是來自於同一個家鄉，自戰後國民政府來台，中國各地各區的人們散離在臺灣海峽航線上，朝著前途未卜的臺灣前進，最後得以落腳處的眷村，聚合著來自中國各地各區的人們，展開與度過他們在臺灣的生活。

　　眷村標誌出來的符碼，並不全然指向無依無憑的空間意義，在更多時候它是在建構過程中被認知、被認識與理解的，例如張美芳的〈鹿港女兒〉就從鹿港的在地視角意識到眷村，對她而言，在未認識夫婿前，對眷村一點概念都沒有，也不會刻意想知道。因為她以為閩式三合院住久了，世界應該都一樣。〔註54〕雖然國民政府為了暫時因應大批離移來臺的人民，開始大量創生出許許多多我們現今熟知的眷村，可是在來不及建造的初期，國民政府運用接收日本殖民遺留下來的「資產」、運用臺灣當地作改建作為暫宜的居所，形成了集合在眷村符號底下的另一個來源指涉。

可分割特質。
〔註54〕張美芳，〈鹿港女兒〉，《人生，從那岸到這岸》（臺北：INK 印刻，2006），頁175。

如此一來，眷村夾雜新／舊的空間想像，一方面看來是新造的家園卻又運用了在臺灣本有的空間作「敘事上的改換」或是日本殖民日本／被殖民底下另類家國敘事的改造與詮解。敘事上的改換不僅僅只是意義或話語上的更換，亦投向了國族寓言的話語詮釋，也就是指向政權的更迭，同時汰洗出新的家／國身體〔註55〕語彙，例如從日本殖民底下接收來的資產，改換成「中華民國」的，重新定義被眷村符號代換的空間。在眷村符號形塑的過程中，它是屬於中華民國而不屬於臺灣的，可是它卻紮實地被繫聯在臺灣獨有的「空間─時間」內。回應於第一章裡提到的地誌學，臺灣提供了一個「殖民─後殖民解殖」向度，是來自於它如此堅實存在向我們敞開的空間─時間。故眷村符號的詮釋、製造與操作只能在臺灣的時間─空間內開展。

空間具有記憶保存、權力布建的各種關係，另外也需知道空間一詞在很大程度上可從紛雜物質空間轉換到「文學隱喻」，成為一個可供描述的立體對象，使文本中「空間」的指涉變得更具體實有。〔註56〕以亨利・列斐伏爾（Henri Lefebvre，1901～1991）的「空間生產」的概念來陳述，其實「空間」和「文本」之間就具有互相生產關係，亦即藉由文本重新排序或產出「新空間」；同樣地，空間也具有同樣產出新文本意涵的可能性。〔註57〕簡單來說，「文本」作為書寫形態所構築的「空間」，是具有高度的包容性、演繹性，它可能會隨著書寫者與外在世界的連繫、互動，進而回饋其中，而具有對應的、挪動的轉化狀態。但什麼才是符合眷村的空間，或說什麼樣的空間才是眷村獨有的，這或許各有不同，但其中可列舉出幾個：廁所、防空洞與竹籬笆。

眷村在臺灣戰後社會是特殊空間，它看來很像憑空擬造出來空間，紮實地被繫聯在臺灣土地上而成就著它們的故事。眷村「裡」的點點滴滴，形成了另一種情感寄託的聯結，所以當從同一個眷村離移後再相遇，對彼此的照應、扶持往往可能大於其他的眷村兄弟，某種程度上很像「他鄉遇故知」，總有彼此才知道的過往在其中發酵，這不禁令人想到朱天心在〈想我眷村的兄弟們〉裡頭就曾經敘說同一個眷村的故事，而且記憶所餵食的一切可能在離

〔註55〕 這裡指的「國家身體」和第二章裡慰安婦面對的國家機器略有差異。但兩者都指向了將「國家」視為一種「身體論述」。

〔註56〕 陳伯軒，《文本多維：台灣當代散文的空間意識及其書寫型態》（臺北：秀威資訊，2010），頁7。

〔註57〕 請參閱劉懷玉，《現代性的平庸與傳奇──列斐伏爾日常生活批判哲學的文本學解讀》（北京：中央編譯，2006年）一書。

開同樣的住地後，偶然相遇在某個街角、路口甚或是電影上。使得朱天心即便離開了原住的眷村，兒童相處、逗玩的記憶還是緊緊繫聯著她，讓她重溫眷村懷抱。

首先若說眷村空間景象有何特殊處，多數人應會指向「竹籬笆」，且此地景圖像不限於某區，反具有「異地同質」的特殊現象。以防禦安全角度來看，竹籬笆幾乎沒有什麼阻隔的效果，真正實質效用來自於它取材快速、搭建簡易，符合當時容納大量人民所需，例如：

> 話說地屬亞熱帶的臺灣夏季多颱風，這是內地來的人不曾領教過的天災，我們那些臨時搭建的「竹籬瓦舍」，一遇到颱風真是膽戰心驚欲哭無淚，它真是挺不住那狂風暴雨，員警都會挨家挨戶勸離，大夥兒只好把一些值錢的家當用布包「款款」隨身繫著，逃到防空洞去避難。……〔註58〕

臨時搭建的「竹籬瓦舍」便是指著類似於「竹籬笆」的建村形貌。它不似鋼筋水泥如此穩固不摧，遇到颱風是挺不住的，竹籬笆在物質狀態並非堅固不摧的，在情感聯結上卻有特殊的動能。因為它意味著生命經歷的共構狀態，多數初期進入到眷村的，多數是因為戰亂關係，織譜出他們對於戰亂、荒蕪與無常的生命圖像，進而成為外省族群的一種的歷史圖像，進而回應與粘定著。這使得竹籬笆成為一種保護、隔離的多重效用的「邊界」，使得在眷村裡的人們得以共享、互助彼此的經驗。但另一方面，竹籬笆亦形構出「邊界」的效果，如前所述「眷村」其實劃分出人民在臺灣土地上的「異質空間」，於內於外都「隔」／「格」出獨有的認同、想像與氛圍。只是隨著眷村改建，籬笆不再、社群移走，眷村的內外隔離在時代演變、政策改建下有了新的可能。

戰後臺灣物資相對匱乏，經濟上部分仰賴美援，而生活水平更不說是否達到合乎相關要求。在此景況下，公共衛生條的優劣恰可反映出當時臺灣社會的發展，而廁所顯然是個「指標」：

> 在五○年代的眷村裡家家戶戶都沒有自己的廁所，想當然耳每家必備的尿壺、馬桶就十分可觀啦！
>
> 每天一大早你總會看見大丫頭、小豬妹，团团等捧著昨晚一家人的

〔註58〕 張慧民，〈酢漿草〉，《遇合 外省／女性書寫誌》（臺北：INK印刻文學，2008），頁138。

> 貢獻，快步走到公用廁所的大糞坑去倒。這樣的例行公式好像理所
> 當然，也沒見誰捂著鼻子說好臭，哪怕是經過誰家門口在吃早餐，
> 早就見怪不怪嘍！

> 咱眷村的公用廁所用處可大啦！別看它三十戶人家共用一座廁所，
> 男女各半，女生這邊有六間，半人高的木頭門，人蹲在裡面外面的
> 人不往上攀是看不到人的，這可就是我最好的避難所了。〔註59〕

廁所變成了「避難所」應是來於隱匿性，但在過去公共廁所的設計並不如現
今所見，這麼乾淨、隱密度高，在眷村裡是個重要卻又開放的空間，足以顯
示當時臺灣的經濟條件與建築概念。當然眷村廁所不只有一種形狀，例如金
曼玲在〈猴年馬月的年代〉就談到他們的公共廁所分置在村頭、中、尾，是
一字型的，中間隔開分男、女。左右牆面上方留了幾個長型小洞通風及採光。
大門、小門都沒有，隱私在那個年代裡也不是個重要的東西。對於害羞的小
孩，他們朝面把個渾圓的屁股對外。有趣的是，臉雖未見，大人們還可一一
招呼。裡頭的每間與每間是用木板隔開，一站起來不但可相視而笑，還可看
到對方繫褲腰帶。〔註60〕

　　若說竹籬笆、廁所是眷村內嵌的「零件」，那麼「防空洞」就像附加的建
物，首先要來一段描述：

> 眷村旁的空地就有兩個防空洞，外觀粗糙，石塊參差，還有幾束草
> 迎風搖曳，兩側有幾個小洞通風，虛掩著門的防空洞，讓闖禍的孩
> 子可以躲在裡面暫避風頭。更是村裡孩子的兒童樂園，爬上爬下，
> 妳追我躲從這個防空洞跳到那個防空洞，玩得不亦樂乎。〔註61〕

在冷戰結構、國共對峙的緊張情勢下，臺灣隨時瀕於戰爭邊緣，戰火威脅並
未完全地從政府、人民的生活離去，對於戰爭防備也是必要的。故防空洞成
為戰後臺灣的「特殊地景」。只是在上述的描述裡，防空洞在戰備以外，變成
了孩子們遊戲的場所，戰爭陰影似乎不曾緊迫著孩子們。

　　眷村形塑的空間除了生活、安頓生命，其他時代也貼合了中華民國的國

〔註59〕孔依慧，〈快樂童年〉，《人生，從那岸到這岸》（臺北：INK 印刻，2006），頁
　　　37。
〔註60〕金曼玲，〈猴年馬月的年代〉，《人生，從那岸到這岸》（臺北：INK 印刻，2006），
　　　頁 43～44。
〔註61〕金曼玲，〈猴年馬月的年代〉，《人生，從那岸到這岸》（臺北：INK 印刻，2006），
　　　頁 46。

家想像，使得眷村在臺灣社會裡多少背負著政治、歷史的印記。但若從《遇合》、《人生》裡探見，可以發現「裡頭」的人們不也在過著尋常的日子，他們一樣也爲了下一頓飯而掙著，也爲許多的悲歡離合在低吟訴聽著，例如張美芳的〈鹿港女兒〉就如此描述著她的先生，及她以爲的眷村生活：

> 剛認識時，即偶爾聽到當時還是同事的他提到「眷村」的點滴生活，頗耐人尋味，好像另一個世界。直到婚後，發現隨政府撤軍來台的外省人，確實也有堅忍刻苦的一面，並非外省皆是權貴之士、鄉音很重的學校老師或是粗魯的士兵。就像公公在大陸本任職英商的媒礦公司，因戰爭顛沛流離，舉家隨著政府從北京遷台，投效空軍定居新竹，婆婆雖受過高中教育，來台後兒女相繼出世，也只能當家管，尤其早期軍中薪水微薄，只好靠婆婆變賣嫁妝首飾供小孩讀書。就像同時期的臺灣人，也是每日爲生活奮鬥，煩憂下一餐在哪，不敢有任何妄想。〔註62〕

相較於一般從「裡」寫眷村，〈鹿港女兒〉則是從「外」向眷村探看，進而了解眷村生活，也才理解到並非每一位「外省人」都具有的「文化分工」的優勢。更多生活在眷村的人們，無不辛苦地度日。同過去對於外省人舊有刻板印象：權貴之士、鄉音很重的學校老師或是粗魯的士兵，皆一一地被打破。因爲「他們」其實「像同時期的臺灣人，也是每日爲生活奮鬥」。眷村形構出來的「空間」不僅僅是物質狀態的，更多時候也夾含了歷史、政治意義，這使得眷村能爲許多書寫裡的材料，並藉以說著更多的故事。

二、食物與語言

過去由於國民政府的政治需求、政策引導下，讓戰後來台的軍官兵「居留」在眷村，進而形塑出眷村獨有的歷史、記憶與政治空間，且一定程度上被認爲隔阻了村外與村內，發展出不同生命歷程（某種程度卻又不是那麼不同）的狀態下，有些物件、特質卻橫跨出村內／外的界線，例如飲食、語言，且又往往在不同形式、時間下被勾勒在一塊，顯示出眷村在空間看起來橫阻了內／外的交流，「內部」卻在不一程度滲入著不同族群的質素，也就是在臺灣作爲人們生存的依憑時，各種交流已在不同程度上彼此進行著：

〔註62〕張美芳，〈鹿港女兒〉，《人生，從那岸到這岸》（臺北：INK 印刻，2006），頁175～176。

我們住的這個眷村在新竹東大路空軍子弟小學附近，連棟的竹編房子大概有百來戶，都是一些士官階級的空軍眷屬，這裡的男主人清一色都是外省人，有年輕一點的，也有一些老士官長，一口鄉音各說各的調。有趣的是這些媽媽也不遑多讓來自各地，從屏東到基隆，從臺灣人到客家人到阿美族，還有大陸各省的老媽媽們！每家三四個孩子，一到黃昏放學回來村子裡就鬧哄哄一片，小強他媽媽是客家人，每次叫他回家吃飯：「ㄙㄟ槍！侯ㄙ飯ㄋㄟ！」陸路的媽媽是臺灣人喊得更好玩：「阿路ㄟ，呷崩阿啦！」輪到對面台英她媽：「ㄚ頭！還不回家吃飯？死到哪去啦？」呵！其樂融融！不一會兒小桌小板凳在巷口擺開——陸媽媽的蚵仔煎，小強媽媽的客家小炒、菜脯蛋，台英媽媽的四川泡菜、蔥油餅，還有我們家美援物質的玉米牛油餅，南北口味應有盡有，吃得好不快活！〔註63〕

孔依慧的〈相見歡〉在篇名就頗富趣味，挪用了人們對於陌生國度、事物、人物時的「開場白」。「相見歡」的相見意味兩個（或兩個以上）的「初見」，而「歡」標示著開懷、喜悅與更多的期盼。

食物是維生（生理）、營生（勞動生產）和認同（文化表現）所構築的社會關係複合體，並非固定不變的國族文化象徵或飲食實踐，而是意義塑造的場域，以及牽動人際互動、情感表達、身體想像、經濟營生的叢結。〔註64〕食物往往承載了家庭、地方特色，是因應地方特質、原料生產而演化出來的，食物在人類文明進展過程，從生理需求、存活要素到最後成為心靈的依托，且食物的料理也從簡易逐漸朝向精緻、美味，到最後成為藝術品，故對食物的依托、想像與重造便成為建構文化風貌、記憶路徑的第一步，同時使我們更深刻地理解到文化的重要性，因為「真正使人們結合在一起的是他們的文化，也就是他們所共有的觀念和準繩。所謂共同血統只一個象徵罷了，我們將之當作吶喊的口號；這種無中生有的想法既然容易導入歧途，則避免此一危險乃是當然的事了。我們似應將注意的焦點轉移至文化上，體認文化乃是使我們聯結在一起的因素；我們一方面固須強調自己文化的主要優點，另一

〔註63〕孔依慧，〈相見歡〉，《遇合 外省／女性書寫誌》（臺北：INK 印刻文學，2008），頁 211～212。

〔註64〕請參閱王志弘，〈移／置認同與空間政治——桃園火車站周邊消費族裔地景研究〉，夏曉鵑編，《騷動流移：台社移民／工讀本》（臺北市：臺灣社會研究雜誌出版，2009），頁 341。

方面也要認清在另一文化中可能發展出的不同價值。」〔註65〕以下就以食物的一段敘述為例：

> 一邊吃，母親一邊回憶起兒時的吃食；她最記得想吃肉得等到過年的時候，平常日子除非隔壁村子殺豬，才能買到一些回來，說到這，她像聞到甜美的肉香似的，嘴角不自主地飛揚了起來。那好吃的紅燒肉，江西人叫「炆肉」，在炆肉中加些油豆腐、蒜苗，滋味可是美極了！這才令我想起，母親也經常烹煮一鍋加了油豆腐和蒜苗的紅燒肉，我最愛在便當盒中和它來個午餐的約會呢！想來這炆肉對母親來說不但是打牙祭，更是撫慰心靈的一帖良藥。〔註66〕

由於戰亂關係，文中母親被迫離開家園來到臺灣。每次想回「家」時，就會憶起「炆肉」滋味，帶母親重回兒時。這道肉若從描述上來看接近於臺灣的「爌肉」。可是因為記憶、故鄉與作法的差異，它被稱為「炆肉」而非其他，它是個無可取代的符碼，它的名字就是一個故事，屬於母親家鄉的故事，才能在母親打牙祭時，成為撫慰心靈的良藥，人們會依憑著家鄉味辨識與記憶，在食物料理與命名的過程，重構的不是食物的紋理而已，鋪上的調味料、酒水、時間都在鋪磚逆溯回記憶裡家鄉的路，鄉的巷道街弄成了肉上的肌筋，有層次有色澤還有更多意想不到的景色。

　　另一方面，食物領著母親回到江西，也帶著母親回到記憶的原鄉。食物的「在地轉換」恰好對應於物質空間與精神空間的磨合、疊合狀態。原鄉是個精神的源徑，故亦能稱為「源鄉」，在物質的空間或是行政區域的固定概念外，一個精神地圖投射範疇，舉例來說，「江西」對作者母親真正地產生了意義或感動，〔註67〕應不是行政區域（地理劃分）的範圍而已，而是來自於對於「江西」能夠投射出多大的精神力量，且得以形構出多大的範疇，因為唯有如此，那麼這個「江西」才產生聯結、互相牽引的可能性。食物帶領著母親重新回到記憶中的家，也就是一種「鄉愁式」的記憶追溯，也就是對於傳統中的「故土」的聯結法，使自己能夠找到血脈的來源、找到文化的根源，

〔註65〕露絲・潘乃德（Ruth Benedict）著；黃道琳譯，《文化模式》（Patterns of culture）（臺北市：巨流，1976），頁23。

〔註66〕畢珍麗，〈貴溪〉，《混搭：我們（Women）的故事──跨族群、跨地域、跨世代的女性生命書寫》（臺北：INK印刻文學，2010），頁154。

〔註67〕陳伯軒，《文本多維：台灣當代散文的空間意識及其書寫型態》（臺北：秀威資訊，2010），頁53。

也找到一個得以投射的精神居所。

可是在更多時候，食物代表某種默契、妥協、相處經驗的轉化，在那時候，食物喻含的文化特徵是被「默認」的，也就是相對於公開讚揚、認同，食物更像是催化劑施行在人與人之間，藉由食物獲得新感受，例如：

> 父親不盡然都能夠接受客家文化，但有許多地方早已受到母親潛移默化的影響，譬如逢年過節的祭祖拜神，除了祖先外，父親幾乎是個無神論者，但也會跟著母親拜土地公；還有母親偶爾會料理一些客家風味餐，父親也是不吭聲的捧場。最有趣的是，一向不會說客家話的父親竟然也會說上幾個名詞，真是讓人訝異。父親對母親的依賴是有目共睹的，有時候母親回去外婆家兩、三天，父親就顯得有些不安，這除了是沒有人幫他洗衣做飯的現實問題外，更重要的可能還是因為心理的空虛吧！這在父親生病住院後更加明顯，三年前父親生了重病，在住院期間，儘管有我和弟弟輪流照顧，但最讓他習慣和放心的還是母親。只要輪到母親照顧，父親總是一副有了靠山的模樣，對母親予取予求，一旦母親要離開，立刻就擔心起來。這是一種情感的累積，早已凌越族群的議題之上。〔註68〕

故事裡的父親不盡然全能接受客家文化，原因許多，可能是對自身文化的憑，對不同文化的認同薄弱或是對於文化中的某些特質無法接受。可是對於父親來說，他必須在有限的物質空間、精神空間內容述這一切，因為客家文化隨著母親融入了整個家庭當中，形構了家庭特質中的一部分，無法切分更無法漠視，只能「默視」並有限度的支持與轉化。

此外，若說食物代表某種記憶的聯結，那麼語言對於生活在眷村裡的人們來說，隨著時代遷變有著不同的作用。一般來說，語言被哲學視為觀察人們存有意向的依憑，「語言學的轉向」也將思考的對象拉到現實的語言中。因此，語言不僅僅只是表述、溝通的工具，更多時候語言指向了族群互動中看似平常卻最為微妙的部分，例如語言隔閡所造的誤會及不便：

> 同時，爸將我安排至民族國小就讀一年級，可是那幫本省孩子，簡直把我這唯一的稀有民族（外省人）當成外星人看待，不僅不准我從教室正門口出入，還規定我只能爬窗戶，還好窗戶低矮，否則我

〔註68〕劉美玲，〈山與海的交會〉，《遇合 外省／女性書寫誌》（臺北：INK 印刻文學，2008），頁 192。

一定很悽慘。更絕的是，包括老師在內，全班均操著我有聽沒有懂
的法語（即台語）上課和交談，我欲哭無淚，且當時還投訴無門呢！
〔註69〕

這裡談到的是外省孩子進入到本省族群就讀的國小，因為聽不懂台語而遭受
欺負，類似的還有：

小學讀的是市立小學，不是軍人子弟小學，聽台語是最大的考驗，
常為了說台語和同學生氣，因為發音不準常被恥笑，所以乾脆不說，
我的台語是結婚後向老公學習的。所幸運氣一直都很好，遇到的都
是好老師。三年級到六年級的導師都是受日本教育的男老師，但奇
怪的是，這三位男老師對班上的軍人子弟都特別疼愛，像三、四年
級的董山松老師用日本軍閥式的軍人教育來教導我們，念課文時，
全班專心一致、抬頭挺胸，老師用教鞭敲課桌的邊緣，我們則配合
著他的節奏，一字一句地把課文念出來背下來。〔註70〕

很顯然地語言成為孩子成長過程中不得不面對（或根本不面對）時，必須遭
遇的課題。「發音不準」是純然的「發音」問題還是因為族群互動下所觸及的
敏感神經裡頭雖未述明，卻可理解到語言成為區辨差異的象徵體系。我們知
道在國語政策推動下，國民政策形塑出一個新的語言──國語，它同時拒斥
了臺灣本土語言也改造了來自中國各地的方語，共同構建了「新式國語」，是
一個專屬於中華民國的國語。但扣除國家機器能觸及的範圍，如學校，多數
人民（及孩子）還是會操作自己的母語，在此情形下，不論是曾璉珠、翟永
麗只是一離開國語使用場域，就必須面對著語言適應上的課題，好的是溝通
較為不便，壞的就是被恥笑或欺負，而造成了作者心裡的一道傷痕。

　　從時空背景來看，更多的族群在國語運動底下面臨了失去母語或污名
化，導致母語傳承有了斷裂，遂引發了80年代一系列原住民族、客家族群的
「還我母語運動」，對比之下兩位作者因為語言而致被欺負的處境，在同理心
投射下，實令人感到嘆息，是國家機器與政策的關係，造成了人們使用語言
上受到壓迫牽制，威權時代底下因語言造成的隔閡、傷痕，逐一地在未來歲

〔註69〕曾璉珠，〈遷徙地圖〉，《混搭：我們（Women）的故事──跨族群、跨地域、
　　　　跨世代的女性生命書寫》（臺北：INK印刻文學，2010），頁257。
〔註70〕翟永麗，〈像我這樣一個女子〉，《遇合　外省／女性書寫誌》（臺北：INK印刻
　　　　文學，2008），頁215。

月中產生了不同變化。對應於前一章藍博洲、瓦歷斯‧諾幹的寫作即可呼應，而這必須分兩個層次來談：作家選擇的語言、作家敘事中夾帶的訊息。藍博洲與瓦歷‧諾幹基本上都是以國語作為書寫媒介，這和戰後政府國語政策有緊密關係，使得作家從出生、求學到工作都浸潤在相同環境中，在現實考量下，使用國語可能較無表達上阻礙，另者似乎也不得不考量社會氛圍、讀者接受度、傳播效度。另一作家敘事中夾帶的訊息，則在瓦歷斯‧諾幹的寫作中較為明顯，例如主角名字的更迭，就是語言形態轉換上的明證。名字標誌著人們的自我認同、族群認同、國家認同，且名字的標註形態就是依賴著人們慣用語言、官方制定的語言而來。但也因為如此，在臺灣作家、人民或各種空間中，混語現象就變得十分明顯。〔註71〕

　　除了國語政策下的語言衝突外，還有族群對於語言背後隱藏的意識形態、國家認同的不同思考，尤以臺灣歷經殖民統治，使用日語者不在少數理應只是殖民政權下的意識形態操作課題，可是由於戰後臺灣特殊的歷史情境，在島上聚合了自中國來臺人民，在國仇家恨下對於使用敵人語言總不時挑動著敏感神經，例如：

> 其實媽媽和我都知道爸爸對她說日本話很不以為然，雖然爸爸不明說，可是因為日本人入侵山東，害得他不得不十三歲就離鄉背井出外討生活，以至於後來參與抗日戰爭打日本鬼子，又身不由己加入國共內戰打共產黨，那種顛沛流離椎心刺骨的創痛。媽媽當然理解，她也是過來人，可是媽媽有她的想法，媽媽說：「我們已經來到這裡，就別再為難自己，只能讓日子往好處過，我又不會講台語，他們很人都會一些日語，講講日本話好相處，又不代表我就向著日本人或是想怎麼的。」媽媽除了日語說得流暢如行雲流水，還有一個本事就是：她不管遇到什麼人都能和對方說上話，真的語言不通時比手畫腳內、內幾聲，也能讓對方點頭對著她笑，那真是一種叫人無法拒絕的熱情。〔註72〕

〔註71〕人類的語言接觸經驗史上，混語現象大抵率循三種跨越族裔、國域、語系的衍生途徑而起，亦即遺民、移民以及殖民關係的交互影響。請參閱魏貽君，《戰後臺灣原住民族文學形成的探察》（新北市，INK印刻文學，2013），頁337。

〔註72〕馬莉，〈不同調合唱曲〉，《遇合 外省／女性書寫誌》（臺北：INK印刻文學，2008），頁195。

馬莉的爸爸與媽媽恰好呈現出兩種態度，而兩種態度一方面是待人處世的原則，另一個則挑戰著敏感的認同傾向。對於馬莉的爸爸來說，日本話代表的不是單純的溝通工具，由於日本入侵中國山東關係，使馬莉爸爸從小就得離鄉背井討生活，聽到日本話對他而言無異是在召喚痛苦的回憶，日本話成為了夢魘成為了不友善的象徵，甚至是過往被侵略、戰爭經驗的不快與創傷。

　　若說眷村之特色，除了空間展置外，由裡演化出的食物、語言表述都是一個重要的文化表徵，「文化就像個人一樣，一套大體一貫的思想及行為模式。每一個文化裡都會產生某些特殊的需要，且可能是其他類型的社會所無者。在這些需要的推導支配之下，各個民族逐漸形成經驗的統合；需要的迫切性愈大，則相關的行為愈能達到相合一致的情況。只要一個文化具有高度的統合性，則縱使最不調合的行為經過不可思議的轉變之後，也會在此文化裡成為滿足固有需要的策略。」〔註73〕因此，從相關書寫裡可以看到「在地化」特色，形構出一個屬於臺灣眷村的文化性格。從家鄉的食物開始有了臺灣味，讓食物有了記憶的聯結、再生與重組，一如每家每人的味道不同，其記憶留存的片段亦有落差。相較下，語言的使用涉及了戰後的語言政策與國族再造的運作痕跡，在戒嚴年代成為識別的象徵，隔離了人與人間的距離。然隨著時代、世代的更替，人們用越包容的心態看待時，這樣的隔閡也會越見消弭。

三、情感的寄寓

　　眷村故事是充滿著複雜質素的，除了前面談的空間、食物、語言外，對於眷村的人們來說。他們一生就隨著戰亂而飄泊起來。他們經歷過生離死別，看過太多人事物在生命中走走停停，對他們而言有時更需要一種「寄寓」，對安定生命的寄寓、對情感的寄寓還有對於歷史的。而龍應台的《大江大海》，基本上就是這種代表了小人物在大歷史潮流下的苦難經驗，同時她集中處理「失敗者」的歷史，或者說「大江大海」的大敘事底下所見的是失敗者的故事。在《大江大海》開書首頁即如此寫著：

> 如果，有人說，他們是戰爭的「失敗者」，
>
> 那麼，所有被時代踐踏、污辱、傷害的人都是。

〔註73〕露絲‧潘乃德（Ruth Benedict）著；黃道琳譯，《文化模式》（Patterns of culture）（臺北市：巨流，1976），頁60～61。

　　　　正是他們，以「失敗」教導了我們，

　　　　什麼才是眞正值得追求的價值。〔註74〕

「什麼才是眞正值得追求的價值」成了大江大海裡探尋出發的因由，孫瑞穗以爲，「擁抱歷史中的失敗者並不容易。既然選擇了這個姿態和立場，想要療這種傷，必須有勇氣去揭露更多不爲人知、不忍卒睹、可能也一言難盡的「失敗者的歷史」。她選擇的療傷方法是「人道主義」，用的方法是最樸實的口述史，專注地聆聽與凝視每一個離散者的生命故事，細細重新編織他們那凹凸有致卻被歷史割傷的臉龐。」〔註75〕孫瑞穗認爲龍應台是通過「後殖民地時空感」的東西，把臺灣打造成「200萬失敗軍隊的臨時避難所」，「反攻大陸的跳板」和「中華文化復興基地」。用鄉愁式的中國地圖覆蓋在臺灣島上，讓600萬人在自己的土地上流浪，甚者是現政治力用意識形態醃過的「僞勝利者的歷史」。〔註76〕

　　可是這本書也代表許多種情感的聯結，是流離他鄉之人的聯結，是戰爭失敗者的聯結更是龍應台與兒子間的聯結，龍應台的書寫已從「僞勝利者」轉向了「失敗者」，敘事的權力也許被微縮了，但姿態卻更貼合了臺灣的歷史情境，轉向了更眞實也更具生命感召力量的故事。因爲《大江大海》其實夾含了龍應台對兒子飛力普的傾向與回應。在書裡是裡母親—我的敘事視角回應著飛力普，展開了一連串的故事作爲回答。書裡其實貫穿的不僅僅只是小人物在一九四九年前後的動盪波折，更多時候其實是敘事者—我所串起的、所認識與不認識之人的點點滴滴，誠如書裡所述，「從身邊的好朋友到臺灣中南部鄉的台籍國軍和臺籍日兵，從總統、副總統、國防部長到退輔會的公務員，從香港調景嶺出身的耆老、徐蚌會戰浴血作戰的老兵到東北長春的圍城倖存者，還有澳洲、英國、美國的戰俘親身經歷者」，〔註77〕幾乎都被融合在裡頭。

　　再拉回到本節主軸，若以此對比《大江大海》，《遇合》、《人生》裡頭亦不乏大時化與小人物織合的故事，例如蔡怡的〈大鵬灣與吳大哥〉，就是一個時代底下大人物與日常小人物的際遇。

〔註74〕請參閱龍應台《大江大海一九四九》一書。

〔註75〕孫瑞穗，〈失敗者的共同體想像：回應龍應台的《大江大海一九四九》〉，《思想》13期（2009.10），頁137。

〔註76〕孫瑞穗，〈失敗者的共同體想像：回應龍應台的《大江大海一九四九》〉，《思想》13期（2009.10），頁136～138。

〔註77〕龍應台，《大江大海一九四九》（臺北市：天下，2009），頁360。

　　蔡怡是生長在東港大鵬灣旁的百姓人家，在她印象裡大鵬灣是「五十年前中華民國的空軍基地。那兒有民國三十七年十一月由南京撤退來的空軍參謀大學，有三十八年由四川重慶遷來的空軍預備學校，有個水田圍繞的大鵬眷村」〔註78〕，而不是現在網站上介紹的，「在日據時代是日本水上飛機場，是日本的一個海軍基地」，又是「東港大鵬灣是千禧年代最 hot 最 in 的海上樂園」，這都不是蔡怡記憶裡的「大鵬灣」，也不是她認識的的大鵬灣。

　　在大鵬灣生活的日子裡，蔡怡遇上了一位名為吳載熙的大哥，因為他無意間認識了蔡怡，認為她和他的妹妹頗為相似因而頗多照顧。在民國五十五年的春天，蔡怡高一時，突然看到報紙內頁一則大標題寫著：「空軍英雄吳載熙為國捐軀」。頓時清醒過來，按住自己狂跳的心臟，對著房間裡的媽媽大喊：「媽，吳載熙……會不會就是……我們的……吳大哥？」〔註79〕確實報載的吳大哥就是平日照顧她的吳大哥。吳載熙在空官及飛校畢業之後，成了駕駛 U2 偵察機的英雄，進行鐵幕高空偵察、攝影等危險任務，最後不幸以三十二歲的英年以身殉國了。當時國防部長蔣經國帶著撫恤金去新竹縣新埔鎮慰問吳老伯，才知吳大哥是臺灣客家人。蔡怡不免憶起多年前在東港大鵬村口的相送是如此地不捨。〔註80〕

　　從蔡怡載憶書寫著吳大哥（載熙），可以發現到「眷村」與「空軍官校」是作為媒介的觸合，在命運軌跡上將兩人束緊起來。在強烈的「政治空間」、「戰鬥空間」中，對應出來是生命的碰撞。這樣的敘事其實抓住了「大歷史」與「小人物」間的微妙聚合。在兩岸情勢對峙下，大歷史的浪潮將「蔡怡」（家庭／家族）捲到了臺灣來，但臺灣的子弟卻在，形構出另一番的「小歷史」（眷村裡的生活點滴）與「大人物」（類似於吳載熙）的敘事。這和一般以為的敘事者點述於小人物、虛構人物來作為背景支撐下的主人公，使人們可以理解到現象世界中的他者的實質存在。這篇以小人物角度出發的故事反而更顯殊異，透過日常生活的累積描述，不是將吳大哥往「吳載熙」推往英雄典範，而是將吳載熙拉近在常人的生活情節中，顯見底層生活真實地堆築出的歷史

〔註78〕蔡怡，〈大鵬灣與吳大哥〉，《遇合　外省／女性書寫誌》（臺北：INK 印刻文學，2008），頁 219。

〔註79〕蔡怡，〈大鵬灣與吳大哥〉，《遇合　外省／女性書寫誌》（臺北：INK 印刻文學，2008），頁 222。

〔註80〕蔡怡，〈大鵬灣與吳大哥〉，《遇合　外省／女性書寫誌》（臺北：INK 印刻文學，2008），頁 222。

軌跡。一如范雲所述「還原外省族群的文化面貌，就必須還原外省人的多樣性。我們選擇以長期被忽略的外省家庭女性生命經驗出發，重構這一段民族國家遷移的大歷史。因爲我們相信，女人貼近家庭的悲苦喜樂，或許能夠提供解構與重構大歷史的力量。」〔註81〕大歷史的巨輪牽擺了太多小人物的辛酸血流，卻可能從來沒有願意認眞聽他們的故事、聽他們在講什麼，甚至有時還背負著污名、負面的刻板印記。但若還原到小人物，歷史上應被我們看見的「他者」其實就在眼前，而他們的故事不就如此動人與令人覺得省思再三。小人物的故事標誌出一個在背後容述這一切的臺灣，使我們面對這塊土地發生的事件能有「座標化」的可能。讓人們在說故事、在定位臺灣的同時，有著堅實的基礎，因爲在「此」，不僅佔據空間，也有實質的力量，所有一切就從「此」開始述說。臺灣述成的基點，提供各種說故事的可能，卻也因爲歷史、社會發展等各種因素。若說臺灣社會或相關書寫需要一個重構多元、多中心的基礎，使他者的存在成爲一個長續並負有動能的力量，基本上是一種後殖民與後現代折衝後的理想化境況。

　　歷史潮流下，人變得渺小際遇難測，唯有在生命旅程寄遇的點點滴滴才能憶存能量庫，成爲不斷述說與向前力量，對生活在眷村內的人們如此，對於其他眷村外的臺灣人亦然。他們呈現一系列居住在臺灣的故事，他們的身影便是臺灣一系列精神動能位階，他們的存在提供了臺灣及相關生命史一個精神動力，驅動引領走向。因此書寫不僅是需符合歷史、社會的複合要求，也形構「自覺」、「療癒」與「再現」等的積極動能。找尋到共感結構中的普遍經驗，爲人們歷史與生命找到延續的意義。這其實是呼應著榮格的「自體」〔註82〕、「原型」和「集體潛意識」的方式，〔註83〕並表現出與他人的關係與

〔註81〕 范雲，〈尋找家國歷史夾縫中失落的女性聲音〉，《遇合 外省／女性書寫誌》（臺北：INK 印刻文學，2008），頁 278。

〔註82〕 「自體」和「自我」在榮格看來是不同的東西。當個體化完成時，自我（ego）不再是人格的中心，而像個繞著不可見的太陽──自體──旋轉的行星。這時，個人已經獲得平靜，不再畏懼死亡，而且當他眞正了解自己時，也必定了解與他人間的聯結之本質。榮格毫不猶豫地使用那幾近老掉牙的字眼──「智慧」（wisdom）來稱之。艾倫伯格（Henri F. Ellenverger）作，廖定烈、楊逸鴻譯，《發現無意識：動力精神醫學的歷史與演進──第三冊，浪漫主義動力精神醫學：佛洛伊德與榮格》（臺北市：遠流，2002），頁 339。

〔註83〕 艾倫伯格（Henri F. Ellenverger）作，廖定烈、楊逸鴻譯，《發現無意識：動力精神醫學的歷史與演進──第三冊，浪漫主義動力精神醫學：佛洛伊德與榮格》（臺北市：遠流，2002），頁 288。

智慧之所在的力量。因此與此的共協合作，彼此關照彼此互構世界的組成，眷村裡的人們並不在我們之「外」，而是在我們掛牽之「內」，就像列維納斯以為的，他者不是被分裂出去的那位，而是與我們彼此分享的這位。

　　眷村看來隔離出臺灣社會的不同世界，卻無法否定他們居住在臺灣島內的生活情境與情感因素，這也會讓我們看見摯動的故事，例如曹堤的〈公園中的李媽媽〉，裡頭就描述著李媽媽一生流離的故事，「他們的生命源自海峽對岸的那塊土地，漂流到這個小小的島嶼上，生兒育女。先生過世了，兒女長大了──又飛到另一塊他們嚮往的土地上；只剩下隻身一人待在這裡，和一群熟識的異鄉人，打發著寂寞的老年時光。」〔註84〕曹堤認為，「對一個遠離家鄉的漂流者來說，家是一個永遠也回不去的夢，夢是一個永遠也到不了的家。在午夜夢迴和炎炎夏日之間，生活在理想與現實之間穿梭、徘徊。在夢中的家裡，有著故鄉的親人；在現實的白天，面對的卻是生活的艱辛。」〔註85〕這種飄泊不安並非李媽媽所願，她的精神依憑中有太多缺塊，一塊又一塊地流失卻可能還找不到固著的方式，白天與黑夜、夢境與現實、家鄉與異鄉、陌生與熟識交織出令人不捨的點滴。

　　當然也有相類似於李媽媽卻另有精神上另有選擇的，例如孟訥的〈遷台一世祖〉裡頭提到，夫妻兩人在民國三十八年底剛組成家庭，因大陸上赤焰遍地，國府率領軍民人等，從千萬平方公里的大陸，撤退到三萬兩千平方公里的臺灣。在大撤退的過程中，一批批軍隊，和一時無法安頓的平民，塞滿了臺北街頭，一副兵荒馬亂的景象；天空中運送物資人員的機群，隆隆之聲晝夜不停，聽得人憂懼又惶恐。對故事主角來說常深夜不寐，悲愁家鄉回不去了。此時流著廣東人冒險犯難血液的另一半卻安慰著：回不去，我們就在這裡做遷台一世祖。〔註86〕故事最末的「回不去，我們就在這裡做遷台一世祖」是否成真不可得知，可是這代表了在大時代底下人們對於未來向前看的一種自我撫慰，也代表了某種精神敘事的重整，更多時候也代表了人們對於處境的思考與篤定。

〔註84〕　曹堤，〈公園中的李媽媽〉，《人生，從那岸到這岸》（臺北：INK 印刻，2006），頁 102。

〔註85〕　曹堤，〈公園中的李媽媽〉，《人生，從那岸到這岸》（臺北：INK 印刻，2006），頁 102。

〔註86〕　孟訥，〈遷台一世祖〉，《混搭：我們（Women）的故事──跨族群、跨地域、跨世代的女性生命書寫》（臺北：INK 印刻文學，2010），頁 136。

總總來看，竹籬笆或許還會在零星的區域被看見，情感的交流、未來的嚮往會將此此推開，看見更深刻的彼此，故事即便各異、人物即便流轉，卻都是成就臺灣土地不可或缺的精神質素才是。最後以劉美玲一段敘述作結：

> 有時候我在想，母親究竟如何做到融合兩種族群的角色？由於父親
> 除了外省腔的國語外，不懂其他語言，所以在家裡我們彼此溝通的
> 語言就是國語，母親只有和親戚溝通才說客家話；飲食方面，父親
> 喜歡吃饅頭、麵條之類的食物，久而久之，即使父親不在了，這些
> 也已成爲母親習慣的食物。最明顯的就是，如果父親談及受到其他
> 族群欺負時，母親也常常跟著氣結，儼然成了外省族群的「同胞」。
> 因此，除了知道母親是客家人的身分外，所謂客家人或者外省人，
> 在我們家不但沒有界線的問題，反而還是不可或缺的兩項至寶，缺
> 了一方，家就不完整。那不完整並不只是因爲少了一個親人，而是
> 還少了一種多樣性的可能，少了那種多采多姿的氛圍。〔註87〕

劉美玲的敘述裡點出許多值得反思課題，例如語言、食物、人與人的互動等等。因爲對於像劉美玲這樣在眷村生活裡，認眞誠懇地面對一切，而母親顯然作了最的好的示範。最終，隨著眷村陸續改建，似已難看到眷村獨有的空間景象，這特殊族裔地景和籬笆漸漸消失，留下的除了記憶或許還有部分的焦慮。〔註88〕可是曾經伴隨著人們度過「酸甜苦辣」的一切，相信會在居住過眷村的人們心裡留下永恆的記憶，或許眷村在未來已不復見，卻也代表著臺灣啓動的另一個敘事，一個族群協共合作的敘事。

第四節　外籍移民／工之聲──以《離》、《逃》爲例

臺灣社會面臨著解嚴、解殖，似透過參與政治，加速政治板塊位移作爲

〔註87〕劉美玲，〈山與海的交會〉，《遇合 外省／女性書寫誌》（臺北：INK 印刻文學，2008），頁 192。

〔註88〕例如王志弘提到，回顧戰後「眷村」移民的眷村景觀，以及美軍駐台期間催動的臺北市中山北路沿線暨天母地區發展，多少已帶有「族裔地景」的色彩。前者於威權政體轉型到眷村改建後，隨著竹籬笆一起逐漸消融，徒留眷村保存與「博物館化」的呼籲，透露了本土化風潮席捲下，外省族裔的認同焦慮。請參閱王志弘，〈移／置認同與空間政治──桃園火車站周邊消費族裔地景研究〉，夏曉鵑編，《騷動流移：台社移民／工讀本》（臺北市：臺灣社會研究雜誌出版，2009），頁 310。

實踐或基進策略外，另一個就是如同蕭阿勤在〈臺灣文學的本土化典範：歷史敘事、策略的本質主義與國家權力〉〔註89〕裡頭描述，通過文學、歷史的文本作為反應大敘事的漸進改寫，或達到通過現實事件的「轉折」，導向臺灣作為敘事機轉。機轉象徵著改變、轉化與切換，雖然不是完全的斷裂卻也顯出不同的可能，以及說故事的動能。在族群課題上，吳乃德以為戰後的政治情勢、國家機器的運作，以及歷史切分上的斷裂，造成了族群認同上的衝突與信任危機。〔註90〕但亦誠如前面的討論，隨著世代改變，族群意識與認同也隨之改變，並朝向一個「界線」模糊與重塑的階段邁進。

可是在臺灣慣常構述的「四大族群」〔註91〕課題底下，雖然逐漸地將對立性的他者從解殖情境中鬆脫出來，並將其視為互為主體的構成分子，他者不再只是一個被凝視、被鏡映主體的「附屬品」，並還原其「他者」的生命意義與存在價值，且通過對倫理價值的肯認，「四大族群」標示的界線、政治場域的抗頡顯得獲得了抒緩，朝向了一個以「臺灣」為基底的相處模式與認同歷程。

另一方面，當以為族群認同朝向一個正向開放時，臺灣內部卻「隱然」有著另一「族群」開始向臺灣人們「說話」，他者身影又多了一個，並不斷地「加入」〔註92〕著臺灣社會，並以「五大族群」〔註93〕作為新的「政治述語」

〔註89〕 參閱蕭阿勤，〈臺灣文學的本土化典範：歷史敘事、策略的本質主義與國家權力〉，《文化研究》創刊號（2005.09），頁97～129。

〔註90〕 可參閱吳乃德，〈認同衝突和政治信任：現階段臺灣族群政治的核心難題〉，《臺灣社會學》4期（2002.12），頁75～118；吳乃德，〈省籍意識、政治支持和國家認同——臺灣族群政治理論的初探〉，《國家政策雙周刊》32期（1992.04），頁1～3。

〔註91〕 關於「四大族群」的說法，是以外省、河洛（閩南）、客家、原住民為架構的「政治述語」，它標示著某政治位階的挪移。對此吳乃德以為，孫大川也曾在批判這樣的「分類」其實質意義遠遜於政治意義與象徵。但若以回應臺灣自八○年代以來的族群課題，「四大族群」確實在一定的場域中有其效應，並對臺灣民族主義的形塑有其影響。

〔註92〕 此處用「加入」是加法概念並且期望是疊加的，過去在討論族群課題時可能會用「融入」、「融合」概念鋪之。但這裡是期望在共協合作下，保有文化獨特性，在通向未來的基礎上達到共識。

〔註93〕 不論是「四大族群」或「五大族群」並無法（或也無意）擴延「族群」的複雜性，在一定程度上族群被「簡化」且單純了許多，似乎有效地「解釋」族群認同或族群動員。「族群」本是一個複雜的聚合想像，即便連原住民族都不是「單數」而是「複數」的概念。

〔註94〕容述、架構著外籍移民／工等所謂的新住民，〔註95〕讓他們能夠有位階與此「平起平坐」。然外籍移民／工的社會、歷史處境眞有獲得改變嗎？若以《離》、《逃》作爲「問題化」，那麼或許外籍移民／工影化的他者，聲音依然微弱、苦痛與難以被聽見，以下就以《離》、《逃》作爲外籍移民／工的現身／聲敘事，回應相關課題。

一、跨越國／家邊界

　　一般以爲外籍移民／工來台工作或結婚，通常是指東南亞地區來台的人士。嚴格上來說，外籍移民／工並不單指東南亞地區的外國人民，更多時候只要屬於非臺灣籍者都應屬之，可是由於過去臺灣移民／移工政策影響，〔註96〕臺灣大幅度向東南亞國家開放，造成了此概念的偏置挪用。

　　臺灣自來是高度移民遷徙融合社會，當新住民試圖加入臺灣的家庭、社會或其他場域時，所面臨困境將無可預料，其中橫阻在她（他）之間，不是愛情而已還有更多國家、社會與異質家庭築立的邊界。或如成露茜所述：「臺灣人有不同的集體經驗和集體命運，而不提國族或民族的問題。這一觀點提出無論原籍或出生地（認定爲中國大陸或臺灣）、或來台時間，所有在臺灣經歷過近代歷史變遷、集體被迫分擔共同命運的人都是臺灣人，有權享有同樣的權利義務。但這樣的觀點明顯的不能納入所謂的『外勞』。」〔註97〕在政策運導、社會偏見下，外籍移民／工首要的就是如何跨越層層的邊界。一方面他們需要飛越橫渡於不同國度，另一方面來到陌生家庭／國度，會有融入當

〔註94〕這裡以「政治述語」作爲「術語」、「判斷詞性」、「描述」等的綜合概念。

〔註95〕「新住民」有其詞義上的特殊意義，「新」對應於「舊」呼應了更新加入的概念。但在政治、社會或歷史語境中，「新」也可能受到下一個「新」的挑戰或替換。故以此「當下」稱之，其實代表了對於「當下時空」的「凝結」，歷史向「現在」與「過去」說話，卻不保證向「未來」說話。

〔註96〕夏曉鵑特別指出，「臺灣與東南亞已形成明顯的國際分工，臺灣在 1980 年逐漸躋身至世界經濟體系中的半邊陲位置。對臺灣的影響之一，如貧困問題雖不若東南亞嚴重，然而長期以來以都市、工業爲核心的發展策略，造成農村空洞化、抵技術勞動力難以生存的處境。」請參閱夏曉鵑，〈資本國際化下的國際婚姻──以臺灣的「外籍新娘」現象爲例〉，夏曉鵑編，《騷動流移：台社移民／工讀本》（臺北市：臺灣社會研究雜誌出版，2009），頁 88。

〔註97〕成露茜，〈跨國移工、臺灣建國意識與公民活動〉，夏曉鵑編，《騷動流移：台社移民／工讀本》（臺北市：臺灣社會研究雜誌出版，2009），頁 132。

地社群的立即挑戰。〔註98〕

　　此處舉一特例，在《離》〔註99〕的〈嫁給越南郎〉中的小婷，就是個特殊案例。過去在臺灣，臺灣男生與越南女生的婚娶現象較為常見，但是臺灣女生跟越南男生結婚卻相對較少。小婷和越南籍男朋友在臺灣相識、相戀一年，在越南籍男友工作兩年期滿後，約定要廝守一生，所以準備回到越南辦結婚手續。〔註100〕過程中，除遭遇越南國家內部程序顯得困難重重，就連臺灣的移民署都因為此特例，致使兩人結婚過程一波多折，幸而在努力奔走、說明之下，朝向好的結果邁進。〔註101〕

　　此例相較於《離》描述的越南等外籍配偶顯其特殊，卻說明國／家是如何對待及看侍這段異國婚姻。《離》拾即而來多為外籍（越南）配偶身世遭遇的困難，且多集中在婚前的猶豫、婚後的不幸、丈夫或婆婆等在婚姻結構中對外籍配偶的壓榨、不體諒，撰寫下一篇又一篇泣訴的血淚。相較下，易地易位而處的男性外籍配偶與臺灣女性相識、相愛到相偕一生，就變得坎坷許多，一來是無太多前例可循，另一方面展示了臺灣——越南在婚配關係的扭曲結構，也就是多數是臺灣男性與越南女性結婚，反例較少，原因許多，但在一定層次裡是權力位階的挪移與鄙視。不論以政治經濟學或後殖民論述來看，其實反應出臺灣（人）收合了國際政治處境、半邊陲的國際經濟發展分工的位階、以及臺灣結構裡婚姻及性別觀念的傳統束縛。若說最前者是臺灣人影化的外在國際政治地位，那麼後二者則是內在精神的思維向度，兩者則涉及了權力的擺度，並縮影及投射在臺灣—越南構築的婚配關係裡。也就是臺灣—越南的婚配關係，在某種程度上不是純然的「兩性」婚姻關係，跨越

〔註98〕1995 年，夏曉鵑在美濃成立「外籍新娘識字班」，2003 年把「識字班」組成「臺灣南洋姊妹會」。約莫同時期「婦女新知」邀集專家組成「移民／住人權修法聯盟」（簡稱「移盟」），並與「臺灣南洋姊妹會」一起展開各種移住民權益運動。2004 年發起「保障移／住人權」連署，到立法院抗議官方版的移民署組織條例，藉此向大眾社會揭露新住民權益問題。請參閱李丁讚，〈社運與民主〉，《思想》7 期（2007.11），頁 110。

〔註99〕《四方報》隸屬於世新大學《臺灣立報》，2006 年以越南文版創刊，成為臺灣第一個新移民、移工專屬的媒體。在《離》一書中，則收錄了外籍配偶投稿以及《四方報》記者採訪整理的故事。

〔註100〕小婷，〈嫁給越南郎〉，《離／我們的買賣，她們的一生》，（臺北市：時報文化，2013），頁 195。

〔註101〕文中並未特別交代後續，從描述端視推測，兩人為愛努力的過程，結果大致順利。

家／國邊界也意喻資本，包含人、文化、經濟等的資源之流動，與此聯結在臺灣一越南之間的便是資本。此處並非要否定愛情作為婚配關係裡的敘事機轉，可是《離》、《逃》）裡看到更多的是經濟、性別投射出來的權力在影響著臺灣一越南的聯結關係。

對於臺灣女性而言，在婚姻選擇上多以臺灣男性為優先考量，但若同時遇上了來自不同區域的外籍男性可作為婚配對象時，內在思考就變得相當微妙，例如可能會優先選擇社經地位、國家強弱中較優於臺灣的先進國家，退而求其次才是較落後於臺灣的其他國家男性。其內在思維，其實是「族我」區隔的強烈優越感，且並不是外鑠可成，是內在文化的薰染轉變，也可視為一種民族優越感的潛意識導引，形構出階級的劃分、往社經地位較為優越的一方移動。一如夏曉鵑指出：跨國婚姻並不必然導致「在地國際化」，因藉由跨國婚姻，已化成國際分工下不平等的人際關係。〔註102〕但若從「大他者的視角」審視，則反應出臺灣自兩岸對峙以來的悲慘國際處境。自1970年代以來，臺灣歷經退出聯合國、中美斷交，臺灣開始從國際舞台退出，與此同時則是十項建設的投注，提昇了臺灣經濟活力，躍升為亞洲四小龍。如此複雜的情結，反應出臺灣社會人民的矛盾性，一方面在歷史淵源上，臺灣處於更朝易代的頻密中，但在地理位置，卻是大國地緣政治的折衝要道，故多方勢力欲將臺灣擺置在一個相處平衡關鍵要塞上，可是在國際上卻隨著種種情勢改變，而被迫作為國際社會的孤兒，這時臺灣的經濟反而是臺灣人民在民族意識、自尊心的最後一塊保壘，故爬昇成先進的已開發國家，同時展現在臺灣人民的企圖心與作為上。

推演解說無非點出，臺灣人民在看待外籍配偶時，會因為區域、國家的不同而有不同的態度。其中，更為特殊的情結在於，臺灣人既將外籍配偶視為次等公民，而有權力上的差別待遇，對於一個想要晉身到「先進的國家——臺灣」時，更是無法歸類與拒拆的，因為在深層潛意識裡，會將其外籍配偶（尤以男性）視為「陰性化」的具體象徵，他們在身分地位上看似比女性來得高出許多，卻是被臺灣社會、越南社會雙重排斥的。有趣的是，他們在臺灣裡過去被視為勞力（物質生產力）的來源，卻「不應」被視為「人力生產力」的來源，在負面形象上，認為來臺灣的外籍男性，尤以東南亞為主的

〔註102〕夏曉鵑，〈資本國際化下的國際婚姻——以臺灣的「外籍新娘」現象為例〉，夏曉鵑編，《騷動流移：台社移民／工讀本》（臺北市：臺灣社會研究雜誌出版，2009），頁109。

男性，並不是來臺灣貢獻勞力，也不是爲了愛情而來，是爲了性買賣而來，使得〈嫁給越南郎〉裡的越南男性被看作侵略的，不帶有任何眞心。

〈嫁給越南郎〉不能視爲臺灣跨國婚姻的強烈「反證」，逆反於現有框架的敘事樣態，然而深情的故事、跨越國界的勇敢舉動，體現人們「愛」的基本渴求。

臺灣與東南亞國家形構出的人口（人力）流動，一方面雖然是國力傾向、國際社會分工階級的挪動。但回到「人」身上，卻轉爲忽略的「他者」。以〈嫁給越南郎〉裡頭「臺灣──越南」、「男性──女性」、「在地──異國」的複雜敘事，使得他們必須跨越國家設下的邊界，跨越男／女性別與階級的邊界、跨越臺灣社會對於婚姻關係的邊界，更遑論未來的未知挑戰。可也因爲如此，身處臺灣的我們，或許更該警示著我們自己，如何與外籍移民／工相處，而非拒斥、歧視「異國的他者」，築立起高牆阻隔他們，那麼被阻隔的也可能是我們自己。

二、離與逃的苦痛

跨越象徵著多重複合式的移動，從身體、心靈到精神甚或整個族群、歷史的移動。因此，對於外籍移民／工來說，他們下了重大決定離鄉背景來到陌生國度，可是他們卻又再度選擇另一次的跨越與移動，並可能將自己從合法界線推向了非法的界線，顯示其中耐人尋味與無以訴諸外人的心聲，以下提出幾個面向：婚姻狀態、暴力問題、工作勞動的失衡作爲細部課題的回應。

（一）婚姻狀態

除臺灣女子與越南男子在一起的特例外，大部分在《離》中所談所見，因婚配而來的外籍移民大多數比例還是以女性爲主，且多數透過婚姻形式來到臺灣，期望在臺灣土地上有落腳處或尋覓愛情的可能性：

> 剛來臺灣時，一切對我而言都好陌生，沒有一個熟悉的人，沒有一個親戚朋友。當時，我心裡有著許多恐懼和傷悲，但我想，再多難關總會過去，我現在最需要的是時間。我會把所有的信念放在老公身上，希望自己可以成爲一個好老婆，跟老公建立一個溫暖的家，生一個可愛的小孩，接受老天爺所安排的一切。〔註103〕

〔註103〕陳氏碧雲，〈愛的苦味〉，《離／我們的買賣，她們的一生》（臺北市：時報文

可是外籍新娘最常遇到的狀況是她被視為「工具」，而不是一個「人」看待，如〈心淚〉裡描述到：

> 一年後，她生了個兒子，感到十分幸福，以為完成傳宗接代的任務，從此就能得到夫家的疼愛。然而，人生不如美夢，一切都在她眼前破碎。有了孫子後，夫家就把她當作垃圾般扔掉，對待她不如對待一隻狗。她所尊敬的老公，還有外表善良溫柔的婆婆，都大聲地斥責她：「妳以為妳是誰？我們出錢把妳買回來，是讓妳當我們的幫傭罷了！從今天開始，妳給我們滾出去！」〔註104〕

以外籍新娘來說，她從原生家庭預備進入另一個家庭時，面臨挑戰除了兩個異質的人可能會有的衝擊、協商過程外，最主要還是來自這個所謂的「新的家庭」如何「看待」，才是外籍新娘莫大挑戰。「她生了個兒子，感到十分幸福，以為完成傳宗接代的任務，從此就能得到夫家的疼愛」的描述，很顯然地讓我們再度看到父權體制陰影的再現，對於外籍新娘來說，她將痛苦來源歸究於「傳宗接代」，認為想獲得認同、地位與疼愛需經對父家有所貢獻一小孩。故事證明並非如此，「有了孫子後，夫家就把她當作垃圾般扔掉」，她的地位比「狗」還不如，她不過是出錢買回來幫忙生子、幫忙做家的幫傭，就像她真正地投入家事且毫無怨言，卻可能無法逃離傳統價值觀底下的「愛的勞動」的道德角色。所謂的「愛的勞動」是指家務勞動的日常性與應當責任，不僅無償化且被容易被輕視，反而更可顯示夾雜的「性別意識形態」。〔註105〕故使外籍移民產生了某種自我價值的否定，認為並無待在家庭的價值，或根本不被認為該繼續待在這個家裡。這裡面涉及一個看來不忍的現象，母親與孩子關係的脫離，也就是在故事中的外籍新娘，她以為可以透過孩子建立起家庭裡的身分，但真相在於母親角色的完成對於外籍新娘來說，其實是異化作用的經驗，也就是生孩子這件事並不是由她決定，而是由夫家、夫家裡的長輩決定，女性在此時已與她「生殖勞力的產品」疏離。〔註106〕這聽來很馬

化，2013），頁32。

〔註104〕陳維興、曉黎譯，〈心淚〉，《離／我們的買賣，她們的一生》（臺北市：時報文化，2013），頁68。

〔註105〕「性別意識形態」指的是：男女之間的生理差異被合理化（或說自然化）成為有尊卑優劣之別層級結構的一套信仰系統與說辭。請參閱游美惠，《性別教育小詞典》（高雄：巨流，2014），頁49。

〔註106〕游美惠，《性別教育小詞典》（高雄：巨流，2014），頁9。

克思的生殖（產）的異化論，雖然將孩子視爲勞動力投入的「價值」，卻也很深刻地反應出〈心淚〉裡的外籍新娘（勞方）面對夫家（資方）的被壓迫（榨）處境，她永遠無法獲得更多，價值由夫家（資方）剝奪去，留下繼續生產的外籍新娘與不幸福的日子。

因此最後的結局她不單失去了孩子、丈夫還有家庭，因爲她從一開始就不被「接納」，她的到來是以物（錢）易物（幫傭、生子）」的交換結果，她交換來的不幸，包含了子宮、孩子、奴隸般的待遇以及心靈創痕，一個難以抹除的異國婚姻記憶。過去的媒體報導或一般人印象中，她們通常被認爲是未受過高等教育，來自貧困家庭，其結婚對象多爲在臺灣無法娶得老婆的男人，〔註107〕她們的婚姻往往被簡化爲「買賣婚姻」，並是臺灣社會問題的製造者。〔註108〕也就是這種內（家庭）外（社會、媒體）的雙重歧視、對待，使她們的處境越顯艱難。孫中興以爲，外籍新娘一進入臺灣傳統婚姻架構裡，馬上就會面臨「新娘－配偶－母親」三位一體的性別角色課題。這些女子嫁爲「臺灣人妻」，成爲「臺灣媳婦」，生兒育女之後成爲「臺灣人母」，卻在內外不平等的議題之外，還加上傳統性別的不平等對待。〔註109〕在內（家）遇到的困難無法獲得支援，在外（社會、媒體）遇到的冷眼歧視有時更無法向內（家）傾訴，在多重夾擊挫折下，最後不得已只好選擇逃離婚姻的家庭，卻也因爲如此，反而落實成爲了社會問題的代罪羔羊。

此外，廖元豪從國族敘事談論：「新移民女性衝擊了傳統的臺灣國族想像，另方面，她們是一群我們欺負得起的人，而且她們的人口特質，完全符合與本土種族主義結合後的惡質國族主義之『他者』想像。」〔註110〕「他者」

〔註107〕夏曉鵑曾指出，過去的研究者往往將跨國婚姻的當事人建構成社會異類，認爲他們是「傳統」性別歧視文化在現代化過程下的殘餘，而異國婚姻中的男性更被理解爲父權的極致表現。請參見夏曉鵑，〈資本國際化下的國際婚姻——以臺灣的「外籍新娘」現象爲例〉，夏曉鵑編，《騷動流移：台社移民／工讀本》（臺北市：臺灣社會研究雜誌出版，2009），頁76。

〔註108〕夏曉鵑，〈資本國際化下的國際婚姻——以臺灣的「外籍新娘」現象爲例〉，夏曉鵑編，《騷動流移：台社移民／工讀本》（臺北市：臺灣社會研究雜誌出版，2009），頁75。

〔註109〕孫中興，〈寶島中的悲慘世界與美麗新世界〉，《離／我們的買賣，她們的一生》（臺北市：時報文化，2013），頁21。

〔註110〕廖元豪，〈全球化趨勢中婚姻移民之人權保障——全球化、臺灣新國族主義、人權論述的關係〉，夏曉鵑編，《騷動流移：台社移民／工讀本》（臺北市：臺灣社會研究雜誌出版，2009），頁191。

是自別於「主體」的對象，是被看見的、被認識也被投射的對象，新移民在臺灣並不完全「變成」臺灣人，她們失去了原國家的保護，也不被臺灣社會完全接受，但她們依然存在，爲了某種無可自拔的優越感的臺灣人民存在著。她們被賦予許多任務，過程中不斷失卻自我，身體、心靈遭受剝離苦磨。

（二）暴力侵害

關於暴力議題，在第二章已有觸及，這裡將沿用外籍移民／工的例子作討論。在人權意識萌興時代，一般人難以想像一旦身體遭受不平等對待、侵害將會何等景況，而《離》、《逃》卻血淋淋地滴訴語中。例如外籍新娘來到臺灣與臺灣男子結爲家庭時，某種程度希望能在異鄉找到真愛或共組幸福美滿家庭，可是因爲溝通、文化差異，演化成暴力事件：

> 菲律賓人算是較早來臺灣的族群，但當時我國的輔導措施並不像現在具體，當時來臺灣的新移民，只能靠著與家人學習或是看電視來學中文。瑪莉亞也屬於那一批早期移民，大學畢業的教育程度對當時的臺東來說，是很高的學歷，與她只有國中畢業的先生相比更甚懸殊。在我的印象中，她只能用生澀的臺灣國語和家人溝通，家人卻認爲是她不肯學中文，種種因素使她與家人間一直有許多摩擦，最後甚至演變成家暴。〔註111〕

敘事者——我，回憶了外籍移民爲何被家暴的原因：語言加上學歷，造成了家庭結構裡權力的不均衡，語言變成引爆點觸發了只有國中學歷先生的不滿。兩人在一個婚姻關係裡充滿了各種不平等，先生學歷上的自卑對照著瑪莉亞語言上的弱勢，本應透過溝通協調解決，卻變成廖元豪所說可被欺負的他者，她怎麼可以學歷比較高卻不學習中文，導致家暴的憾事發生。

外籍移工雖然多被賦予特定任務，爲原生家庭賺錢或改善自己的生活處境，基本上還是信任仲介與認爲臺灣是個能夠實現夢想之地。可是往往一不小心就墜入可怖之人的魔爪當中，尤以女性的移民／工並不在少數，容易在婚姻關係裡或雇主家中，遭受暴力、性侵害。例如〈地獄〉裡就曾描述一位逃跑的移工，在新雇主家裡受到了性侵害的不堪過程：

> 從此，我就像罪犯般活在那個家裡，不能出門，也不能用手機與外

〔註111〕陳允萍，〈遺憾〉，《離／我們的買賣，她們的一生》（臺北市：時報文化，2013），頁 53。

面連絡。某天晚上，老闆又逼我到他房間和他睡覺，我不敢過去，
把房門鎖上，萬分恐懼地坐著。可是他卻用鑰匙從外面把門打開。
開鎖的聲音讓我驚恐不已，他像個怪物出現在我面前，狠狠地拉我
過去，鎖上門，強暴了我。家中門窗爲了作法事，隔音功能強大，
因此別人也聽不見我強烈的抗拒和嘶啞的尖叫⋯⋯〔註112〕

最後主角我，因爲不堪長期性騷擾／侵害報了警，結束了這段逃亡與受害的
黑暗生活。文中描述的老闆靠著神棍之名行騙，在自已供奉神明的家裡做出
不堪行爲，毀去了一位女孩。種種行爲超出了常人想像，無奈地卻在眞實世
界上演著，故「地獄」不在彼岸或亡後，它如實在生活中招來魔爪，將神壇
居所製繪成了人間煉獄，陷入無法拔助境界。

　　類似受到雇主性騷擾、性侵害的問題，相關文章描述不在少數，例如在
〈地獄〉裡就寫到兩個現象，一是同鄉鼓勵「逃跑」，另一個就是身體自主權
受到剝奪。關於這點在〈受迫〉裡的H、〈追擊〉裡所描述的阿秋，當面臨著
雇主無理要求，更希望以錢作爲代價換取女性身體時，所面臨的困難與反抗。
只是相較於〈追擊〉裡阿秋的果決，化作「無名」的「我」的身體狠狠地劃
入了黑夜的範疇。

（三）勞動失衡

　　這個部分其實亦涉及了身體權力關係，舉凡過勞、過度與不合理的工作
項目都可能危害身體，或者因爲不當的勞動觸發了許多事件。對於外籍移工
來說，雖不似外籍新娘可能成爲婚姻的祭品，但某種程度上來說他們在臺灣
社會上更容易被忽視、身分位階更爲低微。由於他們從自己的國家來到臺灣
工作，中間經過了仲介而先付出了一筆昂貴費用，不得不認眞地工作、或低
聲下氣地被雇主責難、使喚，當他們一旦想提出反應時，可能會被仲介威脅
利誘，迫使他們選擇暫時忍氣吞聲。與仲介、雇主甚至是好友間的相處實難
以想像，例如〈孤立無援〉描述雇主家的生活：

她也不讓我吃飽。家裡有兩個人，但一天只能煮半杯米，而我吃的
食物總不是當天的。記得有一天，我看到冰箱裡有高麗菜，菜葉已
經快變黃了，所以拿出來炒，她發現後卻斥罵我說，高麗菜很貴，

〔註112〕無名、曉黎譯，〈地獄〉，《逃／我們的寶島，他們的牢》（臺北市：時報文化，
　　　2012）頁128。

> 她都捨不得拿出來,我居然敢吃!我聽了淚流滿面。在我的家鄉,很多人會在盛產季節不小心把白菜放到菜葉都爛掉,沒想到我在臺灣卻連快黃掉的白菜都不能吃,老是餓肚子,那感覺簡直就像回到四十五年前沒飯吃的時代。〔註113〕

顯然雇主以為外籍移工來自於貧困地區,所以對於「食物」還停留在不可思議的想像中。雇主的心態雖然難以猜測,卻有一種主/僕的權力關係,食物的取用與否也被帶入此權力運作當中。「高麗菜很貴」代表雇主買得起,但連雇主「都捨不得拿出來」,主角竟然「敢吃」,貪/捨、不吃/吃變成了財富的階級象徵。可是對於主角來說,「在我的家鄉,很多人會在盛產季節不小心把白菜放到菜葉都爛掉」,以此對比出富有/貧困其實並不如一般人想像,接著「沒想到我在臺灣卻連快黃掉的白菜都不能吃,老是餓肚子,那感覺簡直就像回到四十五年前沒飯吃的時代」,真是狠狠地諷刺了臺灣一番。當臺灣還有人以為移工的國度貧困匱乏時,真正無知且心靈貧乏的反而是類似於文中的雇主,想來真令人感到悲哀至極。

雇主違反人性的作為,往往逼迫移工第一次出走,可是一旦落入了願意雇用非法移工的雇主,景況就更顯複雜與堪慮,而到最後已沒有合法仲介可伸訴的狀態下,只能豁命一搏,如同〈幸福的天空〉裡逃跑的移工,逃跑過程再度遇上了苛待的雇主,最後即便只能黯然地遣送回國,也必須揪出違害人權的禽獸:

> 有時候,我覺得自己已經沒有力氣繼續走在這條改變的命運的道路。這份應該要由很多人分攤的工作實在讓我身心俱疲。但我只能咬牙忍受,忍不忍也會過去。可是,人的耐性是有極限的,當自尊、人權被剝奪殆盡,我決定站起來,用自己了解的道理和知識去奮戰,冒著可能明天就被遣送回國的風險,讓他們明白自己的行為比禽獸還更惡毒。〔註114〕

自尊、人權的價值被提了出來,因為雇主行為無法讓人忍受。在「沒有力氣繼續走在這條改變的命運的道路」,最後的選擇顯然是一種被推入深淵邊緣的

〔註113〕海女;阿霞、月吉譯,〈孤立無援〉,《逃/我們的寶島,他們的牢》(臺北市:時報文化,2012),頁72。

〔註114〕匿名讀者、曉黎譯,〈幸福的天空〉,《離/我們的買賣,她們的一生》(臺北市:時報文化,2013),頁189~190。

掙扎，即便可能被會遣送回國也必須奮戰才行。

三、異議的聲軌

外籍移民／工，帶來與帶走的不應只有金錢貨物，在更多時候在冰冷、殘酷的現實底下依然可見的人性光輝：

> 經歷一段很長的時間和各種類型的工作，現在，朋友介紹我認識了一位好心的臺灣仲介，他瞭解外籍勞工的處境，尤其是家庭幫傭和看護工──我們是全天候被雇主管理的勞工，長年也沒有一個假日。
>
> 我們總共有十五個姐妹，有越南人、印尼人、菲律賓人，都待在他家等工作。每天，我們和他家人一起吃飯。他關心、教導我們許多事情，例如：賺錢很辛苦，但更重要的是學會怎麼保管自己的錢。
>
> 感謝您，一位好心的臺灣人，既瞭解我們勞動人的辛苦，又給我們工作的機會。〔註115〕

人性所以可貴，在於異於其他生物的智慧與互助精神，對於逃工能夠再度體會良善的存在，是非常難得的。「既瞭解我們勞動人的辛苦，又給我們工作的機會」就是一種探見「他者」實存並以此作為擔負的能力。若沿用列維納斯說法，「他者」不應是一個投射對象的存在，因為他們就在我們身邊，人一出生自然就見著了他者，為了更長遠的道路，我們為他者負責與付出，形構出一張強大的網絡，作為互動互助的出發點。

除了直接的抗議聲音之外，在《逃》裡有兩篇敘事較為特別，一篇是〈給孩子〉，另一篇為〈逃躲日誌〉，前者是媽媽寫給尚在懷中的孩子，而後者是紀錄逃亡的短篇日誌（從2007的5月13日橫跨到9月26日，且非每日紀載），以下摘錄〈給孩子〉的片段如下：

> 親愛的孩子：
>
> 媽媽寫這封信給你，卻不希望你看到，而且你也不可能看到，因為你現在才只是媽媽肚裡的小嬰兒而已。〔註116〕

〔註115〕陳氏雪、王鶯譯，〈他鄉〉，《逃／我們的寶島，他們的牢》（臺北市：時報文化，2012），頁176。

〔註116〕阿河、彩綾譯，〈給孩子〉，《逃／我們的寶島，他們的牢》（臺北市：時報文化，2012），頁165。

人活著並不是只要有愛情就可以不吃飯。對離鄉背井的人來說，男
女之間的戀愛不只是道德問題，更是基本需求。對爸媽這些流亡者
而言，良心與道德像昂貴的奢侈品，被隱藏在內心深處。為了生存，
即便我們做了主流社會中人們認為不正確的事，或是違反了倫常道
理，仍必須選擇這麼做。偶爾，有些人會稱爸媽為「亡命鴛鴦」，聽
了著實讓人痛心，我的孩子，你能了解嗎？〔註117〕

這是一封寫給未來孩子的信，也是寫給現在（的孩子）的信。因為孩子就在
母親的懷裡，他存在卻未面世，所是他夾在現在／未來的寄語下。媽媽寫給
孩子並不在於撫慰而已，是沉痛的告白、陳述，母親希望孩子了解，「人活著
並不是只要有愛情就可以不吃飯」，並期盼孩子能夠諒解。這看來寫給孩子的
信，一方面是期盼在孩子面世時情況能夠有所轉變，但更深刻地來說，這是
一封「自我告解」的信，試圖合理化自己的行為，「為了生存，即便我們做了
主流社會中人們認為不正確的事，或是違反了倫常道理，仍必須選擇這麼做。」
指出人在生存危險下，倫理道德、良心是可能會受到挑戰。

　　至於〈逃躲日誌〉則是以日記形式記載逃亡的歲月，每日所記不外乎逃
亡歷程、打工狀況、遇到何人。其特殊點在，「日誌」應代表某種「尋常」的
安置，也代表自我對話的過程，也就是對於生命常軌的排序，即便生命、生
活中遭遇到無法理解的苦難，在一定範圍內在也能透過「日誌」回應內在精
神秩序。如同前面談到的《邱妙津日記》也是如此，在《邱妙津日記》裡感
受到並非一個完整的自我，裡頭「我」充滿遊移、不安、懷疑與許許多多面
對外在社會體制的「抗頡」，在日記的列序中，自我得以遁隱在可被理解的世
界，這樣的世界由自我所造、自我所訂，所以沒有任何人可以窺見、打破，
除非肉體死亡，否則不安的靈魂將得以暫時找到日記給予的空間。回頭來看，
逃躲日誌透顯出來的不是自我的對話，而是自我精神敘事崩解前的重整。因
為逃亡、躲藏代表了危機、生命流亡的移動，當中面臨的絕非「安穩」的外
在環境，這時日誌的書寫恰可作為「重整」與「凝固」的效用，不致在逃亡
中迷失自我、瓦解自我。

　　〈逃躲日誌〉和〈給孩子〉雖是日誌與書信形式，卻和《綠島家書》略
有不同，因為這兩篇書寫時的「潛敘事」基本上已設定給「公開的讀者」，也

〔註117〕阿河、彩綾譯，〈給孩子〉，《逃／我們的寶島，他們的牢》（臺北市：時報文
　　　　化，2012），頁167。

就是呈著「書信體散文」的樣態。之所以如此，還是在藉由此公開投訴個人內心狀態與生存困境，進而批判或揭露外籍移民／工的悲慘遭遇。

《逃》本身的設定就是放在公共場域的，讀者看見不是一個「被揭開」的秘密，而是「公開的秘密」，使得逃工就像是在告訴讀者他們依然在逃的證明。形成了道德、法律與文學表述間的拉扯。在倫理層次上他們受到虐待、不平待遇時，應被同情且伸出手去拯救這些亟待被理解、救出的他者；可在法律層次上，他們的「逃」反而落入了法律的「禁令區」中，他們成為不合法、不被社會收容的群體，他們身上揹負的不再是道德上的壓力，而是國家整體建肅的「法令」，並隨時緊束著他們。唯一使他們感到自由且能夠逃逸的，只剩下文學的書寫，因為書寫使得他們能夠同時解放道德、法律的拉扯，也讓他們的心靈能有個得以安置的空間。另外，外籍移民／工的書寫，形構出特殊的「共語空間」，移民、移工、譯者、編輯共同意識的投入與結合。移民、移工的話語可能在轉譯之間，保留了「源譯」卻失卻了「原意」。翻譯並非完整對譯，而是取捨擇選的過程，同時也包含著翻譯者的文化背景、想像。翻譯者的工作並不只是翻譯出某種文字、語言供他人參考，更多時候一方面需拋擲掉個人的文化偏見、並兼負起拉近兩種文化之間的差異，使讀者能夠理清晰或在其脈絡下找到差異的來源，並使讀者更向這些人靠近，並且使讀者知悉他們的存在。

總的來看，外籍移民／工的逃離應不能被視為出於自願的預謀行動，他們一旦跨出了他們在臺灣唯一依存的家，可能就此陷入無法回復深淵。而相關書寫是證成他們的存在、活著的訊息管道，裡頭可讀出令人可嘆可憐的故事，形成了一場場致意／置議的雙聲軌。正是因為如此，迫使不堪長期虐待的移工們，投訴仲介無效後，唯一出口只剩下逃。可惜逃並無法解決問題，卻能夠解決當下生不如死的非人待遇：

> 我們千百個不願意當非法外勞，逃跑是我們最後的選擇。越南人口多工作少，我們姐妹才會來臺灣賺錢。離開故鄉，離開溫暖的家庭，並且在小孩年幼正需要媽媽照顧時離開，我們是忍著心痛出國的，希望孩子以後能有好日子過，希望改善家計。〔註118〕

逃跑是最後的選擇，這場國家、資方共謀的行動，誠如廖元豪指出的，不應

〔註118〕無名，〈苦衷〉，《逃／我們的寶島，他們的牢》（臺北市：時報文化，2012），頁107。

有「逃工」這個稱呼，勞工不幹了頂多付違約金，本來就可以自由行動。這就顯示對藍領階外勞的看法，就像對「兵」和「犯人」一樣，都是沒有自由的、被限制得緊緊的。所以這不是工作或職業而是「勞役」。〔註119〕確實，當國家、資方以「限制」、「控制」的「視角」介入時，剩下的只剩下「權力」而非「權利」了，故「逃工」是個被貼上污名化的標籤。同樣地，「遠嫁來臺灣的婚姻移民，她們亦如同我們一樣，在感情和婚姻這條路上歷經喜怒哀樂、悲歡離合。然而，她們的『離』，卻往往被臺灣社會視為『罪』與『惡』」。〔註120〕

對於外籍移民／工而言，他們或許要的不多，能夠有尊嚴爭取應有的薪資待遇，他們的故事不是僅是他們的故事，而是一個亟需我們共同參與、扶持的故事，在未來歷程中唯有協同合作才能有更多的可能才是。

小　結

臺灣這塊土地、符號，甚至是歷史空間，不僅充斥著各種被論述的族群關係，似乎也充斥著各種對於歷史的詮釋態度。然而這不是臺灣作為論述前題下應設定的障礙，反而成為一種挑戰的過程，並藉此由史學理論與觀察角度來審視臺灣歷史下的社會、政治和文化的各種變化。

戰後臺灣的歷史創傷——二二八事件、白色恐怖帶來的影響甚鉅，封住了人們發言權利、封住了人們渴求知道真相的權利、封住了人們對於自由民主的嚮往，更封住了人們對於臺灣主體的想像，也割裂了人們對不同族群應有的開放與理解態度。因為後來衍生的族群衝突、認同其實就在歷史事件、威權統治下演變而來，形成了同住臺灣卻有著不同的歷史經驗、歷史敘事的特異現象。這點放在原住民、客家族群尤為明顯，而藍博洲、瓦歷斯‧諾幹即在這樣的情境中試圖翻轉舊有的大敘事，找尋發聲的位置，進而重建相關的身分認同。談到臺灣族群，其延伸的課題就是「身分認同」（identity）。身分認同並不是一個簡單或單向的課題，它是由社會、個人與其他因素融涉而來的，吳乃德認為，任何形式的身分「認同」，無不是在各種樣式的規約

〔註119〕廖元豪，〈逃，誰逼人逃？〉，《逃／我們的寶島，他們的牢》（臺北市：時報文化，2012），頁28。

〔註120〕夏曉鵑，〈「我們」和「她們」的交會〉，《離／我們的買賣，她們的一生》（臺北市：時報文化，2013），頁7。

（regulation）機制底下被生產而出，不論這種規約是來自於外在的歷史構造、權力凝視、社會監看，或是內在的自我意識、心理狀態；認同的構成肌理，總是存在著本質性、建構性的雙重紋路。〔註121〕以臺灣族群關係來看其主要癥結不僅僅涉於政治權力的分配，還有文化象徵的衝突。〔註122〕也就是要認同什麼樣的文化，文化象徵的衝突原因就在差異性，進而區隔出出異與同，進意識到人我之間的不同。

同樣地，當臺灣內部開始有反思能力之時，不斷融入、加入的新住民，卻可能以一種扭曲的狀態被拒斥在社會體制、主流價值外。這對於歷經族群衝突盼求族群合作的我們來說極為不堪，因為這代表了臺灣並未具有容述不同聲音的空間，或是在主體意識當中，新住民再度成為了邊緣的對立他者。對此，《離》、《逃》帶來的反思在於，臺灣作為容述的空間─時間，應擔負起對他們的責任，而這責任是倫理取向的，更是通向未來共協合作的節點。

〔註121〕魏貽君，《戰後臺灣原住民族文學形成的探察》（新北市，INK 印刻文學，2013），頁 47。
〔註122〕吳乃德，〈認同衝突和政治信任：現階段臺灣族群政治的核心難題〉，《臺灣社會學》4 期（2002.12），頁 79。

第四章　說底層邊緣的故事

　　當史碧娃克一再提示「底層能否說話」時？居住在臺灣的人們是否眞切地關注過我們臺灣社會的底層人民，或者說我們有意識到底層在哪裡，底層發生了什麼事，底層爲何沒有聲音。臺灣百年來的歷史經驗與社會結構，造就了經濟富庶榮景，可是另一角落依然有著許許多多亟待被關注、拯救的社群存在。這應使我們重新理解社會底層的人究竟發生了什麼事？而底層人民的反抗、現身又該採取何種策略，才有助於他們的實踐。在這樣的思考脈絡下，本文將選用楊逵、吳晟、鍾喬、吳永毅等人的書寫，作爲社會階級、爲底層發聲、關懷他者的探討路徑。

第一節　對話與實踐——楊逵《綠島家書》與楊翠 《壓不扁的玫瑰》的敘事聯結

一、從家書到臉書的散文體式

　　本文以爲《綠島家書》與《壓不扁的玫瑰》的出現，除了符應於上述要件外，更標幟出兩書在散文系譜上的殊異點：一者是「書信體」類型散文的續延與開拓；二是楊逵〔註1〕、楊翠〔註2〕自身標誌者歷史見證者。第二點將

〔註1〕楊逵（1906.10.18～1985.3.12）本名楊貴，臺南新化人。1934年以〈送報伕〉（日文原題〈新聞配達夫〉）入選東京《文學評論》第二獎（第一獎從缺），奠定在文壇的基礎。二二八後與妻子葉陶被捕下獄4個月。1949年4月6日復因起草〈和平宣言〉被捕，判處12年徒刑。拘繫於綠島監獄的10年歲月當中，中文作品日趨成熟，多發表於獄中刊物——《新生活》壁報與《新生

在後面小節討論，此處將先處理兩書的散文體式。《綠島家書》是否符合書信應公開的辯論呢？周芬伶曾指出「原始的書信體」與「書信體散文」的差異，且還涉及了書寫者有意／無意公開的情形。原始性家書有些是公開，有些原不想公開，如魯迅與許廣平《兩地書》，是魯迅生前編好交給出版社出版，而朱湘的《海外寄霓君》、《楊喚書簡》則由朋友編輯出版。〔註3〕書信體散文在六、七○年代特別風行，如張曉風的《給你，瑩瑩》、胡品清的《深山書簡》，以及延伸出雖沒書信的形式，但有書信內容的第二人稱傾訴，如冰心的《寄小讀者》、王鼎鈞《左心房漩渦》都屬之。〔註4〕但無論是原始書信體或書信體散文，基本上都設定了特定對象，也就是不像是日記或日記體散文，以獨白的第一人稱方式陳述內容，書信體投射出某個想要說話的對象的，因此多以「你」為主的第二人稱方式表述之。〔註5〕

　　嚴格來說，《綠島家書》並不是有意公開，應屬私領域的傳播文本。家書寫作對象初始便是以家人、親友為主，裡頭不加修飾雕琢書寫喜怒哀樂，讓信呈為個人傳達情感的最好媒介，例如楊逵曾說：

> 那麼，把我們所覺得有趣的事情，所感激或者憤恨的情緒寫成一封信告訴住在遙遠的親戚朋友，不是更有意義的嗎？以文藝的形式，充分把它表現出來，給更多的人家欣賞，以達到感情的溝通，不是更快樂的事嗎？〔註6〕

對於楊逵來說，「感情的溝通」是件快樂的事，且能夠將我們（個人）「覺得有趣的事情，所感激或者憤恨的情緒」都透過「一封信」告訴住在遙遠的親友，是很有意義的。

　　但這樣的「告訴」放在《綠島家書》有著更多的不得已，因為《綠島家書》的每封家書經歷過至少「兩次」（或更多次）的審查機制，將家書的私領域推向了公領域。所謂第一次就是楊逵在綠島受刑時，他撰寫寄出信時，往

　　　月刊》；並曾創作劇本多種，供受刑人作為晚會及街頭表演之用。出獄後借貸於臺中大度山開墾「東海花園」，仍以花農為業。
〔註2〕楊翠（1962～），楊逵的長孫女。
〔註3〕周芬伶，〈書信體散文〉，《散文課》（臺北市：九歌，2013），頁165。
〔註4〕請參閱周芬伶，〈書信體散文〉，《散文課》（臺北市：九歌，2013），頁166～167。
〔註5〕周芬伶，〈書信體散文〉，《散文課》（臺北市：九歌，2013），頁165。
〔註6〕楊逵，〈談寫作〉，《楊逵全集·第十卷·詩文卷（下）》（臺南市：國立文化資產保存研究中心籌備處，2001），頁347。

往都必須通過內部審查，防止書信內容夾雜不當言論、反政府思想，甚至連字數都被嚴格地控管。〔註7〕致使楊逵在撰寫時即便無意，卻也可能不得不提醒自己，每一封信的「讀者」並不只有家人還有審查者。

讀者還有個部分，一定程度上，「家書」裡頭敘事與作者應為同一，但「預設讀者」與「真實讀者」卻不見得是完全相同。《綠島家書》裡幾乎每篇都不止寫給單一對象（而是多個對象），語言的排列、情節輕重緩急便有變化，但一旦家人收到信後，展信人（讀者）和內部預設讀者卻不見得一致，例如楊逵寫了好幾封給大兒子的信，但不見得是大兒子收信、讀信，即便大兒子是第一個收信、讀信的人，但信件還是可能需給其他家人閱讀，因為他們形成了「集體的記憶」，也形成了真實讀者，而有了個自解讀。但敘事視角卻可能因為「字數限制」、「情感渲洩」、「交代事項」、「審查機制」等因素，而在其中設定了多個「預設讀者」。

相較第一次的審查，第二次登上平面媒體時，審查者在登載這些家書時，一來將讀者從家人轉換到社會大眾、閱報者，故家書從私領域真正地越進了公領域。在審查的編輯下，一系列的家書變成了《綠島家書》，召喚「預設讀者」與「真實讀者」的共鳴與時代記憶。也就是說編輯者將家書集結的過程，就具有一種再書寫力量，並藉由刊載於平面媒體、出版成書的過程，將「預設讀者」拉得更遠，從家人轉移至一般大眾，而使得更多人能夠看見政治牢獄時的部分景象。

相較下，《壓不扁的玫瑰》接近於「原始性書信」與「書信體散文」的綜合體。初期內容先載述於新媒體——臉書，直接進入公領域「被看見」，它由網路文本集結成紙張式的文本，對象一直都停留在家人、社會大眾以及網友。使得「預設讀者」與「真實讀者」有高度重疊的可能。雖然使用臉書有個基本要求在於先設為朋友，才能看到文章，但楊翠顯然未設定太多限制狀態下，使得文章得以被轉載，這也讓所謂的「預設讀者」與「真實讀者」有了人數、對象上的差異。對於楊翠而言，她的目標相對明確許多，是公眾、是關心318學運的人、是對於政治有高度興趣之人。而《壓不扁的玫瑰》一旦出版，抹除了「預設讀者」與「真實讀者」的界線，直接置放在出版市場供有興趣的

〔註7〕綠島受刑人，被規定每週只能寄一封限於三○○字以下的家書，楊逵因有一次超過規定而被罰三個月不准寫信回家。請參閱楊逵，《綠島家書》（臺中：晨星，1987），頁165。

讀者閱讀、檢驗。

　　由此可知兩書毫無例外地屬於散文，由於承載媒介、傳播途徑的不同，若說前者是原始性的家書，那麼《壓不扁的玫瑰》則偏屬於原始性家書與書信體散文的綜合體。兩者之間在跨時空下分別訴說了各自的「話語」，展開了多向度對話。

二、多向度的互文對話

　　關於兩書，另外提出的就是「聯結」與「互文」，前者包含了情感關係；後者則有文學書寫／社會現實、跨世代的互文關係、多人共語。首先來看一段描述：

> 我的父親母親，是國民黨國家暴力最典型的受害者，他們都是白色恐怖受難家屬。
>
> 他們的父親（楊逵、董登源），被禁錮在綠島時，楊建十三歲，董芳蘭十一歲，他們的青春，迅即塗抹暗影。
>
> 而我，則是白色恐怖的受精卵。如果沒有政治牢獄，楊逵、董登源不會相識，楊建、董芳蘭更不會相識，不會結成夫妻，我也不會出世。我寧願說，但願不必有我。激進女性主義者不愛講家庭因素，我也不愛。然而，家族暗影，不會因為你不講不想，就自散逸。負面資產，你不想收都不行。……〔註8〕

情感最簡要來自於楊翠與楊逵的隔代血緣關係，這雖然是最易明白、清晰的一種繫聯，卻也包含了時代悲劇。由於白色恐怖使楊逵入獄多年，帶來的傷害不僅降迫於楊逵一人，更擴及整個家族。楊翠的父親楊建〔註9〕經歷了父親（楊逵）入獄衝擊，更帶來後來許許多多無法想像的痛苦災難。對於楊翠來，她站在 2014 年的發聲，看似接受了所謂的歷史資產而來，可是世人卻忘記當楊家（及董家）遭受不平等對待，過待被監視、事業學業不順、被國家機器

〔註 8〕寫於 2014 年 04 月 19 日。楊翠，〈爸爸，生日快樂！請不要再流淚〉，《壓不扁的玫瑰：一位母親的三一八運動事件簿》（臺北市：公共冊所，2014），頁213。

〔註 9〕一九四五年四月七日，楊逵被捕後，原就讀於臺中二中初二的楊秀俄、楊資崩和臺中市中一年級的楊建都輟學，經營花園，做雜工維持生活，過了十一天，葉陶和楊開釋回來。翌年九月楊建在葉陶的鼓勵下又復學。請參閱楊逵，《綠島家書》（臺中：晨星，1987），頁 28。

壓迫到黑暗底層時，幾乎是沒有人可以（或願意）伸出援手。這不僅僅只是轉型正義的問題，還包括了世人是否眞實地回到白色恐怖年代的灰暗角落，將墜崖的受害者拉回。

　　楊翠的痛苦與反抗，不只有回應於深陷於國家機器陰影的 318 學運，回溯上早穿透了一椿椿苦難的靈魂，是楊逵的、是楊建的，是楊翠的更是許許多多葬害於國家機器的可憐哀嘆。卻也因爲 318 學運再度引發人們對於國家機器運作的疑慮，使得楊翠爲著兒子魏揚、318 學運學子以及關注者發出呼援，祈求能夠在精神、行動上支持這群爲公平正義、國家前途上街的人們。正因爲她的身分、血緣，使得外人不斷地將之與楊逵勾聯起來，且認爲魏揚的「血液」孕流著楊逵的實踐精神，而楊翠是他們跨時空的橋樑，也是魏揚能夠奮勇前進的重要支柱。故楊翠曾在〈奇妙的跨世代巧合〉一文提出：

> 楊逵與魏揚，都因從事社會運動，面臨牢獄威脅。楊逵在日治時期，
> 坐牢十次，總計一個半月，國民黨一來，二二八被判死刑，後來因
> 「非軍人改由司法審判」的行政命令，逃過一死，改判徒刑。一九
> 四九白色恐怖，又入獄十二年。如今，魏揚身上，從去年七月開始，
> 到太陽花的立院、政院兩場，身上也揹了好幾個案子，都在審理中，
> 隨時可能面臨牢獄威脅。〔註10〕

此段文字發表於 4 月 12 日，已是 318 學運高峰後。但隨著媒體、不同社會人士的意見湧入，使得楊翠認眞地且有意識地將楊逵與魏揚並置談論，用意不在於突顯楊逵或魏揚個人，而是讓不熟識的人能夠更認識兩人，以及他們的實踐行動意義何在，絕不是毫無根據地漫罵、批判所能輕易地帶過。

　　正因爲她的身分，使她不斷回想一位母親的角色到底是什麼？以及她該如何做才好？這在〈一個運動青年的母親〉有了解答：

> 楊逵在〈恨霸如仇的母親〉一文中，繪寫母親蘇足的臉容。蘇足不
> 識字，生性豪爽，有素樸的正義感。楊逵當年在日本大學，受臺灣
> 農民組合徵召，輟學返臺，積極投入農民運動，從此不斷進出街頭
> 與監獄，偶爾回家沾醬油，多半未能久留。這個天資聰穎，明明可
> 以學醫、學成當醫生賺錢養家的孩子，卻堅持學文學，貧窮的工匠
> 之家，變賣物件籌款，讓他千里迢迢到東京唸書，他卻連學業也沒

〔註10〕楊翠，〈奇妙的跨世代巧合〉，《壓不扁的玫瑰：一位母親的三一八運動事件簿》
　　　　（臺北市：公共冊所，2014），頁 203。

> 能完成，回到臺灣又沒個正經工作，搞運動沒薪水，還要自掏腰包，
> 更是三天兩頭被抓去關，一毛錢也沒能拿回家。母親溫柔支持他，
> 他帶運動同志回家，母親「甚至對我這幾位時常被捕坐牢的『惡少』
> 小姐們，也像親生的女兒一樣愛惜。」〔註11〕

藉由此對比，其實一方面是讓世人理解楊逵並不是孤獨的，因為他有個「溫柔支持」的母親蘇足，造就了現今我們認知的楊逵。同樣地，在 318 學運過程，有不少人會透過臉書等表達對於魏揚的批判，而這批判除了指謫魏揚的抗爭不當，也指責楊翠身為母親的放縱，迫使不得不以此文作為「抗議」與「承繼之語」。

另一個值得補充的是，318 學運亦稱「太陽花學運」，而太陽花在運動過程中象徵著力量、透明、溫暖與更多的希望。雖是無意之果，卻也勾聯起楊翠小時候的記憶，一段關於太陽花的記憶：

> 大家所詠讚的太陽花，其實是向日葵。而我所熟知、與我生活密切
> 相關的太陽花，又叫單瓣非洲菊，不起眼，瘦小，強韌，在東海花
> 園，沿著大肚山紅土坡，開成一大片，這是我們最主要的生活資源，
> 我靠著它們，才得以長大。
>
> 東海花園的日子，很窮苦。有時，青黃不接，菜錢不夠，阿公就要
> 我到東海大學，向大學生和教職員叫賣鮮花。主要是太陽花，半夜
> 要起來工作，三朵花配兩片葉子，用鹹草綁成一把，以備明日之用，
> 通常是放學回來的黃昏，我穿著木屐，提著花籃，叩叩叩，走進大
> 學。黃昏深巷賣花聲，文人筆下的浪漫情懷，賣花女孩難以領受。
>
> 〔註12〕

東海花園，一個美麗的園地，包含著楊逵一生的顛離流散，或者說是土地的情感依歸，對於楊翠來說若不是有東海花園、有太陽花，何以支持一家人辛苦走過來，在政治壓迫年代下，經濟困窘形成了最大壓力。賣花的小女孩並不是美麗的童話故事，是年幼時期最現實的生計考驗。

相較於情感使楊翠聯結起楊逵、魏揚與她，《壓不扁的玫瑰》在書名上直

〔註11〕 楊翠，〈一個運動青年的母親〉，《壓不扁的玫瑰：一位母親的三一八運動事件
簿》（臺北市：公共冊所，2014），頁 239。

〔註12〕 楊翠，〈我的太陽花〉，《壓不扁的玫瑰：一位母親的三一八運動事件簿》（臺
北市：公共冊所，2014），頁 151。

接延襲楊逵的〈壓不扁的玫瑰〉，對楊翠來說，一方面除指涉被殖民者、弱勢者的不服從與抵抗，且被解讀為一則屬於楊逵家族的精神符碼，表徵著這個家族的抵抗、壓抑、受苦、奮起、反抗的世代承繼。〔註13〕如果書名是精神符碼的承繼，那麼《壓不扁的玫瑰》則具有幾種不同的互文性：一、作為文學書寫／社會現實的互文，也就是文本朝向外部文化、世界開放，並不斷滲入其中，以其反映、記錄並回應於當時的社會情境。若引用巴赫汀、克里斯蒂娃的概念，互文是多向性的呈現、映照出「自我」（可能是個人、主體意識）的「結構位置」。舉個例來說，過去可能將散文視為作者的「心聲」，或是直接投射（雖然在解構思潮下，這已是一種遙不可及的想像），但對於散文來說，它象徵著某種比小說、現代詩更不需要說明鏡子世界，它雖然投射出某種作者的形象卻不見得完整，作者「照著」鏡子（有點扭曲——敘事者，投射出作者看不見的背後環境是一種互文的關係，因為敘事者看似困在鏡子裡，卻擁有更為多變、纖細、粗獷的身材，但敘事者與作者卻具有連動關係），但我們可以挪動鏡子看到背後更多的世界，卻無法不藉著鏡子找到「這個世界」。至於所謂的讀者就很像是一個旁觀者看著一個人在攬鏡自照，我們有時可以看到作者在鏡子裡的樣子，有時卻不能，讀者背對著鏡子，即便他們身處當時的環境（現實世界），更多的時候，作者想藉由鏡子告訴旁觀者更多的訊息，但旁觀者（讀者）卻充耳不聞，或著他們的角度偏異，而找到了作者的「死角」（或更美麗的角度）；二、跨世代的互文性，如書名的挪用，或是對於〈楊翠母子，是「楊逵精神的失落」？〉一文裡對楊逵思想的再詮解，將楊逵重新拉到了 2014 年的現場與其對話；三、多人共語現象，如魏貽君、楊翠、魏揚、同學當時發表在臉書上的文章，按其時間軸序列（事件發生順序）排列在書裡，而這也只有在書裡才能「重新排列」追溯。且因為這種互文關係，使《壓不扁的玫瑰》朝向更多人開放，而不限於家人、朋友間互動按讚。

　　318 學運激發出臺灣社會底層的不滿與反抗動能，使楊逵無意間被拉回「當時的反抗現場」，於是他重新被看見、被閱讀也被「誤讀」，可是若將其生命歷程並置在《壓不扁的玫瑰》，其意義也變得格外不同，使得各種「對話」得以可能。若說楊逵藉《綠島家書》抒發情感，寫出對家人的思念，那麼《壓不扁的玫瑰》則使楊逵重新與楊翠、魏揚聯結在一起，使這個家族的故事，

〔註13〕楊翠，〈自序——謝謝你曾經那樣守護我〉，《壓不扁的玫瑰：一位母親的三
　　　一八運動事件簿》（臺北市：公共冊所，2014），頁 16。

－153－

成為臺灣反抗運動的實踐代表。

三、家／國隱述的語法

　　書寫不僅只是記錄，對於社會、歷史和人們來說，它反映了許多訊息，例如家書的「家」本來喻謂著的小社群、溫暖或是具有血緣關係的符號象徵，隨著一封封家書集結成冊時，除了家庭結構、組成份子清楚明晰外，其實也代表著公／私領域的不易切分，或者說隱藏在書背後的課題往往遠大於書裡承載的能量。如同《綠島家書》的出版，標幟著白色恐怖的解禁，而文本敘事上，以傳統的家書形態表現，是為人父、為人夫的內在情感的自我／向外對話的書記體，內容多半以父之名交代子女應為之事，或是回應子女疑難問題，以相當溫切的口吻述說著家庭內的種種故事、成長點滴。可是「綠島」在臺灣歷史上並不是一個名勝古跡，它被污名化（或說建制化）成一個「犯罪的集中處」，形構成權力的展示處、集結處以及現代化處境中對於管理技術的實驗場所。綠島與世隔絕，剛好能容於被「法律」棄絕的人們。

　　然而綠島作為被法律棄絕與保護的離島，其實也鏡映出對本島的想像效果，這雖然略為超出範疇，但頗具玩味。所謂「離」代表了某種散落、不聯繫，也代表某種時間、空間的切分。但在移動上卻可經由相關路徑到達，在敘事效果上則嵌合了歷史、文化、情感等因素而有串連的可能，一般而言在後殖民論述中的「離散」就是這種「離」的敘事語境。以臺灣多重的移民（或遺民）經驗來說，離散是臺灣歷史遷變中無以完整消納的部分，從明鄭、清帝、日本殖民再到戰後國民政府來臺、外籍移民的遷入／遷出，形構出多重樣態的離散經驗。

　　至於放在楊逵的「綠島經驗」是否合宜呢？嚴格上來說，《綠家家書》標誌不單只是家書還有背後時代跡痕，因此更多時候「家書」不僅僅只是「家的事情」還投射出國家的興衰盛敗、政治走向，更遑論《綠島家書》作為國家機器懸置常態法令的語境與文本。正因為這種聯結在國家的敘事，使得臺灣本島成為戰後歷史、政治施行的稱呼，它代表了國家機器實施白色恐怖的操演所。臺灣似乎成為一個全稱詞，合理地概括了其他離島之離，變得不離不棄了。

　　然而誠如臺灣的其他離島內含的「獨特敘事」〔註14〕，「綠島」在戰後整體歷史的「浮出」亦如禁忌。只是與「臺灣」對應「中國」（中華民國式）的概念略有不同，「綠島」沒有全然對應的符號，它的禁忌來自於它沒這麼「綠」而是「白的」。可是有趣的是，綠島對應出來的不是其他地方而是臺灣，它被鏡鋏出白色恐怖的容述空間，同時它亦成爲了消除白色恐怖必要之存在，而處於一個與臺灣本島看似分離卻又緊連的狀態。也就是述說臺灣戰後的白色恐怖歷史時，既無法越過、避開不談綠島，因爲它構成了白色恐怖必談之時間—空間。它像是導航裡內建的建議路線，或許不見得要從建議的路線行走，卻可能是最快的一條路徑。因此理解綠島等於是在最快的「建議路線」，通往理解戰後白色恐怖地圖的指南。

　　不僅如此，從楊逵的「家書」可以發現文本的越界與再生產過程，家書從綠島寄出，意謂著「綠島」的實存可是另一方面它必須有個可以投遞、述說的對象，以證成家書的眞實。所以家書聯結的有楊逵與家人的情感，綠島與臺灣的敘事網絡，以及從小歷史承載的時間—空間，甚至是回應大歷史的重要情節。從敘事角度來看，綠島也許無法支撐起「臺灣」及「白色恐怖」的整體敘事，卻又不能忽略「綠島」的重要性，因爲綠島之離在於地理空間，卻鮮活地（或痛苦地）留存在文本空間裡，得以被流傳、討論。

　　《綠島家書》實質出版應爲 80 年代後，當時社會氛圍較爲緩和，朝較自由民主方向邁進。但《綠島家書》嚴格上來說，橫跨了幾個重要的階段，也就是自 50 年代到 70 年代。當時楊逵與葉陶紛紛被抓，主要原因是他們涉及了相關戒嚴法致紛紛入獄。若以當時的白色恐怖是國家機器將「平常法」加以「懸置」的特殊現象。也就《綠島家書》在臺灣散文的脈絡來說，並非私密且個人化的書寫，應視爲公共論題的「補充要件」、「對話要件」。所謂的補充要件或對話要件，是對於歷史眞實、政治發展的另一個補充。如果我們無法辨識白色恐怖的眞相，那麼是我們無法看到「法律（判決）文本」與「書信（情感）文本」兩者對應出來的衝激。〔註 15〕也就是在《綠島家書》裡呈

〔註14〕限於本文敘述主軸無法旁及其他離島，但一如金門、馬祖聯結國共戰爭，聯結中華民國通向臺灣的敘事，皆有其異於臺灣作爲整體論述的「故事」。待未來再另闢專章討論之。

〔註15〕以「法律文本」和「書信文本」作爲對比，是指當時受害者可能因種種因素無法得知判決書實質內容，或是寫給家人的書信。兩者基本上可建構出「白色恐怖」（政治案件）的歷史容貌。

現的是溫暖親切的筆觸或口吻，絆念於家庭，這看來多美好，可是不能忘記的是，這是可被公開、寄出的部分，更多時候，寫信者或往往禁絕了「不合法」的書信，使得更多時候家書裡的美好反突顯出「最不美好」的落差。

或許《壓不扁的玫瑰》出版的年代、媒體早超越了白色恐怖的禁錮，無被審查的可能。臉書對應於家書更為公開外、具有時效性，它不用等一週、一個月甚或多年後才會被公開、寄出。〔註16〕可是對於楊翠或魏揚來說，更深層地是挑戰源由何來，是親情羈絆、性格使然亦或是有更多不得不行動的「驅力」呢？魏揚曾述：

> 我感到自己的家族歷史無時無刻不在對我做出召喚，每當母親對我談到外曾祖父楊逵他那貫徹一生的抗爭時，那種散發著光輝的理想巨人的形象，既是陰影，象徵了某種我或許永遠無法達成的「行動者典範」，另一方面，卻也在我自己的心中成為一種「應然」，「要求」我走上一條類似的道路。與父母的關係也是如此，作為兩位「前運動青年」的兒子，我所擁有的一切思想上與情感上的資源，既是客觀的優渥行動位置與條件，同時也是讓我感到內疚、焦慮以及「不如此則不行」的行動趨力。〔註17〕

引文標示出隱微的家國敘事，魏揚或楊翠在描述的，是一個屬於家庭故事，可是歷史、政治與社會相互激盪下，使得楊逵、楊翠、魏揚、魏貽君形構出一個家國敘事，且具濃厚的社會現象、發展歷程。正因為這層敘事的兩面性，楊翠有更深的觸動，在 318 學運抗爭中，她關注臺灣政治走向，以及類似的歷史為何不斷上演著，難道歷史從來不提供借鏡，而是反覆演練擺弄著現實世界的人們。用更悲冷的視角審視，又誰願意曝露在政治、媒體的威脅底下，魏揚、楊翠想陳述的也許是簡單的「親人互動」，但在種種原因下，又再度將他們推向了第一線。故也可言，《綠島家書》與《壓不扁的玫瑰》等於是臺灣政治抗爭、社會運動史的縮影，或者如楊翠在自序提到的「血的承繼觀，其實是一種思想暴力。如果一個生命主體勇敢挺身做了什麼，不是因為家族的血脈召喚，而是他自身的覺醒與勇敢；他要先是自己，才能以他的生命實踐，

〔註16〕臉書可以設定資訊公開與否，帳號使用人可自行決定文章的公開／私密程度。只是在楊翠一系列的發文中，大都以「公開」（給朋友）方式呈現。

〔註17〕魏揚，〈一個所謂「運動青年」喃喃自語〉，《壓不扁的玫瑰：一位母親的三一八運動事件簿》（臺北市：公共冊所，2014），頁243。

成爲家族的一個故事。」〔註18〕

楊逵曾言：

> 經由目擊大屠殺者的敘述，不滿十歲的我對於日人殘殺臺人的殘酷
> 的手段，在心靈上烙下了極爲深刻的印痕，往後幾年再陸續得到更
> 多關於這場大屠殺的敘述，在我當時仍爲少年的心靈中，除了引起
> 仇恨的反應以外，還有難以磨滅的恐怖的印象，這種因爲大肆屠殺
> 生命所帶來的恐怖的印象，在我後來的一生當中，起了相當大的作
> 用，不管在從事反對日人的社會運動，抑或是在二次大戰結束後發
> 生的二二八事件中，使我始終反對以武力、暴力來作爲解決問題的
> 意圖，但好笑的是，因爲這種反對暴力的意願，在二二八事件中與
> 多位關心臺島局勢的人士所共同發表的「和平宣言」，竟使我帶來了
> 十二年無妄的牢獄之災，歷史，有時竟嘲諷人生至此！〔註19〕

楊逵作爲一個文學運動的實踐者，他不僅以書寫、實作與勞動作爲其堅實的
生命基礎，更對於當時戰後初期的政治、社會現象提出了建言，導致他與葉
陶雙雙入獄，後又因而被判多年刑獄，其間他因思念等因素而寫下一封封書
信寄給家人。雖然書信內容並未多涉當時的政治背景，但成書的政治因素卻
是背後抹不去的歷史陰影，直到家書被刊載、出版後而有更多的歷史意義。

　　探析跨越時空的兩本書、以及血緣繫聯的兩人，由書寫呈現他們面臨的
時代挑戰、多向對話、情感課題、自我療癒的複合敘事。如此一方面可理知
到散文具有的殊異體格、挑戰社會公平正義課題，更可認知到楊逵家族系譜
內蘊的抵抗精神，在憂幽的命運轉輪下如何實踐。身爲楊逵後代的楊翠（或
魏揚），其痛苦並不因爲政治解嚴而有所減輕，因爲歷史創傷早已狠狠地烙印
在他們身上，啃食著他們，那是無以彌補的。更何況「突發」的 318 學運，
又使楊翠（及深受國家機器迫害的人），以爲此等鬼魅又再度重回人間，造成
不必要的傷害與牢獄災禍，或者說，是歷史的必然／偶然逼迫著楊逵、楊翠
（或魏揚、楊家的家族）一再地面對白色恐怖的幽靈、失能／失衡的掌權者
《綠島家書》與《壓不扁的玫瑰》看似隔有橫距無實際聯結，但若從書信的

〔註18〕楊翠，〈自序——謝謝你曾經那樣守護我〉，《壓不扁的玫瑰：一位母親的三
　　　　一八運動事件簿》（臺北市：公共冊所，2014），頁 16。
〔註19〕楊逵，〈楊逵回憶錄〉，陳芳明編，《楊逵的文學生涯》（臺北：前衛，1988），
　　　　頁 146。

角度、敘事形態、情感關係著手,是可拉起一條隱匿的敘事軸線。兩本書同樣都是一種對於家人情感的呼求,唯時代與政治滾輪一再地壓迫在他們身上,看來私密性的話語,一瞬間被轉移到公眾領域。且面對不公不義的政府、國家機器時,不論是楊逵、楊翠、魏揚甚或魏貽君,都透過他們的行動表達意見,藉以反抗當權者非和平理性的政策、手段。他們彼此有著年歲差距、媒介差異,可是卻一樣為了生活在臺灣土地的人們努力奮鬥,他們看似很遠卻實者緊密,因為有著為人民付出的信念,使他們走在一起、團結在一起無懼於種種,書寫出自己的心聲,作為歷史的鏡鑑,提供人們評價、反思的記錄。

第二節　為農民與土地發聲——以吳晟、楊儒門為例

　　若楊逵象徵著日本殖民時期至戰後戒嚴狀態的見證者,需意識到反抗國家機器的動能從未從楊逵身上抹去,監禁之牢困住了身體卻困不住為臺灣發聲、為底層發聲的堅毅。自日本殖民以來,臺灣人民面對的挑戰眾多,除殖民壓迫,也接收了不一程度的現代化技術。在現代化技術的進步號召下,許多農民、勞工在過程中不斷被犧牲、剝削,失去生存工具與價值。這也是為何當時如楊逵、呂赫若等人為勞工、農民階級發聲的主要原因。這樣的場景到了戰後並沒有獲得全面的改善,反而隨著國際貿易的進行、加入 WTO 等因素,直接或間接地影響在臺灣辛苦工作的勞工、農民。

　　可以看出,階級的問題放在社會結構脈絡中,除勞工另一個被壓迫者當屬以「土地」為生活基礎的農民。在社會發展過程,農民仰賴生存的就是可貴的土地,土地養活了依此生產的農民,也養活了許多人民。臺灣的土地形象往往被轉化成多重意象,並象徵了依歸、蘊孕與生發的「根/源」,是一種「向下札根」與「向外拓展」雙重敘事。

　　本文將從吳晟與楊儒門的書寫著手,審視土地在臺灣階級課題裡的符碼指涉。過去一般人或可理解到的是吳晟的詩充滿了鄉土氣息,充滿了他對於臺灣土地的關愛及描述,但僅止如此,其實並不能夠完全說明他與土地的聯結究竟意義何在?甚者,我們應轉化出「土地」在臺灣歷史脈絡裡的「意義」,才能真正地思考到多層次向度的課題。

一、土地的多重意義

　　談到土地時應理解到除了物質概念外也投向了政治、經濟、文化、歷史與心靈層次。臺灣作爲容述的時間—空間，土地涵養的人事物也呈現了多元且得以存住的基礎。但從戰後歷史來看，土地眞正獲得正視，與臺灣 70 年代以來的國際挑戰有密切關聯，進而引發許多人關注臺灣的現實，而「鄉土」成爲此脈絡下的重要象徵依憑，例如王禎和、黃春明、楊青矗、王拓的小說之所以受到喜愛與重視，莫不與他們關注自己的家鄉，從臺灣人民親切的語言、人物、環境著手，轉化出親近臺灣土地、深具臺灣性格的敘事風格。且在他們小說中可以看到的不僅僅只鄉土與在地性的元素，更多時候現代化質素、殖民處境的處理無不被融涉在其中，形構出在地性格的現代化景色。

　　相對來看，散文的討論就顯得薄弱許多，但並非完全闕如，例如應鳳凰就特標舉許達然作爲「鄉土時期」的散文家代表。在她看來，「從描寫農工小民景況，到揭發資本主義的剝削本質，不只主題精神吻合，連他取的書名《土》、《吐》等，都清楚標明他所關懷的對象、書寫的象徵。但做爲鄉土文學潮流的代表性作家，文學史書寫有關『鄉土』的章節反而很少提到他。這與一般文學史多以小說爲重心，較少注意『散文』這個文類大有關係。」〔註20〕應鳳凰從文學史角度審視許達然的作品，認爲他的作品不僅僅兼顧藝術性還有「臺灣性」，〔註21〕雖然應鳳凰並沒有定義何謂「臺灣性」，但從她認爲許的作品一方面回應時代回應社會，也從漢字的「六書」發展出「詩化語言」外，更提倡與實踐臺灣母語的豐富性；另一方面也由於身兼歷史學者關係，就曾於 1978 年發表〈獵〉，發出「文明是一種野蠻」的抗議聲音。〔註22〕若對應於原民運動的發展歷程，許達然此文的抗議確實有其特殊意義。

　　讓我們再拉回來看，「土地」放在不同脈絡實有不同詮釋空間，例如土地可能是空間概念，如生活範疇、景象麗致等，放回到政治經濟學的脈絡中思考，土地則成爲「資本」（capital）基礎。探察臺灣歷史自原住民居住在臺灣

〔註20〕應鳳凰，〈從文學史角度看許達然散文的藝術性與臺灣性〉，《文學史敘事與文學生態：戒嚴時期臺灣作家的文學史位置》（臺北：前衛，2012），頁 193。

〔註21〕應鳳凰，〈從文學史角度看許達然散文的藝術性與臺灣性〉，《文學史敘事與文學生態：戒嚴時期臺灣作家的文學史位置》（臺北：前衛，2012），頁 193。

〔註22〕應鳳凰，〈從文學史角度看許達然散文的藝術性與臺灣性〉，《文學史敘事與文學生態：戒嚴時期臺灣作家的文學史位置》（臺北：前衛，2012），頁 193～194。

以來，再到荷蘭、清帝、日本迄於國民政府來台，「土地」成為得以依此仰賴
生存的資源，正因為其可貴，所以一再地淪落入殖民政權、財團或相關利益
人士的手中，真正依需的人民反成為被剝奪的一群，翻閱臺灣日本殖民時期
文學作品，如楊逵、呂赫若無不指證歷歷。延伸到戰後臺灣，並沒有因為政
權更迭而有更好的結果，如同吳晟指出的：

> 無論是日據時代殖民政權和大地主的重租苛稅、戰爭末期的嚴密搜
> 括糧食，乃至國民政府的水租、田賦、肥料換穀，以及長期壓制糧
> 價等等政策，莫不是榨取農民稻穀，廉價供養廣大的軍公教各階層
> 人士，並扶植工商業的發達。〔註23〕

這段話切出兩個課題：農民的生活並未改善、政府政策的影響。顯見臺灣社
會在戰後所面臨的一連串改革，例如三七五減租、耕者有其田等，看似著於
重分配的「土地正義」，卻必須理解到這同時也是國民政府利用土地改革，重
新掌握、掌控的資產階級，達到以經濟換取政治意向的手段。

本文從階級面向討論吳晟、楊儒門是有其特定意涵的，因為過去研究幾
不會從階級概念論之，原因許多，例如對於「階級」概念的再定義問題，或
是作為鄉土敘事的作者而言，他無意透過此形構出階級課題，或者吳晟是否
標榜出了某一特定階級，並突顯出其階級的定位、處境、話語、意象。相較
之下，楊儒門因為「白米炸彈客」稱號憾震了臺灣社會，國家機器以維護社
會秩序之名，將其送入服刑，在官司訴訟、服牢役中，不斷有「聲援楊儒門
聯盟」與「聲援楊儒門案學界聯盟」等團體聲援他、對抗不合情理的法律，
最終在減刑下得以出獄。只是對比於吳晟對於母土的詠嘆，楊儒門直指臺灣
社會政商關係裡不斷犧牲農民、農村、農地提出了嚴厲批判。對此，要從特
定的時空背景脈絡談論，方能尋覓吳晟、楊儒門筆下的階級課題：

> 臺灣農民主要作物是水稻，臺灣居民的存活保障主要是米糧，但在
> 七○年代之前，不論是殖民政權和大地主交相重租剝削、或是國民
> 政府的水租、田賦徵實、肥料換穀重重苛稅政策壓制下，社會最底
> 層的多數農家，卻經常缺米缺糧，少有白飯可吃。幸而還有番藷大
> 量繁殖，免納稅，可以留存起來活命。〔註24〕

〔註23〕吳晟，〈稻作記事〉，《不如相忘》（臺北，華成圖書，2002），頁80。（原發表
於《聯合報》1994年10月）
〔註24〕吳晟，〈良田作物〉，《守護母親之河：筆記濁水溪》（臺北：聯合文學，2014），

前面談到土地資源所引發的掠奪、侵佔甚至是殖民的悲慘現象。這樣的現象在日本殖民時期最為顯著且最為悲慘，其原因有二，一個是殖民者／被殖民的相對權力問題：另者則是土地劃分出來的國家疆域之消失或重寫，也就是土地並不屬於人民所有，在更多時候是由日本殖民者、國民政府所有且納入國家的敘事當中，如同第一章所述，「戰後臺灣」代表了殖民狀態的瓦解與再生，土地理應為實體（實在）的容述空間，但在國民政府的政策底下，土地已不再純然具有實質的容述能力，反而再度成為「陰性化」特質的符碼，一個被統治者操弄及壓迫的操作場域。

二、護衛農民與農地的鬥士

　　理解土地具有的資本特質遂引發了自日本殖民、戰後國民政府對於土地的重劃、瓜分，這使得農民作為勞動階級的一員，被資本家、地主或政府以不當手段壓榨，過著極度悲貧的生活，其下場除了暗自哭泣，不然就是自身作為武器，串連起來抵抗，一如臺灣運動史上的「二林蔗農事件」就是最好例證，「正是重重剝削欺騙，一向逆來順受的純樸農民，也曾忍無可忍，發生抗爭行動，如一九二五年，二林地區四百餘農民，成立蔗農組合，要求收刈前公布收購價格、肥料任農民自由購用、甘蔗過磅應會同蔗農代表等條件，但交涉未果、抗爭無效，反而多人被判處徒刑。因此鄉民普遍流傳這句俗諺：世間第一憨，種甘蔗乎會社磅。」〔註25〕故「二林精神」的再現嚴格上來說並不是一件值得慶幸之事，代表的需仰賴有志之士對抗社會、體制不公的的局面，而顯例便是楊儒門事件。

　　對於楊儒門來說，牢獄監禁的是他身體，他的筆和精神卻還在為農民生計盤算著。楊儒門於 1978 年出生於彰化二林的萬興。大多數的日子都與彰化離不開干係。直至 2003 年 11 月 23 日，第一枚貼有「炸彈勿按」的爆裂以訴求「不要進口稻米」、「政府要照顧人民」出現。2004 年持續在臺北各地放置爆裂物，持續訴求。沒有傷過人。2004 年 11 月 25 日晚間現身。被關入土城看守所。2005 年 10 月一審，判決七年六個月。上訴。2006 年 1 月 5 日，二審改判 5 年 10 個月。2006 年入臺北監獄服刑。2007 年 1 月，到花蓮外役監

頁 249。
〔註25〕吳晟，〈良田作物〉，《守護母親之河：筆記濁水溪》（臺北：聯合文學，2014），
　　　　頁 252。

種田。2007 年 6 月 21 日，特赦出獄。當中由「聲援楊儒門聯盟」與「聲援楊儒門案學界聯盟」一直奔走。其中聯絡人楊祖珺也扮演了相當重要角色。

　　牢獄中，楊儒門除了上訴外，也不斷思索臺灣社會究竟發生了什麼事，究竟什麼樣的精神結構與病癥，使得臺灣人遠離歷史、遠離歷史帶來的教訓與傷痕。一如他 2005 年 10 月 22 日寫下〈聽一審判決後〉。裡頭一方面批駁司法的謬誤，認爲一個月入十幾萬的人，是無法體會底層人民生活艱辛，可能讀不起書或是寒冷冬天裡洗冷水澡的不適。但更深痛或許是來自於人民對於歷史的漠視與刻意（或被迫）遺忘。對他而言，歷史從來不是以古鑑今的最好材料，歷史似乎永遠反覆犯著同樣錯誤，一如日本殖民時期的二林蔗農事件，[註26] 放到戰後（新世紀）臺灣，又有誰記得，這如他批判臺灣人民對於農業、農民的漠視是相同的，「一種人爲貪婪的醜陋面，現在也不比日據時代好多少」[註27] 因此，楊儒門更想批判的是漠不關心的態度：

> 人人都知道身旁周遭有太多需要幫助、扶持的人，可是知道並不等於做到，大家都在觀望、期待，等待有人先伸出手來。不牽涉名、權、利，是大家所認同的，可是在認同之後呢？誰將這股力量延續下去？只是在想，爲何現在民主、自由、經濟發達的臺灣，在弱勢的角落裡，小孩生病待援，渴望讀書，卻繳不起學費及午餐費，只能徘徊於學校門口；大人失業愁苦，農民望著滿田豐收，卻操煩穀價如何？菜價如何？水果一斤多少錢？滄桑的臉龐，絲毫泛不起豐年的喜悅，一種無奈與痛苦，如影隨形，只能嗚咽的在喉頭對天喃喃自語。[註28]（2005/10/09）

若二林蔗農事件成就借鏡，那麼與此相依的人們就不該再讓歷史重演。可是楊儒門銳利地點出臺灣人民的健忘、漠視與痛苦來源，並不是殖民者、報政者的壓迫而已，更多時候冷眼旁觀、不伸出支援的手才更令人寒心，這等於放任惡行、間接地協助加害人，加深壓迫力道。

〔註26〕 2005 年往前推，此時已距日本殖民二林蔗農事件約八十年了。當時是由二十八歲的李應章帶領揭竿而起，組織「二林蔗農組合」爲民請命，拯救農民拯救臺灣。對此李克世稱爲「二林（儒林）精神」。請參閱李克世，〈頌二林精神〉，《白米不是炸彈》（臺北：INK 印刻，2007），頁 7～9。
〔註27〕 楊儒門，〈聽一審判決後〉，《白米不是炸彈》（臺北：INK 印刻，2007），頁 239。
〔註28〕 楊儒門，〈太多人站在牆頭〉，《白米不是炸彈》（臺北：INK 印刻，2007），頁 234。

　　承前所述，在耕者有其田、三七五減租政策下，一般佃農取得了耕作機會，但更深層的思考來說其實就是一種土地資本重分配，改寫了臺灣自日本殖民時期以來的土地歸屬。這一點對於國民政府來說，主要是來自於在中國大陸時期未能體察於農民需求，放任資產階級致失江山的改革措施，且改革的對象並不是在中國大陸的富豪們，幾乎不太需要擔心會有什麼樣的阻力。在此情形下，農民、農村似乎來到了一幅美麗快樂的景象。然而隨著臺灣逐漸邁入輕工業、重工業階段，農村人口大量被釋出到工業轉型的軌道上，農村開始進入了凋零與人口老化的不利環境。

　　如果說楊儒門透過「二林蔗農」回應農民生存，那麼吳晟應該就是從「母土」與土地倫理概念作為起點。吳晟的土地倫理，其實具有多重意涵的，例如包含了鄉村情懷、農業發展、環保課題甚至也包含了政治批判、建構臺灣主體課題。因為他居住地在農村，他與母親在農村裡成長，他的農村不是虛幻符號而是生活的實在，他看著農村的一切，看著母親的一切，他知道這一切是無法被單一切割的。關於臺灣主體在後面會繼續討論，此處先回應「土地倫理」，對此先來看一段引述：

> 多年來，我們以繁榮為美名，跡近飲鴆止渴，而不顧及長遠的未來，一再縱容各式各樣生存環境的破壞，縱容外資和國內廠商輕率設置隱伏重重危害的工廠，大量製造污染，甚而無視多少有遠見有良知的專家，提出強烈的警告，寧可冒著使臺灣淪為廢墟的危機，也要繼續悍然興建核電廠。試想小小的臺灣島嶼，怎堪承擔這樣粗暴的凌虐呢？怎堪遭受這樣蠻橫的摧殘呢？〔註29〕

土地倫理並非從吳晟或鄉土文學首先提出，真的要談所謂的土地倫理應放到臺灣的自然書寫脈絡中，將「自然」視為主體談論，而臺灣社會其實運用到此一概念，是 80 年代後的事情。因為當時臺灣社會一方面正面臨著政治氛圍的改變，另一方面環保、弱勢族群議題也趨勢而起，使得臺灣人民開始正視所謂的現實課題，也就是臺灣社會、土地、人民究竟發生了什麼樣事情，使得環保議題在文學家手上有所推展。

　　在吳晟看來，往昔的農村捉魚嬉水、喝飲泉清水的日子已逝，「自從農藥泛濫、毫無節制的大量噴灑，農產品的收成量固然提高了很多，但蟲害也滋生越多，更將溪流中所有魚、蝦、蛙等野生水中動物的卵撲殺精光，而成為

〔註29〕吳晟，〈病情〉，《無悔》（臺北：開拓，1992），頁 28。

毒素橫流、生機盡失的死寂河流。」〔註30〕河面瓶瓶罐罐及各類塑膠袋等廢棄物，隨處漂浮匯集，〔註31〕都阻礙了人民親近河流，或者根本無法使人靠近等等。臺灣土地應有的美好景色、自然生態都在功利的資本主義底下一再地被犧牲品，土地富有的資源被剝削、土地豐饒的資源被掠奪殆盡，過程中對於土地應有的尊重一再地被踐踏，這就是吳晟憂慮之事，也是正在持續發生之事，故發此警語盼有積極效用，並使吳晟更珍惜農村，對他來說這是根、是母親生活過的空間，一切彌足珍貴。

三、重構農村、土地、臺灣的一體化敘事

土地有著相當豐富的實質意涵，土地並不是一個器具、容器也非簡單的生產工具或資源而已，它富有生產、蘊孕外更為強大、堅實的召喚力量，若用自然書寫的概念陳之，那麼土地具有自己的精神內涵。一則是來自於作家生活於此的存在感，其次則因邊緣往主體位階前進的轉化過程，一如70年代開始談論的「鄉土」進而確立臺灣敘事，都是從土地意識、生存意識再轉到現實意識，進而再構築屬於個人或集體的歷史意識、主體意識。因而土地意識除掌握通往未來發展的基石，也回應於作家建構其敘事的重要元素之一。從歷史、社會的發展脈絡，進而呼應於吳晟、楊儒門的書寫，呈現出外在環境與書寫相互兼融並行的敘事樣態，土地形成臺灣符號的轉喻作用，以及隱喻著兩人構築或投射的臺灣意象。無論何種反資方、反官方論述的基礎，則成為他們諷喻式書寫，藉以展現臺灣現實與主體的聯結。

若不將其推演到哲學層次，土地在臺灣歷史脈絡裡是受迫的，處於過度掠奪、侵佔、傷害與交易的過程。這間接呼應了前面慰安婦的身體論述，翻開臺灣過往歷史，臺灣現了陰性化和他者化的歷程，例如日本殖民時期下的臺灣土地、米、糖、林木都成為了殖民政策下重要資源，可惜並不全回饋於當時臺灣人民，反而是成為外銷、殖民本國所需。若把臺灣視為一身體論，其土地是肌理、骨架的話，那麼臺灣相對於日本殖民者，形塑出了極度陰性化與他者化的作用。

〔註30〕吳晟，〈親近鄉野〉，《不如相忘》（臺北，華成圖書，2002），頁59。（原發表於《幼獅少年》1986年9月）

〔註31〕吳晟，〈親近鄉野〉，《不如相忘》（臺北，華成圖書，2002），頁59。（原發表於《幼獅少年》1986年9月）

上述土地敘事在戰後其實並沒有完全獲得緩解、翻轉，進入 70 年代後，隨著石油危機、退出聯合國、中美斷交等影響，以及加上之前美援體制的滲改，使得臺灣產業政策、環境從農業轉向輕工業，進而邁向重工業，政府鼓勵休耕、廢耕引發吳晟的危機感：

> 隨著工業化的發展，稻田耕作不再只憑人力、畜力、幾乎已完全機械化，然而臺灣的都市卻快速膨脹、稻田快速萎縮，政府的農業政策也轉而鼓勵轉作或廢耕，稻作似乎即將成為點綴式農業。我很懷疑，臺灣居民的糧食，果真只需仰賴進口嗎？臺灣是大洋中的海島，如果本身沒有自給自足的能力，不必擔憂嗎？〔註32〕

若再加上臺灣為了突顯自身的經濟實力，企求在跨國經濟／政治的相互掩護下，以「經濟體」名義爭取跨國貿易、資金與技術，必須開放部分農業以換取他國貿易協定，莫不把臺灣已奄奄一息的農村、農民及農業推向了深淵。

　　吳晟之所以如此看重稻作生產，多來自於他成長背景蘊致的情懷：「每當遠方城市的友人駕臨鄉間來訪，如時間許可，我總喜歡帶領友人走向田野，沿路向友人解說田裡的作物和農作情況，而後走到堤岸上看看臺灣第一大河域濁水溪，我固執認為，這樣來回走一趟，應該可以大致了解吾鄉鄉民的生命依歸，然而我的濃郁鄉情，卻難以使用簡短言詞來表達。」〔註33〕農村、土地都是灌滋吳晟成長的點滴養份，「一體化敘事」在吳晟筆下，並不然帶有「全部融合」或「以一提三」整體敘事，在更多時候只帶到了農村場景、農事辛勞或對土地的關懷，可是將其延伸來看，農民之事奠基於土地滋養，而臺灣土地歷經了殖民、掠奪、污染的過程後，只更突顯臺灣人民仰賴土地之深，是無法被輕易抹除、切割的，或者說，吳晟想呈現的是臺灣土地被資源掠奪、重分配後的不堪場景，土地在資本主義的商業邏輯下，抹去「大地之母」般的精神力量，轉變成商業性、政治性的資本象徵。人民開始與土地脫離，不僅疏離毫無感情，更可能被背後的炒作、利益輸送、工業污染逼害到退無可退的境地，使得一生世業斷送掉，所以護衛農地、農村及農民生計。另者農地（田地）對吳晟來說，亦是母親一生縮影，通過母親勞動，看見了

〔註32〕吳晟，〈良田作物〉，《守護母親之河：筆記濁水溪》（臺北：聯合文學，2014），頁248。

〔註33〕吳晟，〈溪埔良田〉，《守護母親之河：筆記濁水溪》（臺北：聯合文學，2014），頁245。

多重的情感,是對母親的、對濁水溪還有於家的:

> 我一直住在濁水溪下流的農鄉,濁水溪從我家田園的南方經過然後
> 出海。從小就常常看到母親為了爭取耕種用水,大白天要「巡田
> 水」、漆黑的深夜,還要一個人坐在田頭「顧田水」。母親整夜守護
> 著細細的水流,不敢回家睡覺,因為新插的水稻秧苗不能一刻缺
> 水。一旦自家田邊的圳溝斷水時,母親就必須扛著鋤頭沿田埂走到
> 更遠的埤仔頭,截引濁水溪的水源流進自家的田來。〔註34〕

他吸吮到母親的氣息、土地的氛香以及無愧於生命的態度:

> 既然田地是母親精神上不可或缺的寄託,既然母親認定唯有這樣勞
> 動,生活才有意義,我又何必一定要和母親爭論什麼經濟效益?只
> 要衣食無缺,家中大小平安和樂,而無愧於生命,真需要那麼計較
> 經濟條件嗎?在母親有生之年,何必強將事事講究利潤的經濟觀,
> 破滅了她對田地單純的信靠。至於往後,也許我也會深受母親薰陶,
> 一如母親深愛田地吧!〔註35〕

此段話看似描述母親與田地的緊密關係,但中間呼應著「大地之母」的概念,土地與母親融涉在一起,散吐出溫暖、生生不息的強大力量,形構出「稻作文化的民粹精神」〔註36〕,兩者於吳晟都是不可或缺的,只因他愛著母親、愛著田地,一如母親與田地的高度聯結,這一切一切都來自於「長年生長於斯斯土、耕於斯土,許許多多生命體驗、生活記憶,緊密地牽繫著不斷加深的鄉土情愫。」〔註37〕正因為吳晟書寫裡散發的熱愛情懷,更令人感受到他從農村生活滋養起來的筆桿/稻桿的行動力,成就曾健民以為的,「他是臺灣農村的一分子,他生息工作於其中,臺灣農村是他最親近熟知的環境,每一草木每一聲音每一位鄉民每一件事故,對他來說都有生活的內容及時代的

〔註34〕 吳晟,〈水的歸屬〉,《守護母親之河:筆記濁水溪》(臺北:聯合文學,2014),頁52。

〔註35〕 吳晟,〈田地〉,《不如相忘》(臺北,華成圖書,2002),頁67。(原發表於《聯合報》1990年4月)

〔註36〕 曾健民所稱的「稻作文化的民粹精神」,是以母親為中心的鄉親野老的稻作文化民粹精神,並構成吳晟思想感情、對現代文明批判力量的重要基礎。請參閱曾健民,〈讀「店仔頭開講」草稿〉,《店仔頭》(臺北:洪範,1985),頁10。

〔註37〕 吳晟,〈溪埔良田〉,《守護母親之河:筆記濁水溪》(臺北:聯合文學,2014),頁245。

關聯。」〔註38〕種種看來，吳晟的一體化敘事，是以「農村——土地——臺灣」連動而成，以空間性質來說是由小而大。這其中的差別在於，「臺灣」是最後的歸屬也是堅定的信念，臺灣是涵融土地、農村的實踐場所，也間接地承認了土地所承負的界限是在臺灣空間、國土疆域裡被承認著、運用著、愛護著。從實踐場所來論證臺灣不僅僅只是一種符碼，還帶有更厚實的主體意涵，回應於生活、社會、歷史與政治語境中。

這使得吳晟思考的不僅只是情感對土地的延伸，還有現實上的種種困境：

> 我們家鄉的田地，靠近濁水溪，地質良好，灌溉便利，是出產風味
> 最佳、道地「濁水溪米」的一流農地，但因遠離商業城市，經濟永
> 遠落在時代的後塵，一旦民生不景氣，又最先嘗到苦果。〔註39〕

相較於楊儒門直接批判臺灣在國際貿易下被戕傷景況，吳晟更感嘆的是農民依賴著農地而活，即便蘊孕出盛名、風味佳的「濁水溪米」，卻可能換不來對真實的經濟報酬。不論經濟好壞，農民所獲的可能只是名聲而非實利，這對於長期投入於此的農民而言絕非好消息，沒有實質經濟基礎，農民永遠都只能看天吃飯，而這個天不僅是自然之天也喻含了上位者的政策，如此看來怎不叫人心慌感嘆。

同似地，楊儒門的眼裡亦有類似警覺與更強烈的批判：

> 體會自然的美，要先認識大地生命的力量，敬畏大地的變化面容，
> 不然只會瞧見表象的一面，無法真實的對話與了解。當兵前，在外
> 公家住了幾年，幫忙種田，我知，再默默種田下去，最後是沒有路
> 走，這就是現實的環境，要是沒有改變的話，不出十年，臺灣只會
> 剩下「觀光農業」，我們一切吃喝全要仰賴進口，那還有什麼好談、
> 好講的？〔註40〕（2006/02/02）

裡頭突顯兩個課題：認識大地生命、現實環境的逼迫，前者類似於土地倫理的概念，認定人聯結土地的必要性：後者直接點破「觀光農業」假象，不從事實際生產，臺灣糧食自足率的下降，已初步危害農民生計，接著就是糧食危機。可是隨著國家貿易政策、商業發展的趨向來看，農業成為代價，可被

〔註38〕曾健民，〈讀「店仔頭開講」草稿〉，《店仔頭》（臺北：洪範，1985），頁9。
〔註39〕吳晟，〈田地〉，《不如相忘》（臺北，華成圖書，2002），頁65。（原發表於《聯合報》1990年4月）
〔註40〕楊儒門，〈獄中札記〉，《白米不是炸彈》（臺北：INK印刻，2007），頁231。

取代且是被用來代換其他貿易項目的產業，農民、農地及農村在自我毀滅與政策爲危下，早已一再地失去原有面貌，帶來的不見得是更好的生活，可能是難以預料的災禍。

第三節　底層人民如何被報導──以鍾喬爲例

一、爲人而言

　　鍾喬（1956～），籍貫臺灣省苗栗縣。國立中興大學外文系畢業，中國文化大學藝術研究所戲劇碩士。曾任《人間》雜誌主編，並於 1997 年成立「差事劇團」，以劇場形式作爲實踐理念的方式。鍾喬是個多產且具多重身分的作家，他的創作橫跨小說、散文、劇本和現代詩。若從陳俊樺的《左的文化抵抗：差事劇團十年研究》〔註41〕、蕭紫菡的〈向自己反叛的藝術家〉〔註42〕、王幼華與莫渝的〈人與土地悲苦的側顏〉〔註43〕、陳映眞的〈實踐文藝的創作方法問題──鍾喬「潮暗」觀後〉〔註44〕、盧思岳的〈認眞看一個朋友──讀鍾喬《身體的鄉愁》〉〔註45〕的研究中，可以看出鍾喬的創作歷程，突出鍾喬走向左派思想、民眾劇場的創作轉折，並理解到他將劇場理論與主題意識，放置在社會實踐、歷史關懷之上。

　　鍾喬從高中時期（臺中一中）加入當時校內的文學社團──「繆思社」負責編校刊。在如此環境下聚集了不少念文科、對文學頗有興趣的學生，路寒袖即是鍾喬在繆思社的伙伴之一。此外，當時文壇上盛行一時的現代主義、存在主義，也間接地影響了鍾喬創作的意向與思考，讓他逐步地踏上了創作

〔註41〕陳俊樺，《左的文化抵抗：差事劇團十年研究》（臺北：臺北藝術大學戲劇學系碩士班碩士論文，2007）。

〔註42〕蕭紫菡，〈向自己反叛的藝術家〉，《人本教育札記》206 期（2006.08），頁 10～15。

〔註43〕王幼華、莫渝，〈人與土地悲苦的側顏〉，《重修苗栗縣志 卷二八 文學志》（苗栗：苗栗縣政府，2005），頁 371～374。關於〈人與土地悲苦的側顏〉是屬於散文的介紹。其他關於鍾喬的創作介紹，在《重修苗栗縣志》中尚有〈在迷濛中尋找臺灣歷史〉，頁 225～226；〈弱勢者的吶喊〉，頁 401～402 等。

〔註44〕陳映眞，〈實踐文藝的創作方法問題──鍾喬「潮暗」觀後〉，《表現藝術》145 期（2005.01），頁 84～86。

〔註45〕盧思岳，〈認眞看一個朋友──讀鍾喬《身體的鄉愁》〉，《臺灣日報》31 版（1999.11.28）。

的道路。〔註46〕到大學時期老師介紹，開啓了他接觸中國 30 年代的魯迅、巴金等作品之契機。結束大學生活後，順利地考進了臺北的研究所（今中國文化大學），正準備北上的這一段期間，作家自稱，在思想上已接受當時視爲「禁忌」的社會主義啓蒙。以致於就讀研究所期間，便熱烈地投入黨外運動，以及參與《夏潮》雜誌的編製，後來更結識了作家──陳映眞，接受了左派理論與馬克思主義之薰陶。〔註47〕

從這樣的求學歷程來看，確實不難發現，鍾喬之所以會投入現代詩的創作，和當時環境、學校風氣、文壇的思潮都有密不可分的關係。而其中後來會接受左派理論，以此作爲實踐的基礎與理念，則和當時臺灣政治結構急速變遷有很大的關聯。若回顧臺灣歷史，臺灣自 70 年代的挑戰與衝擊，對鍾喬來說都具有關鍵性影響，〔註48〕對他來說，這一連串由「民間力量」所勾勒出來的社會運動，對於知識人的良知有著某種深沉的召喚，〔註49〕甚至是促使他走向實踐道路的重要原因之一，並埋下了後來加入了《夏潮》、《人間》的行列，開始以務實的視角去面對社會底層的聲音、被埋藏的歷史，以及各種隱動的力量的重要機緣。甚至因爲後來《人間》停刊（1989 年），但陳映眞還是引薦鍾喬，前往韓國參加一個由菲律賓亞洲民眾文化協會（Asian Council for People's Culture）舉辦的民眾劇場工作坊「Trainers' Training Workshop」，而使得他原本脫離劇場與詩歌創作的動力，再度被牽引回來，使鍾喬重新以劇場、詩作等創作，作爲實踐的策略與表述的形式。

相較於臺灣社會政治的影響，加上陳映眞與《人間》的導引，另一個影響者，莫過於國外詩人──聶魯達，這是爲什麼呢？仔細翻閱作家的作品可以發現，幾乎每個作品都會談到聶魯達對他的啓發甚至創作。但究竟聶魯達

〔註46〕周行，〈詩，是我血液裡的聲音──專訪鍾喬〉，《文訊》272 期（2008.06），頁 38。

〔註47〕周行，〈詩，是我血液裡的聲音──專訪鍾喬〉，《文訊》272 期（2008.06），頁 39。

〔註48〕鍾喬自述：「一九八一年，對我而言，是相當重要的一年。這時，我雖已結束了浪浪蕩蕩的大學四年生活，在臺北唸研究所了。而當時整個島內，也因爲受到幾次政治事件的衝擊，民主、自由的討論轉而爲大量報章、雜誌出現街頭的時候。」請參閱鍾喬，〈自序〉，《在血泊中航行》（臺北：人間出版社，1987），頁 23。

〔註49〕鍾喬，〈擺盪的開始──一個創作者的社會觀〉，《文化視窗》64 期（2004.06），頁 19。

是何時成爲他的標竿的呢？如果對照第一本詩集《在血泊中航行》，裡頭就已經有〈噢！聶魯達〉一詩，〔註50〕此詩主要即在談論對聶魯達的嚮往，若相互比對，顯然作家接觸聶魯達的時間，已有一段時日，並且和他接觸黨外運動、雜誌編輯有一定的呼應。如此看來，可以發現，作家走向實踐的路途，幾乎可以說是從研究所時期開始，並陸陸續續地接觸到不同的作家、文學作品與理論，奠定了他的思維模式與實踐策略。究竟聶魯達何以會吸引鍾喬，進而影響創作理念呢？于善祿以爲：

> 在鍾喬看來，聶魯達的詩創作能夠安頓政治，而不致於成爲服務政治的口號。並藉由此，結合了社會觀察與人文關懷，以詩、報導文學等表現形式，堅持對臺灣政治、社會、經濟、文化環境提出反省與批判。〔註51〕

文章指出，鍾喬之所以認同了聶魯達的文學訴求，不僅僅在於文學上的成就，最主要者，「社會觀察」、「人文關懷」才是感動民眾，進而達到批判與反思的核心價值。確實回顧鍾喬的創作歷史、創作類型，詩、報導文學、劇場、散文等是他創作的媒介類型，且重要出發點在於探索人存在的樣態、存在的價值，以此作爲對「人間」的一種觀察與回應，鍾喬也期望自身能達到與其相同的書寫力量，以印證作爲一個知識分子的理想目標，也間接貼合了關懷「他者」積極態度。

二、無以爲聲的底層

鍾喬關懷課題雖然紛多，基本上卻不脫一個主軸：邊陲性格的存在，也就是被主體敘事拒斥或投射的他者，無以維生／爲聲的底層人民聚合在一起，更顯悲淒無助：

> 班迪多是菲律賓籍的外籍勞工。他說，他聽不懂中文，也不會說半句中文，只能比手劃腳地和工頭討論工地裏的事情。他還說：「雖然語言是他其他工人們溝通時的最大障礙，但工地裏的弟兄們待他如兄弟，他從生活中能夠深刻體會出來！」說這些話時，班迪多的表

〔註50〕〈噢！聶魯達〉一詩雖未標明發表時間，但觀看詩集的出版時間爲 1987 年，已是鍾喬進入《人間》雜誌之時。

〔註51〕于善祿，〈來自聶魯達與波瓦的明信片——打通鍾喬創作觀的任督二脈〉，《美育》134 期（2003.07），頁 65。

情流露出某種善體人意的尷尬。其實，班迪多並遠未曾知曉，和他一起工作的工地弟兄們，雖然是以他所聽不懂的中文相互溝通，但他們既不是中國人，也不是時下「政治圖騰」中時常被祭出來當作一種符號的臺灣人。他們是道地的臺灣人——臺灣阿美族原住民。〔註52〕

原文標題〈來自貧窮線上的勞動弟兄——外籍勞工追蹤報導〉，以「外籍勞工」為報導對象，幅擴於臺灣原住民，進而帶出跨國移工處境、語言轉譯、臺灣原住民（被默認）的身分認同。一如前面提及的外籍移工悲慘處境，鍾喬將其置放在跨國資本流動下藉以批判臺灣經濟轉型的跛行：

> 國際資本朝低工資地區流動；而低工資國家的勞工卻往高工資地區逆流的景況下，依附「發展掛帥」而依賴發展的臺灣，事實上，充分暴露了經濟部門在產業升級困難下，以仰賴廉價外籍勞工的勞動力跛行發展的事實罷了！〔註53〕

「班迪多」不過是跨國資本／臺灣產業升級雙重論述下的「資本」及「符號」，他們不單為自己（和家庭）來，他們也代表了菲律賓向外輸出的「資本」，在個人賺取薪資外也為菲律賓賺回大量外匯。即便如此，他們販賣勞力，卻在臺灣工作過程中面臨語言不通、被資方雇主剝削，進而衍生了「逃跑的外籍移工」。「班迪多」在國際分工底下，他像是「金錢」的代換詞，他來到臺灣土地上工作，他卻不屬於臺灣，在那個當下他也不屬菲律賓，他只被簡單地概換成「勞動力」。在臺灣—菲律賓的關係中，他似乎應帶著國際政治位階優勢而來，但在臺灣他被國家、資方的經濟實力壓迫著，他為了生存而必須投入生產。他一方面對臺灣基礎建設生產，另一方面也生產出菲律賓的外匯存底。在跨越國的國邊界之後，他不再述說個人的故事，他也必須說著家庭的故事、國家的故事。這使得我們必須理解到的是，「當代政治中最重要的要求肯認的類型，大多與文化差異有關，比如性傾向、宗教和生活風格的差異。在這些例子中，受歧視的群體主張他們的正當性和價值應被肯認。然而，階級的微觀和鉅觀政治卻非如此。窮人不會疾呼貧窮這回事應被正當化、被正

〔註52〕鍾喬，〈來自貧窮線上的勞動弟兄——外籍勞工追蹤報導〉，《城市邊緣》（臺北：張老師出版社，1992）頁38。（原載於1990年11月10～11日自立早報）

〔註53〕鍾喬，〈來自貧窮線上的勞動弟兄——外籍勞工追蹤報導〉，《城市邊緣》（臺北：張老師出版社，1992）頁57。（原載於1990年11月10～11日自立早報）

面接納。相反的，他們希望的是脫離或擺脫自己的階級位置，而非接受和肯定它。」〔註54〕

　　如前面章節提及，臺灣產業升級、經齊發展仰賴的並不是「技術升級」，而是「降低成本」，雖然這可推及於臺灣薪資成長、人力需求大增等現實條件，卻也爲臺灣本地的勞工帶來衝擊與傷害。因爲若說臺灣產業升級、經濟發展一方面仰賴外籍移工，那更不能忽略臺灣原住民在一波波的缺工、缺力的潮動下，進入勞動市場的景況，因爲「在勞動力嚴重缺乏的狀況下，被視作『世紀人口大流動』的外籍勞工大量擠進臺灣營建業的行列。同時，在臺灣發展工業的早期，便被迫離開崩潰的山地經濟的原住民青年，這些年來，更是經由捐介的方式蜂湧進入臺灣營造業的勞力市場中。」〔註55〕關於原／漢間的支配、勞資結關係，其實是作家長期以來的關懷重心，這和他自許的左派思維有關，另來自於自我的省思，如《在血泊中航行》所述：「往後的日子裡，在我有機會讀到臺灣早期的歷史，瞭解漢人初初由大陸渡海來台，其實一直是扮演著對原住民支配的角色之時。我總會帶著強烈的贖罪心情，希望以自己微薄的能力，爲受盡現實鞭笞、飽嘗歷史扭曲的原住民，眞正做點什麼事。」〔註56〕使得作家對於原住民處境特尤關注，例如〈流離・索居・新店溪畔的都市原住民〉如此描述：

　　　比起臺北市的都市「無殼蝸牛」，他們的遭遇更形觸動關切者注目的眼光。新店溪畔上、下游的兩個部落，少說有五十來戶，三～四百人之多的阿美人，他們多數在一來年前便遠離農村／山地經濟瀕臨崩潰邊緣的家鄉，從臺灣東部的花蓮、台東一帶遷徙到臺北來。投入龐大而繁複的都市社會之後，他們大抵以出賣重勞動力謀取生活，然而，早先他們據佔河川地所搭蓋的違建屋，卻在一九七九年以來連連七次面臨被拆除的噩運。每一回，都是透過陳情、抗議方化解了無家可歸的困境。〔註57〕

〔註54〕　安德魯・賽爾（Andrew　Sayer），陳妙芬、萬毓澤合譯，《階級的道德意義》（臺北市：巨流，2008），頁78。

〔註55〕　鍾喬，〈來自貧窮線上的勞動弟兄——外籍勞工追蹤報導〉，《城市邊緣》（臺北：張老師出版社，1992）頁40。（原載於1990年11月10～11日自立早報）

〔註56〕　鍾喬，〈自序〉，《在血泊中航行》（臺北：人間出版社，1987），頁28。

〔註57〕　鍾喬，〈流離・索居・新店溪畔的都市原住民〉，《城市邊緣》（臺北：張老師出版社，1992）頁6。（原載於1990年4月16～17日自立早報）

對此，鍾喬特別點出，「流離新店溪畔的阿美原住民，是廣大離鄉失根的都市原住民的縮影。他們面對住權的飽經剝離，在危險度高的勞動場合出賣動力！同時遷移都市的第二代普遍出現教育、文化的適應不良症。在一九六○年代中期以後，平地漢人資本的加工出口持續擴大，更形吸引都市原住民納入不均等發展的社會網絡中。都市原住民無論在語言、文化、勞動生活方面，都面臨著空前龐大的貧困化和停滯化。」〔註58〕首善之都臺北，原為資源豐沛、安居樂業的居所，可是對於社會邊緣人、弱勢族群來說，臺北根本無法提供豐裕生活。對於原住民來說，它進入都會也等於進入了被編制的命運，工作、生活甚至連居所都無法獲得保障的情況下，其堪憐處境是無以想像。

　　除了底層勞動生活的描述，也可以發現鍾喬特別關注背後所衍發的語言、文化斷裂的問題。我們理解到西方哲學在「語言學轉向」的思考下，試圖從語言探尋哲學課題，觸及了語言作為文化表徵甚至是殖民現象的討論，一個國家、社群、族群或階級的語言使用模式，代表不僅僅只是溝通的模式，也代表了特定的文化現象與符號表徵。一如史碧娃克、霍米巴巴特別關注的「少數話語」以及「學舌」的操作，就充分表現出殖民者在語言交易（譯）過程中，所帶有的流動特質。對於鍾喬來說，或許他並未效法巴巴概念卻依然深刻地提出他的觀察與批判，例如：

> 林新發這個來自阿美族原鄉的原住民，操著一口帶濃重鄉音的普通話，在都市的勞動市場中出賣重勞動力，對於母體文化的流失，他幾乎未嘗絲毫感到無奈或惋惜。相同地，來自菲律賓的班迪多，在菲律賓長久以來備受美國軍事、政治、文化強權支配的影響下，也甚少以自己的母語和朋友或親人溝通了。「我覺得用英語說和寫，對我而言，都比較方便。大概是熟悉的關係罷！」班迪多說，「至於我的母語，都快忘得差不多了！」〔註59〕

母語不光代表和親族溝通的工具，更具向「母體文化」認同之意義。對於林新發、班迪多而言，他們為了能夠在勞動市場生存、溝通，必須使用國語、英語，無形中切斷了他們與母體文化的聯結，點出了某種「原住民實質的生

〔註58〕鍾喬，〈流離・索居・新店溪畔的都市原住民〉，《城市邊緣》（臺北：張老師出版社，1992）頁9。（原載於1990年4月16～17日自立早報）

〔註59〕鍾喬，〈來自貧窮線上的勞動弟兄──外籍勞工追蹤報導〉，《城市邊緣》（臺北：張老師出版社，1992）頁44。（原載於1990年11月10～11日自立早報）

命經驗」與「族群思維底下的文學細胞」之間的落差。〔註60〕

操作語言從後殖民角度來看並不是一件單純的事，它背後涉及文化認同、族群認同以及國家機器運作。對於林新發而言，象徵著原住民在臺灣土地上殖民現象的具體呈現，不論是政治、教育或工作場域，使用「國語」成為不得不然的狀態，且在意識形態國家機器運作下，久之亦適應了夾帶的意識形態。同樣地，對於班迪多及他的國家——菲律賓而言，使用英語突顯了過去以美國為主的強國霸權。通過英語似乎可以聯通世界各地，作為一種有效的溝通語言。可是別忘了，美國與菲律賓間亦存在殖民者、被殖民者的權力位階，故語言體系的替代不是為了方便，而是殖民效度的展現方式。

三、報導作為實踐工具

前面提到鍾喬藉由報導形式看到臺灣社會底層、弱勢社群自 70 年代以來經濟發展下的「複合敘事」：外籍移工、都市原住民、臺灣在國際資本流動與分工下的附庸位階。這些人共同支撐了臺灣的經濟、社會基礎，卻在不平待、剝削式的待遇下，被擠壓在社會底層，他們可能被迫剝脫掉原先國籍、族裔的外衣，以不同形式共同編織入底層行列，以勞力、體力換取生存，可是一旦發生意外，資方雇主、政府單方卻冷漠對待。

所謂報導文學的「報導」，一方面建構了文學類型的樣態框架，可是亦賦予相對「能動性」。回顧臺灣本土的報導文學發展，基本上脈絡大致可推導楊逵，但在戰後威權體制底下，報導文學暫時失卻了批判性、現實性的回應能力，有的是如所作的歷史民俗的調查報告，民俗內容的調查報告其實也算是「報導文學」的一種類型，但在書寫過程中可能就較少（或失去了）文學性，形成了一般的「報告」，也就是以資料呈現為主，文學表現反而較不重要或根本性的忽略。當然這無以苛責 50、60 年代投入於這些調查報告的作家、研究者，相反地，他們展現了報導文學的另一條路線，且承續了「資料收集」、「匯合統整」的採訪態度與精神，不致使自日本殖民時期以來的報導文學（史）留下空白。

〔註60〕此觀點挪借魏貽君所指，一九八○年代前後出生的都市原住民而言，「原住民實質的生命經驗」與「族群思維底下的文學細胞」之間，不必然是對等的命題關係。魏貽君，《戰後臺灣原住民族文學形成的探察》（新北市，INK 印刻文學，2013），頁 313。

如緒論提及，戰後報導文學的勃興代表了文體容述現實課題的需求，另者也代表美學性格的擴延更替。這在中國時報的「人間副刊」、《人間》雜誌表現的格外突出，因爲當時不少的文學家都希望透過報導文學介入現實、反映現實，其他如本文提及的藍博洲《紅色客家庄》、《臺灣好女人》等無不在揭露長久被覆掩的歷史，這些文本的出現將我們從國家虛造、單向的歷史詮釋中解放出來，朝向更光明更多眞相的道路走去，也就是如同鍾喬一系列描寫都市原住民、外籍移工，揭露本身就是批判或使我們尋找到他者的面容，被隱遮的他者必須透過此，向我們投注存在的訊息，列維納斯的「面容」能夠爲我們帶來眞理，因爲「他者的眞理是表達」，〔註61〕在表達當中將會看見更多的，而書寫能夠拯救也許不是偉巨的國／家，而是一顆顆等待被聽見的心。

鍾喬稱報導文學與口述歷史爲「口述實錄文學」，且具有呈現眞實的社會人特質：

> 口述實錄文學和其他類型的非虛構文學一般，是以生活的證言呈現眞實的社會人。它雖不以技巧取勝，卻企圖在內容的豐富性上，強調人在文學作品中的位置。套句布萊希特在「史詩劇場」中強調的話，「戲劇是爲了帶給觀眾啓示性的作用，進而發揮改造社會的功能。」如果，總算不過於勉強的，布萊希特對劇場的詮釋，還是多少符合我對口述實錄文學的認知。〔註62〕

這段話裡可以清楚地看到「口述實錄文學」應具有非虛構、生活的證言、眞實、改造社會等質素，更重要的是「人」在文學作品中的位置。但除了強調人的位置之外，鍾喬也很強調「好的口述文學」的要件，例如：

> 當然，就像一篇小說可以被處理成世界經典，也同樣有淪爲三流作品的可能一樣，口述實錄的作品並不因其只是生活證言，便毫無優、劣判定的標準。好的口述文學至少應該具備下面三項條件：（一）廣泛蒐集題材，對被採訪對象進行縱深的訪談。（二）如實呈現題材眞貌，儘量在不失眞的原則下，呈顯訪談的內容。以及（三）最重要的，透過一個題材，表現特定時空下的一項社會議題。〔註63〕

〔註61〕列維納斯著、汪素芳譯，〈形上學與超越〉，《回應他者——列維納斯再探》（臺北市：書林，2014），頁509。
〔註62〕鍾喬，〈揭開社會夢魘的底層——我寫「都市窮人篇」〉，《城市邊緣》（臺北：張老師出版社，1992）頁110。（原載於1990年3月22日自立早報）
〔註63〕鍾喬，〈揭開社會夢魘的底層——我寫「都市窮人篇」〉，《城市邊緣》（臺北：

「好的口述文學」就是在「如實反映」的語言形態中，找到實踐美學的內涵。因為鍾喬以為文學不是「純然反應」，更重要的是「美學應有其自主性」：

> 一九八○年代中期，在臺灣社會面臨劇胎動的年代，我拾筆寫作報導的篇章。在寫出每一篇現場報導的過程中，我緩慢地了解到掌握社會結構性脈動的重要性。沒有觀點便很難去觀照事實背後的真實。然而，觀點一旦過度地氾濫或未經安置，又會形成失喪美學自主性的危機……。這通常便是一個報導人最須去面對的挑戰。〔註64〕

觀點就是視角，會決定事物發展和被詮釋的向度，雖說報導文學應趨向客觀中立，可是經由後現代理論洗禮已遭到嚴重質疑，顯出「視角」重要性。鍾喬面臨「美學自主性」的危機，〔註65〕也就是誰能決定書寫的樣態，如何安置觀點，避免喪失美學依憑。由於口述實錄文學（或稱報導文學）的特性，書寫時會涉及「觀察對象」與「自我」間的平衡問題。「觀察對象」就在那裡，看似全然無遮掩，可是觀察者卻不見得能窺其全貌，或者面臨到「觀點一旦過度地氾濫或未經安置」時，都會引發「焦點」無法置理的課題。敘事視角的轉換（或發聲位置）的不同，涉及了對於現實場景的轉換、事務的關懷必有所不同，不論是第一人稱或第三人稱的初始點，亦或是虛構性／真實性的交融使用，除了不能破壞「真實世界」的構成、發生外，其實是在於「召喚」讀者的參與與共感經驗。這看來玄秘的說法，意在指出報導文學本身脫離了小說的「內在組成世界」的可能後，又在一定程度上限制了虛構性元素干擾的表述、對他者的負擔下，書寫本身就充滿了倫理意向，亦是鍾喬念茲在茲的課題。

　　總的來說不論是否要運用報導文學或要將報導文學提昇到何種美學境界，鍾喬依然有個盼求，那就是報導人與被報導人間的聯繫：

張老師出版社，1992）頁 111。（原載於 1990 年 3 月 22 日自立早報）

〔註64〕鍾喬，〈自序：報導人的邊緣檔案〉，《邊緣檔案》（臺北市：揚智文化，1995），頁 4。

〔註65〕鍾喬曾說：「八○年代中期，寫的大多是社會報導：諸如環保、原住民、工運、都市邊緣人等的議題。九○年代開始，我則將寫作的核心擺在報導劇場、電影等與表演藝術相關的議題上。如果有人問我前後兩者存在著何種差異的話，我的答案大抵離不開強調「參與式觀察」的重要。但是，在從事表演藝術的報導工作上，我的確比較自覺到美學自主性的不容輕忽。」請參閱鍾喬，〈自序：報導人的邊緣檔案〉，《邊緣檔案》（臺北市：揚智文化，1995），頁 4。

報導人去到了工作的現場，採集了民眾的歡顏或怨語，悲憤或激情；
報導人離開了現場，在媒體上披露了自己的觀察。最終，報導人與
民眾之間的關係如何被建立呢？是互動，是遺忘，或甚且是棄置呢？
〔註66〕

鍾喬走入底層，將他們貧弱聲音化成文字帶出，透過文學篇章、文字敘述把
底層的故事清晰地傳遞出去，可是這不應是終點也不是資料收集的過程，報
導人的媒介雖是文字，可關懷對象依然是活生生的「他者」，「報導」（採訪）
就是介入干涉，他者在原本的生活場域容納報導者到來，彼此產生了聯結，
於是乎「擔負」頓時間產生締結，誰都不該輕易地拋離而去。

第四節　社會運動的異語──以吳永毅《左工二流誌：組織生活的出櫃書寫》為例

一、關於二流人

　　《左工二流誌》的敘事基本上是以吳永毅被夏鑄九的「吸收」作為開端，
為了出國留學學校的推薦信問題，寫信到美國去問夏鑄九（被學生暱稱他為
「老夏」），兩人認識是在更早的 1980 年暑期，吳永毅跟隨夏在林家花園測繪
打工，建立起準師徒關係，此時被認定為海歸左派網絡的「下線」。〔註67〕到
1985 年 2 月吳永毅到了美國之後，〔註68〕也初步捲入在美臺灣人左派社群，
1985 年初到 1987 年底間在洛杉磯和芝加哥交錯的寒暑假「集訓」，同時通過
克萊的左翼課程、校園內的學生運動、校外的社會氣氛，和學生社團「箴言
社」等互相滲透著作用。〔註69〕

　　回到臺灣後，吳永毅更明顯地感到到的組織運作的脈絡，例如「拉派」
的聚會、合縱連橫。所謂的「拉派」是「洛杉磯（LA）派」的代號，是回到
臺灣後在特定脈絡下發展出的稱謂，指一群在留美時受到保釣左翼團體影響

〔註66〕鍾喬，〈搬開那頁激亢的篇章〉，《身體的鄉愁》（臺中市：晨星，1999），頁 136。

〔註67〕吳永毅，《左工二流誌：組織生活的出櫃書寫》（臺北市：臺灣社會研究雜誌，2014），頁 56。

〔註68〕1985 年 2 月初吳永毅到美國，同年暑假去芝加哥林孝信的地方打工。

〔註69〕吳永毅，《左工二流誌：組織生活的出櫃書寫》（臺北市：臺灣社會研究雜誌，2014），頁 67。

的歸國學人，回台後由蔡建仁（暱稱「小蔡」、筆名趙萬來）召集的不定期聚會，成員的以原先在洛杉磯為基地編輯左翼刊物《臺灣思潮》的活躍分子為主，多數成員同時參與學運活動，所以被年輕的學運分子稱為「拉（LA）派」，而吳永毅他們自己之間，偶以「拉 group」作為聯絡暗號。〔註70〕成「派」的原因在於，當年留美臺灣人保釣運動發展出來的兩個高度重疊的左翼網絡，一個是以洛杉磯為編輯基地，但寫手和成員跨越美國東西岸的《臺灣思潮》；另一個是以芝加哥為基地，以林孝信為核心「臺灣民主支援會」，發行《民主臺灣》刊物。〔註71〕成員們彼此之間在社運的位置、發聲管道並不相同，基本上依其相關位置，可分為「第一線」和「第二線」。「第一線」是指蔡建仁、鄭村棋等直接參與社運，或是當記者直接接觸社運的人，至於其他在校園的人屬後援的「第二線」成員。〔註72〕

　　由於分工及運動路線上的分歧，鄭村棋特別劃出兩種類型，蔡建仁代表的是「一流人‧謀略」路線，至於由鄭村棋和夏林清主導的「工作室」代表「二流人‧蹲點」。從此來看得知《左工二流誌》基本上就是吳永毅依循在工作室軌道上的回憶敘事。吳永毅說到開始和鄭村棋關係密切起來，是 1987 年回台後，被鄭村棋介紹到《中國時報》當勞工記者，旋即又意外地發生組織中時工會的事件，從採訪新聞、觀察工運到自已成為爭議當事人，都是鄭村棋貼身指導。〔註73〕更讓吳永毅與「工作室」的關係更顯微妙。

　　「二流人」是一個「蹲點」、「工作室」下的「行動主體」符號，也是鄭村棋、夏林清特意植培的組織形態，但工作室運作多數還是得滲入相關的工會組織、團體當中，類似於植入「晶片」的概念。但在行動主體的實踐下，它代表了向底層學習、聯結、交流的管道，是以苦幹精神在進行運動。然而「工作室」模式也並非毫無缺點，例如王蘋依就「工作室」，一方面造成「婦女新知」的「家變」，連帶地與吳永毅的親密關係也受到了極大挑戰。

　　如果說吳永毅的社運開展於夏鑄九，那麼回臺後的運動更多時候是吳永

〔註70〕吳永毅，《左工二流誌：組織生活的出櫃書寫》（臺北市：臺灣社會研究雜誌，2014），頁 157。

〔註71〕吳永毅，《左工二流誌：組織生活的出櫃書寫》（臺北市：臺灣社會研究雜誌，2014），頁 158。

〔註72〕吳永毅，《左工二流誌：組織生活的出櫃書寫》（臺北市：臺灣社會研究雜誌，2014），頁 159。

〔註73〕吳永毅，《左工二流誌：組織生活的出櫃書寫》（臺北市：臺灣社會研究雜誌，2014），頁 173。

毅與工作室間的拉扯形成，但整體來說，吳永毅確實也在「二流人」、「工作室」之間找尋自己的能動性。

二、在實踐與療癒路上

　　整本書乍看爲描述吳永毅投入臺灣社會運動的回顧，卻在無意間透出吳永毅藉由自我敘事，激化出的「複雜情結」，其中尤以「第九章」的「補敘」最能突顯，這部分留待後面討論，此處想處理的是吳永毅的《左工二流誌》提供了他個人一個實踐／療癒的「省思空間」。

　　整本書鋪陳上，以回顧參與工運爲基調，輔以回顧團體（或工作室）與個人實踐策略／侷限何在。但翻開書卻可發現到一個近似「瘋顛」與「懺悔」的個體在不斷傾訴告白。從自我剖析／療癒的角度來看，面對的不單單只是個人／團體的運動生涯，是個人在族群、性別及階級等課題的總體回饋。單以族群議題來說，書裡其實並未花太多篇幅描述族群的，或者說描述族群課題的篇幅相較之下少得可以。即便如此，卻還是能感受到「外省人」在運動過程中面臨的語言、國族論述等衝擊。前者是工運對象幾乎都是勞工階級，他們多數來自於社會底層，私下交際往來慣用的不是「國語」而是自己的母語（河洛話、客語）。使得吳永毅推動工運時，往往難以融入（或領導）勞工，因爲語言的界分不僅僅只是語言慣習上的問題，在精神結構、意識形態上往往會視爲「非我族類」，拉開了領導與被領導者間的距離。當然這並非通例，在現實條件上依然勞工仰賴的還是情感的寄託，也就是最能貼近勞工、體會勞工的，才是工運能夠成功的主要因素。〔註 74〕因此，可以想見吳永毅在自我剖析時，似也體悟到語言影響的不僅僅只是意識形態，還有人們對於彼此認知的重要依憑。

　　語言問題既橫阻在工運實踐前，那麼延伸而來的國族論述、國家認同也變得棘手許多。書裡吳永毅自承有省籍情緒，不過 1992 年初曾茂興與其交心之前已經大部分被轉化。爸、媽都是外省人，不過爸在淪陷區學過日文，從小居住的板橋酒廠職員宿舍，並不是封閉性的眷村，接近一半家戶是受日本教育的本省技術人員，他的父親能夠與之用日語溝通、交往頻繁，二二八事

〔註74〕例如書裡談到組織者應利用「三同」——同吃、同住、同勞動（抗爭）搞組織、搞運動。請參閱吳永毅，《左工二流誌：組織生活的出櫃書寫》（臺北市：臺灣社會研究雜誌，2014），頁 348。

件時又被本省鄰居庇護，所以吳永毅（及家人）雖有「本省人到底不是自己人」的省籍界線，也享受著外省人「國語」相對標準的語言、文化優勢，但至少不是種族隔離式的基本教義派。〔註 75〕但「省籍情結」在後續運動中並未實質影響，也並未眞正地引發（內在／外在）的衝突，〔註 76〕一直是到他「1988 年初回台後，以記者身分直接被拋進解嚴後民進黨街頭狂飆的時空，親身遭遇強烈反外省人的民進黨群眾力量，那些殘留的省籍情緒又浮現出來。」〔註 77〕之後到了《財訊》的兩年間，感受到本省人對外省人的反向排斥，加上 1990 年反郝伯村（外省）軍人干政行動，到 1991 年底因爲已準備長期走上「外省文化沒有任何優勢的工運生涯」，心理上算站穩與統治者對立的位置，促成抗拒性的外省意識。〔註 78〕時序來到 1992 年底到 1993 年中，吳永毅和卡維波兩個外省人，輔以本省人鄭村棋，籌劃《島嶼邊緣》第 8 期——「假臺灣人專號」（1993 年 7 月出版），正式挑戰李登輝打造的新國族的文化論述，更在〈大家作夥當台奸〉的短文中，露骨地表達對「外省人台獨促進會」（外獨會）——以外省人原罪成爲主體內容，向台獨表態效忠的外省人組織的不屑。〔註 79〕

從這樣的脈絡來看，雖然他曾對李登輝的新國族論述有所批判，但整體來看省籍情結並未對吳永毅造成「困擾」，而連帶地的語言問題——不能講閩

〔註 75〕吳永毅，《左工二流誌：組織生活的出櫃書寫》（臺北市：臺灣社會研究雜誌，2014），頁 200。

〔註 76〕吳永毅在書裡述說：省籍認同與血統和家族史並不必然直接聯繫，而更多是被當下社會情境再創造（articulate）出來。我從 1971 年進入高中成爲反叛青年，到 1976 年進入淡江遇到左派老師，八〇年代初讀到林濁水等人撰寫的去中國化經典——黨外地下讀物《瓦解的帝國》（1984），所經歷的情緒震憾，幾個月都不能平復，1985 年赴美進入台左社群，我身上的國民黨愛國意識形態又再被鬆解，自以爲此後不管在理智或情感上都已走出省籍情結；然而 1988 年初回台後，以記者身分直接被拋進解嚴後民進黨街頭狂飆的時空，親身遭遇強烈反外省人的民進黨群眾力量，那些殘留的省籍情緒又浮現出來。請參閱吳永毅，《左工二流誌：組織生活的出櫃書寫》（臺北市：臺灣社會研究雜誌，2014），頁 200～201。

〔註 77〕吳永毅，《左工二流誌：組織生活的出櫃書寫》（臺北市：臺灣社會研究雜誌，2014），頁 200～201。

〔註 78〕吳永毅，《左工二流誌：組織生活的出櫃書寫》（臺北市：臺灣社會研究雜誌，2014），頁 201。

〔註 79〕吳永毅，《左工二流誌：組織生活的出櫃書寫》（臺北市：臺灣社會研究雜誌，2014），頁 2203。

南語，一如他感知的，1989 年以前是政治問題，到 1991 年底大概更多是工具性問題——面對群眾無法更具親和力的焦慮，而不是認同危機。」〔註80〕

　　相較之下，性別課題也非《左工二流誌》的核心課題，可是由於王蘋與吳永毅的親密伴侶關係，加上「婦女新知」與「女線」間的權力分配問題延伸到兩人的生活之中而變得複雜、尷尬起來。他和王蘋的夫妻關係是「革命／家庭」對應的「同志／愛人」關係，是兩人在各種工運動和婦運的其他合作關係中最親密的，兩人是從這個資本主義最基本的「社會單位」——核心家庭（只是我們沒有生小孩）來思考生涯和運動策略。〔註81〕吳永毅面臨著與王蘋相伴「運動夫妻」生活，組織集體不斷地介入個人的「夫妻關係」，在運動進行中，吳永毅也從中利用組織力量，適時地調動在他與王蘋的相處模式上，這點在吳永毅面臨到進入「工作室」後有了明顯轉變。工作室是「蹲點」的重要據點，是一個行動實踐、討論形成、多人共持的特殊團體（模式），因此在與王蘋相處經驗裡，因為加入工作室，致使吳永毅與王蘋從「運動夫妻／個體」（的摩擦和碰撞）過渡到「集體」的運動。〔註82〕

　　相較於族群（省籍）與性別的課題，吳永毅更多透涉關懷還是在於階級上，而且是人，例如知識分子、勞工的思考上。也因為如此使我們看到吳永毅從社會運動的角度中探察的不是社會運動如何裂解國家發展的敘事，而是人們在社會運動、網絡中的位置與行動。這也相當程度符合盧卡奇、葛蘭西、布爾迪厄重新界定知識分子的「文化馬克思主義」，在馬克思理論中將文學視為與經濟物質相對應的上層建築，這樣的概念在文化馬克思者的手中結合了黑格爾的遺緒成為新式的美學批判理論，也就是文化的批判理論。然而文化馬克思主義的信仰者，則亦相信實踐過程，能不斷修正與獲得一定的理論基礎。故馬克思預測的共產世界並未來到，也使得新一代的馬克思主義者，重新思索實踐的可能性。這一如吳永毅雖然花了不少篇幅描述自己參與工運的狀態，可是他也透過剖析運動成員，拉出了知識分子課題以供反思，例如：

　　　工聯的關鍵人物劉庸，他是另一種英雄主義，喜歡跟人攪和、喝酒、

〔註80〕吳永毅，《左工二流誌：組織生活的出櫃書寫》（臺北市：臺灣社會研究雜誌，2014），頁 201。

〔註81〕吳永毅，《左工二流誌：組織生活的出櫃書寫》（臺北市：臺灣社會研究雜誌，2014），頁 99。

〔註82〕吳永毅，《左工二流誌：組織生活的出櫃書寫》（臺北市：臺灣社會研究雜誌，2014），頁 286。

> 唱歌，但通常關係較爲膚淺，熱情也經常半途而廢，所以在工會也
> 處於「原子化」的孤立狀態。劉庸還有一個特殊性，他可能是最具
> 知識分子氣質的第一代工人頭人，雖然他父親是在三重開理髮店的
> 小生產者，但他外表高度符合「白面書生」的俊秀，他的語言（國、
> 台語標準）、慣習（參加中產合唱團）、婚姻（娶了勞工記者郭慧玲）
> 都接近知識分子，擅長用他斯文容貌，搭配理想主義的修辭，塑造
> 自己有別於草根工人的獨特氣質，使他在女工和年老工人間有魅
> 力。〔註83〕

相當鮮明且有趣的描述，突顯出工人頭人並不全然是「勞工」的「刻板印象」，反而更有知識分子氣質，行走在女工、年老工人之間，獲得一定的「修辭」效果。與此相似的還有：

> 林子文的位置要和侯晴耀一起評價。侯晴耀以「股票工運論」在第
> 一波工運中有其代表性，典型的菁英工人路線，如果曾茂興是「武」
> 梟雄，那麼侯晴耀可說是「文」梟雄；他鄙視基層工人，他的工運
> 世界裡底層不會說話，只能由他代言；林子文初期是這個路線的追
> 隨者，到 1994 年自己在北縣產總獨當一面，操盤正大尼龍罷工等硬
> 仗後才脫離侯晴耀的影響，但仍個人主義十足。〔註84〕

與劉庸不同處在於，吳永毅以爲侯晴耀與基層工人間是有「代言」問題。白話來說，是知識分子擁有的話語權之傲慢。可能無法眞實地爲基層工人發聲，更可能透過此迷陷在權力遊戲中而不自知。

　　整體來看，《左工二流誌》似爲知識分子投入社會運動的回顧歷程，裡頭彷彿爲了勞工投入得以完成「實踐」，可是仔細探析裡頭更多的是吳永毅轉化出敘事者一我，重新回到「運動的記憶場所」中尋找「過去的吳永毅」。書寫脈絡是以運動網絡架構著生命情境，也就是《左工二流誌》是一趟記憶的閱讀，運動史披在生命史的外層，揭開運動史是爲了探見個人的生命。誠如傑娜・巴德利（Jenna Baddeley）指出的，「自我定義的記憶是一種特定的自傳記憶，是能夠引起強烈情感的非常重要的個人記憶，活靈活現地停留在思想中，

〔註83〕吳永毅，《左工二流誌：組織生活的出櫃書寫》（臺北市：臺灣社會研究雜誌，2014），頁 238～239。

〔註84〕吳永毅，《左工二流誌：組織生活的出櫃書寫》（臺北市：臺灣社會研究雜誌，2014），頁 239。

令我們反覆回顧。」〔註85〕因爲這樣的記憶圍著生命中重要的（如社會運動）衝突、成功、失敗、頓悟的時刻以及最強烈的幻毀感。〔註86〕

三、介入還是補敘的第九章？

　　吳永毅的《左工二流誌》的出現意味著臺灣社會運動的回顧、回應，敘事視角牽扯到何者聲音該被放大或縮小，此書呈現了「內聚焦式」的視角，也就是多數評判事情的是敘事者——我。寫作形態、敘事手法，除了接近於回憶錄外，內容亦夾雜了日記、手札、筆記摘要、訪談稿、採訪資料、歷史文獻外，更重要的是它通過對話形式而成，並以記憶作主軸，又在中間夾雜了不同人的「日記」（手札）、致使看似統合在「我」爲發聲的敘事底下，卻又意外插出了其他章節。這裡我們可以談二個敘事上的特殊現象，一個是互文的表述狀態；二是章節補敘的意義。

　　基本上吳永毅通過歷史事件、個人記憶、他人筆記作爲參考點，交織複融在文章當中，所以書不僅是「個人回憶錄」，也可算是臺灣社會運動的「回憶錄」，致使看似小敘事實則回應了臺灣社會轉折的事件，自中時工會自降的臺灣社會運動，變得不太一樣，從公共領域轉向了私領域。當然這也涉及了敘事策略，這很像過去臺灣出現的長篇歷史小說（或大河小說），例如李喬「寒夜三部曲」、陳燁的《泥河》等等，幾乎通過家族史來支撐臺灣歷史，故一個家族的興衰盛敗也喻示了國家（臺灣）的不同歷史走向。類似地，吳永毅以個人私我作爲主聲調，構築了他的歷史敘事、屬於他獨有的社會運動發展史。

　　但另一個值得探析的是既然偏屬於個人的敘事，一旦有了其他訊息、材料或文本介入時，那還屬於個人的嗎？例如在書裡226～227頁提到「工聯」和「工委會」的矛盾章節時所引用一段筆記，以下摘錄片段：

今（94）年初或〔1993年11月12日〕遊行前，到勤益〔工會〕大
會，我用工委會名義上去動員，劉庸在下面反彈、策動〔其他幹部〕：
「這個人〔指我〕已經不提自主工聯，〔講話都是〕工委會長、工委

〔註85〕傑娜・巴德利（Jenna Baddeley）等著，〈繪製生命故事之徑——貫穿一生的敘事認同〉，《敘事探究——原理、技術與實例》（北京：北京師範大學出版社，2012），頁136。

〔註86〕傑娜・巴德利（Jenna Baddeley）等著，〈繪製生命故事之徑——貫穿一生的敘事認同〉，《敘事探究——原理、技術與實例》（北京：北京師範大學出版社，2012），頁136。

會短」……〔註87〕

有趣的地方在於這不全然是吳永毅自己的筆記摘要，而是另一人——陳素香1994年6月22日的工作筆記，用以記錄吳永毅在進入工作室面談時所做的陳述。其中括號（）是原筆記的註記，而〔〕則是補充原筆記省略之字句。工作筆記其實不僅僅只有陳素香有，吳永毅也有。

　　從（）與〔〕似乎只是對於原筆記的補充說明而已，並明確地將人、事、時、地、物說得更清楚。然而吳永毅借用陳素香的筆記，不僅具有「補充」作用，還有邀請與被迫參與敘事的作用。這必須回到書的原出發點來看，書名的副標「組織生活的出櫃書寫」是私我準備向公共揭露的過程，很像是同志迫於準備迎接、享受社會體制、觀念，將「性向」寄寓一個宣言，好展開與社會「恐同」話語的對話（或抗議）。「組織生活的出櫃書寫」意味著吳永毅躲在組織的「櫃子」裡，一直沒有人知道或清晰他的工運生活，究竟是好還是壞，出櫃代表著他放棄躲藏或無法躲藏。因此陳素香筆記的「夾敘」似乎預謀的犯案，出櫃宣言也有陳素香一份，並且暗示著某些「未出櫃的寶貴資訊」，依賴著陳素香「提醒」著吳永毅。

　　此外，陳素香筆記的夾敘，也代表著記憶作為敘事的脆弱。雖然記憶具有強大的召喚力量，能夠支撐著人們從過往進入未來，卻無法保證記憶是堅固的不碎。或者說，在重要時刻，人們會將記憶變成最堅硬的「結晶體」〔註88〕留待未來折射出過往，亦有可能會因為「創傷」或其他因素，主動或被迫將重要的片段遺落在過去而喪失。所以（）與〔〕與其說是補充，其實更是是決定記憶碎片如何拼回的過程，於是吳永毅借用了陳素香的筆記，也決定和她一起敘說這樣的「過往」。

　　相較於文章中夾敘了其他文本材料，《左工二流誌》補敘而來的章節。書的第九章（倒數第二章）突然出現了另一個視角作為與此對話的章節，這個章節以看似和諧卻感衝突的樣態存在於書裡的倒數第二章。以順敘法來看，第九章意味著某種連貫承接，事件的描述也將進入結局，第九章應該在處理敘事中的衝突，求以收拾故事轉向平穩、解決的結構。可是《左工二流誌》的第九章卻是敘事上的另番衝突，進而影響與抵銷了吳永毅藉此以為的「治

〔註87〕　吳永毅，《左工二流誌：組織生活的出櫃書寫》（臺北市：臺灣社會研究雜誌，2014），頁223。

〔註88〕　此處是挪用德勒茲（Gilles Deleuze，1925～1995）的「結晶體」概念。

療效果」。〔註89〕

　　「倒數第二章」出現原因在於作者在撰寫本書後要面臨「秘密審查」歷程，因爲「故事必須放回團體中和衝突當事人進行『對峙』，療程才算完成。同時在研究倫理上，也必須把記錄集體生活的自傳，回饋給被記錄的團體，並接受其他當事人的驗證。」〔註90〕對於吳永毅來說，回饋並不是單向陳述，而是充滿了「控訴／對峙」：

> 2008 年底完成論文初稿回台，工作室在 2009 年 4 月 25 日、5 月 9
> 日和 5 月 23 日分別召開了三次大團體，專門討論我的論文。第一次
> 大團體達成了論文開放給集體和作者（我）協商後再定稿的共識，
> 也決定優先處理有關錯誤資訊的勘，和集體私密活動對外公開所涉
> 及的「安全顧慮」。5 月 29 日的第二次大團體進入實質內容討論，
> 最關鍵的進展是我終於表明了自傳也是爲了「控訴／對峙」而準備
> 的見證文本，這反而使得團體成員知道如何對待文中鉅細靡遺的衝
> 突細節，跳脫了原本暗含的組織審稿的局限。

吳永毅自承「秘密審查」的啓動涉及幾個前導因素：組織場域的多元化、組織從絕對剛性轉爲柔性的不確定性、個人（指吳永毅）與組織間的歷史創傷、運動主場從工運轉向參選的路線爭議等。〔註91〕顯見「秘密審查」成爲敘事中的衝突，且是集合各種事件的「衝突」，一如歷史敘事裡頭的重要原因及結果。所以「第九章」（倒數第二章）所呈現重點不是放在工運簡史如何被書寫，反而是裡頭敘事衝突的癥結——三一七裂解。

　　另外，裡頭標示出幾個吳永毅的顧慮狀況，扣除研究倫理層次外，吳永毅撰寫的自傳在治療過程，通過審視認知到自己所處的精神狀態與實際環境中的落差。因此「秘密審查」是通過外力撕揭自己內部最不願意或被隱約帶過的「記憶節點」，使療程受到某種程度的干擾，觸發病情與內在精神的不堪」。正因爲「秘密審查」，造成自傳內容因審查或其他因素所造成的改寫，

〔註89〕　實際上，《左工二流誌》裡的第九章〈「裂解」後的「異端生成」簡史〉是後
　　　　　來改編寫成的，與原組織要求「記錄差異敘事」的第九章有所不同。但從此
　　　　　章的書寫角度、動機來看，依然獲得不少的訊息與探討課題。
〔註90〕　吳永毅，《左工二流誌：組織生活的出櫃書寫》（臺北：臺灣社會研究雜誌，
　　　　　2014），頁 472。
〔註91〕　吳永毅，《左工二流誌：組織生活的出櫃書寫》（臺北：臺灣社會研究雜誌，
　　　　　2014），頁 471。

部分記憶也被隱藏起來。如同在「結晶體」的收束、綻放，〔註92〕爲我們找尋各種爲未來說故事的儲存處，卻也別忘了，記憶看似強大卻也脆弱無比，一如個人、國家、民族因集體潛意識的聚合、召喚使得他們得以堅強地往前、生存下去、抵抗外敵，卻也有可能因爲「喪失記憶」、「失落部分記憶」造成認同的困難，無所憑據。

另外，「倒數第二章」代表了某種敘事者介入的「遲到」、「補敘」，也可視爲「插敘」，如章節名稱被命爲：「裂解」後的「異端生成」簡史，就意示另一個聲音的迤欲參與。「異端生成」有著雙向性指涉，對於作者而言，「倒數第二章」是整體性裡的「異質成分」，它被用一種看似自然卻有點扭曲的方式「寄化」，很像異形通過人類作爲宿主繁衍的「存在」，卻隨時提醒著必須維持宿主的生命，不然將無以爲繼。但若從另一個方面來看，吳永毅其實也被組織視爲「異端」的存在，他的書寫不過揭示異質性存在的意義，給予組織刺激、衝突：

> 在團體裡我猶豫地表達想要「對峙」的慾望，但其他成員的回應卻是要我以後自己再找機會發動，理由是修改期限的壓縮，當下只能處理論文公開時涉及的「安全」問題。這也是我自己拖延所造成的事實，但在關係上被我解讀爲「原來裂解不是大家的問題，而只是我的問題而已」。我又再度進入某種賭氣狀態，不想主動發動對峙，而等著看團體能擱置到什麼時候。〔註93〕

異端應視爲演化下得以促進發展的刺激，這也使得吳永毅在大團體的討論中不得不接受以「第九章」作爲補敘，甚至是在大團體中的妥協。

只是如果將章節的補敘、插敘效果放回到事件之「後」來看，它往往代表了某種修正意見的表達，它或許夾帶了書寫技法的概念，但類似於《左工二流誌》裡的倒數第二章卻是另一種視角的介入，且是許多人、事、物的介入、修正與補充說明。這和前面楊逵的《綠島家書》或楊翠的《壓不扁的玫瑰》的書信體散文有若干的差異。書信多數有其時效性（即便有時沒這麼即時），但它多數寄語對象是來自於一個肯定的讀者，如家人、朋友，因此多數的書信並不在於解構或重構歷史事件，而是以此作爲感情交流、宣告事物的

〔註92〕這裡再度挪借德勒茲的「結晶體」概念。

〔註93〕吳永毅，《左工二流誌：組織生活的出櫃書寫》（臺北：臺灣社會研究雜誌，2014），頁473。

媒介載體。

　　這點對於生命史、自傳或口述歷史等書寫體式特爲明顯，因爲這些書寫體式需要更認眞或更實在地面臨過去或歷史事件，但對於眞實歷史的發展總來不及參與，用法國哲學家洪席耶（Jacques Rancière,1940～）的說法，歷史提供給我們的是一個歷史學家的說法的，而不是歷史自身，因爲歷史過去即過去了，它會留下殘屑、跡痕、腳步，歷史學家的工作是將其撿拾、剪貼與統整，於是歷史學家幾乎不太可能跟眞正的歷史本人碰面，即便有也難以揣想歷史本人的想法、動作爲何，歷史學家、歷史研究者在做的事情是緬懷、追逐歷史本人背影，勾勒出歷史可能正面形象，卻永遠無法見到本人。所以報導文學、生命史、口述歷史對於歷史事件的補敘，是「遲到」之行動，是看似追逐到歷史本人的小確幸，因爲書寫之人浪漫地約了歷史本人約會，在情愫感染中假設歷史本人不會捨棄這場約會，歷史本人是如此地勾動人心，散發出致命吸引力，書寫之人開心地迎接這場約會。直到後來才知道本人不來了，歷史研究者成爲替代者，他們代替歷史本人相約，替代者似乎也想保有歷史本人的風采，所以他們的約會並沒有這麼失敗甚至是成功的，所以對於歷史本人的想像就再度進入書寫者的心中、書寫中，因爲書寫者以爲的就是歷史本人，他們的相遇如此眞實不過，沒有缺誤只留下彼此熟知聯繫訊息，這就是我們們認知與熟知的歷史相遇啊。

小　結

　　開章談楊逵一方面標誌出臺灣左翼運動系譜，二來通過楊逵鋪陳臺灣自戰前到戰後的歷史發展。戰後臺灣在冷戰結構下特殊位置，使得國家蘊化出新的分工機制、產業形態，使得不同的職業、政治傾向、權力的掌握都推引出不同的階級，產生了許多議題。談到階級或許過於龐雜，也不太能切合臺灣歷史、政治走向。可是無論何者階級，背後隱藏的就權力結構的差異，當我們去看到楊逵、楊翠、吳晟、楊儒門、鍾喬或吳永毅的書寫，即便他們的意識形態、政治立場各異，可是他們關懷底層、邊緣人民的態度卻很清楚。

　　臺灣內部面臨的困境在於權力、階級的差異而有不同待遇，越有權力之人所應省思的應是盡其心力照顧弱勢，但在作家書寫裡，卻看到更多不幸之人面對體制、面對有權力之人的無力感，當鍾喬開始關注底層勞工、楊儒門

關注農民生計時，政府單位或有權力者是否願意彎下腰傾聽底層人民的聲音。尤當底層人民無以維生／爲聲時，似乎不見政府拿出有效對策，只能任由底層朝向崩壞敗落的局面。此時，吳晟等人的書寫也許無法翻轉所有局面，卻能夠保有讓底層被看見的機會，這對於臺灣社會來說無比珍貴。因爲我們必須深思的是，當臺灣失去公平正義、土地關懷時，未來的局面將可想而知，而這些關懷他者、邊緣弱勢的作家，正爲我們刻記這一幕幕，盼爲公平正義留下見證。

第五章　結　論

第一節　迎向實存的他者

　　他者普遍降生於戰後的臺灣社會場域，一如薩依德帶來的啟示，女性／男性、漢人／非漢人、異性戀／同性戀、殖民者／被殖民者間被二元對立起來的一方，造成臺灣社會多重且複雜的課題亟待被解決的原因。而在薩依德手上，他者在過去可能被視一種對比、對應的「鏡像存在」，可是來到列維納斯眼中，可成為了無可避免的課題，並藉由回應、照顧他者的召喚而成擔負起責任、擁有倫理價值的主體。列維納斯的「他者哲學」，實際上意圖呈現的是一種最深切也最簡單的本體哲學：自我與他者之間基本、單純與原始的倫理關係，故列維納斯的他者哲學是「第一哲學」，以他者為優先的倫理哲學先於「我思」為主的存有本體論。〔註1〕也就是不僅僅觀照個人更應把眼光投向遠方的他者，他們生存榮辱與我們相繫相關，他們過得好與壞不純然是他們自己的責任，也是我們應對他們的責任才是。

　　此情形下，對他者的強烈回應即是詮釋，〔註2〕因為詮釋是一種為了他者的倫理行為。當主體欲想拉起他者的手時，也許不是只是拉到身邊，而是在

〔註1〕賴俊雄，《回應他者──列維納斯再探》（臺北市：書林，2014），頁54。

〔註2〕詮釋是一種為了他者的倫理行為，在此，詮釋者身負詮釋的責任，這責任意味著一種召喚，即召喚詮釋者走出原先自我中心的存在方式，持存一向外的趨向。此一趨向與其說是趨向文本，不如說是透過文本而趨向他者。請參閱鄧元尉，《通往他者之路：列維納斯對猶太法典的詮釋》（臺北：臺灣基督教文藝，2008），頁208。

於提供一個可以說話的空間，能夠撫慰心靈的說話空間，這是人們對他者不可割棄的責任，也是降生於世擔負的命運，更是人之異於其他動物的價值，一個可稱為倫理的價值。

一、共協合作的敘事

（一）壓迫困境的轉化

戰後臺灣背負的殖民烙痕、國家機器的運作控制，深刻地影響臺灣人的行動、言語，使每則故事都帶有不同程度的傷痕痛苦。無論是性別、階級或族群等社群團體，他們可能的共同經驗是，無論再如何恭順、謙遜也無法使自己成為被庇護的一分子，例如從社會發展審視，性別議題雖然是伴隨著現代化、社會變遷、體制抗爭而來，卻不表示他們能在其中獲得真正平反。更多時候，被二元對立起來的「他者」承受只是單一角度所見的困境，如資方對勞方的剝削，可再加入不同角度，卻又是個被對立起來的「他者」，如女性面對父權機制時的困境。每個看似單一的課題，亦含覆多重壓迫，或者說，一個議題牽涉層面本就不是一個簡要形態，而是呈現交織性（intersectiionality），也就是當性別、族群、階級等其他權力關係交錯締結所造就出的不同現象與經驗，〔註3〕其背後涉及的層面複雜、多向，反而才是各散文議題能夠壯大、分進合擊的核心關鍵。無論是性別、階級或族群等社群團體，他們可能的共同經驗是，無論再如何恭順、謙遜也無法使自己成為被庇護的一分子，例如從社會發展審視，性別議題雖然是伴隨著現代化、社會變遷、體制抗爭而來，卻不表示他們能在其中獲得真正的「平反」，一如性別書寫的啟端不單是從心理／生理定義是一樣的，文學場域、公開平台願意提供多少的空間，使類似的議題進入到其中被討論，都是一場場不易的拔河比賽。

從前面章節問題化中發現到空隙、複雜疊層網絡，使得問題化中有若干問題的「叢結」現象，類似於醫療手術過程中，原是針對單一病徵的處理，卻在執行中發現了連帶的問題需一併處置。從敘事角度來談，朝向問題的敘事有其聚焦形態，敘事過程中的視角轉移或敘事視角挪移、聚焦變換將使我們不僅使用單一視角觀看，也需向其他方向觀看。誠如前面章節中討論的部

〔註3〕游美惠，《性別教育小詞典》（高雄：巨流，2014），頁87。

分，依有無法容述之處，顯見課題的複雜性，一如族群、女性、同志、左翼份子不見得會站在同一陣線上，但對於大敘事、主流意見或某些特定意識形態的抗頡卻可能有相一致、相似的批判。在更多時候，邊緣、弱勢與底層的人們一起組成被壓迫的群體，他們構築出「少數者話語」（minority discourse），一如史碧瓦克提出的「底層能否發言？」其目的是要讓受主流、官方意識形態壓迫和排斥的「少數者話語」向中心、前臺流動。〔註4〕這使我們必須更深刻地理解到，每一個議題背後與牽涉的層面本就不是一個簡要形態或能一刀兩分。其背後涉及的層面複雜、多向，反而才是各散文議題能夠壯大、分進合擊、掩護、持續對話、批判的核心關鍵。〔註5〕

　　舉例來說，《臺灣好女人》是女性與臺灣左翼運動譜識的共軌線，李潼曾在〈老紅色青年和她的同志們──讀藍博洲的《臺灣好女人》〉談到，認為藍博洲的書寫當中，擇選了反帝、反資、追求國家統一的政治受難者，卻迴避了反共、反極權、追求建國獨立的政治受難者，似乎也突顯並左右了藍博洲對於「進步」的定義；二是認為《臺灣好女人》中的五位女性的「好」，不應和她的主張（統）掛鉤，應著重於精神意志的價值和實踐性，否則相對於「獨派」的部分，似乎是負面評價，突顯出性別在歷史發展中面臨到國家、階級課題時，被忽略掉或只成為輔助的角色。女性在社會運動過程中的行動力，在楊翠的臺灣民報研究、李元貞的「婦女新知」團體裡皆可看到女性撐起了一片天，不僅為自己發聲，也看到許多女性投入社會運動、政治運動的，可能不為特定性別卻有堅定為人民發聲、投入的信念。可是如同《臺灣好女人》裡藍博洲特意突出的女性運動者，有著處理性別、階級課題上先後次序的難題。

　　因此，此處另提出一個慣被忽略的敘事策略──導引，也就是多重困境壓迫下「疏導」與「釋放壓力」的改寫策略。在第一章裡曾述明，課題的討論在於「問題化」過程，如導航設施提供部分（或全景）圖像卻不能夠保證我們通往目標，問題化過程提供不同路徑選擇，使我們能夠在廣闊地圖中找到能夠通行的「指引」。但行進中難免會遇到施工、塞車、建築、交通號誌等影響，使行進變得「緩慢」與「複雜」。這時必須重新確認評估改道可能性，

〔註4〕曹莉，《史碧娃克》（臺北市：生智，1999），頁69。
〔註5〕這裡的說法並不在於達成一種「聯合次要敵人，打擊主要敵人」的分進合擊路線，但在默語形態底下的各種陣線、話語卻有較為一致的對話對象。

若不改道也必須等待情況減輕或減除，才能夠不斷前進。當然選擇改道可能偏離原有的敘事軌道，這時候另一個方法則可使用「引導」，如同發生交通事故時有警察幫忙指揮，使交通不致打結，幫助敘事有效地進行，卻又不會偏離原先軌道，較慢抵達終有到達時。

如此來看鍾喬及《離》、《逃》裡敘說的故事，可以明白鍾喬為都市原住民、外籍移工發聲，不只是他們黑暗的工作條件、不堪的人道待遇、危貧的生存環境而已，他筆下的都市原住民、外籍移工肩負著階級、族群的權力壓迫，或《離》，《逃》裡描述的外籍移民／工，她們跨越國家邊界來到臺灣，看似應該幸福的生活、婚姻，卻面臨著雙重或多重的壓迫，對外她們成為新住民、新族群，透過書寫讓更多人看見他們身影，但另一方面女性為主的外籍移民，進入臺灣家庭結構則可能遭遇到婆媳、夫妻、孩子教養等問題，卻不得不令人深思陷入父權的危機，使他們看似跨越了國／家的雙重邊界，看似進入以為的幸福國／家，在有意識的排擠歧視下，被擠壓在國／家都進退不得的夾縫中，淪為國／家敘事外的番外篇。進一步來談，多重壓迫在書寫上得以被「導引」、「疏導」，卻無法真正地保證他者得以減輕壓迫或自壓迫中逃逸出去。更多時候，被二元對立起來的他者承受只是單一角度所見的困境，如資方對勞方的剝削，從不同角度看，又是個被對立起來的他者，如女性面對父權機制時的困境。多重對立架起的「他者」，形象並不會愈加清晰反而更顯模糊，也愈加無力抗爭，如此擔負「他者」生命就變得沉重異常，他者失卻了重心，它看似得以站立卻虛弱無比，旁者不是攙扶著他者而是綁架著他者。

故此應理解到，在各種權力的運作底下，他者的浮現不全然是正面，在更多時候它成為被樹立起的靶，這樣的客體充滿了危險、卑微與負面的特性。在多重結構的壓迫下，亟欲解決他者受迫的課題也愈顯困難複雜。而這樣的他者並未完全離我們而去，甚至是在進行式中，在擔負起他者的責任時，也或許該了解仔細釐清耙梳造成他者痛苦的來源才是。

在多重壓迫困境下，書寫可代為發聲或突顯課題，卻有著多重敘事的焦慮〔註6〕，鍾喬的〈來自貧窮線上的勞動弟兄——外籍勞工追蹤報導〉、《逃》裡頭就論及「外籍移工」、「(阿美族)原住民」、國際政治經濟現象等課，《離》

〔註6〕此處談「焦慮」應區分為兩：一是作者是否能借由單一文本突顯所有他關心的課題；二是讀者能否接收到或願意理解文本隱藏、被釋放的眾多課題。

裡頭談到性別、族群，無不突顯戰後臺灣社會面臨到的巨大挑戰。這使得臺灣作為容述基點時，有其敘事上的需要與策略才行，除了前面談到的「導引」外，這裡要另外論及兩個面向：擱置、重估。

所謂的「擱置」類似於前述的「導引」、「疏導」的敘事，但略有不同處在於「導引」是路徑的再選擇過程，擱置是事件擔誤狀態下的取捨，或者說是原本就可被棄捨的部分；如同《離》裡的外籍移民，在跨越家／國邊界，就直接觸及了性別、階級與族群課題，故在敘事上必須有所選擇，相較下「擱置」就是「可有可無」的「取捨」。例如吳永毅在《左工二流誌》裡頭花一章描述他與妻子王蘋的權力關係，一方面建築在兩人的親密互動，另一方面卻又被鑲嵌在社會運動的組織脈絡，對他而言夫妻間的親密互動已剝除了愛情純然轉向了複雜的互動模式，使他可能落入私我敘事被迫公開的尷尬狀態。可是置放在勞工運動（或社會運動）脈絡中卻又沒這麼單純。因為吳永毅與王蘋間的權力位移（或鬥爭）某個程度被嵌置在「婦女新知」與「女線」的對抗／合作之中，一旦面臨著「家變」時，〔註 7〕吳永毅與王蘋的「家」（關係）也有所質變（權力挪移）。故吳永毅在論及與王蘋的關係時，並不單純在於處理彼此的情感互動，而是轉向個人／社會運動的震盪。也就是《左工二流誌》若不處理與王蘋的關係，並不會減損個人表述實踐的過程，因此整本書並未花太多篇幅在處理兩人關係的原因就在此，這是一種「擱置」，有無並未影響整體敘事。

可是在《左工二流誌》裡「擱置」有其精神療癒的效果。吳永毅最後情感上還是與王蘋分離了，可是作為敘事治療，王蘋不能成為書寫上的負擔，因為在書上王蘋成為了陳述自我主軸外的分支，故暫且「擱置」，提及而不談完，致使書的最後，王蘋被遺留在屬於她的章節中，她不能也無法伴隨了，她成為敘事中必須暫時取捨掉的章節。

另一個這裡要提出來的是「重新評估」，過去在威權體制下，戒嚴下的白色恐怖為了清除紅色勢力在臺灣的蔓生，且在極端地壓制下，社會主義等左翼思想在臺灣幾乎成了禁忌。但回顧歷史必須理解類似於藍博洲在《紅色客家庄》裡採訪的「大河底」的人們、《臺灣好女人》裡走入社會實踐的女性，若再加上《無法送達的遺書》裡投入地下組織的人們，也許在戰後無以發聲的左翼思想，需被「重新評估」，還原到歷史背景，去理解其行動、組織的動

〔註 7〕這裡指的是「婦女新知」的「家變」事件。

機與效應,例如前面族群中談到的《無法送達的遺書》的劉耀廷之例。就是重新說一個故事,說一個被官方、國家機器所掩蓋的故事,說一個貼近於人民情感的故事,也說一個受難者家屬現身談論的故事,藉此「重估」過往只有一個官方版本故事的合理性、合法性。重估之所以有效度,並非在於說故事能力的強弱、動聽與否,而是來自它的材料是否足以改寫、翻轉出不同的故事脈絡。這很像導航過程中,突然有「新路」可以通往目的地,但在資訊不夠情況下是保持存疑態度、不敢試走。但若有足夠的資訊或更新一張新的路線圖,那麼就會令人安心許多,也提供了更多的可能性。

統合來看,不論是「導引」、「擱置」還是「重估」,都不僅僅只是敘事帶來的效果,它也代表某種反映現實課題的策略。當主體欲想拉起他者的手時,也許不是只是拉到身邊,而是在於提供一個可以「說話」的空間,一個能夠撫慰心靈的方式,這是人們對他者不可割棄的責任,也是降生於世擔負的命運,更是人之異於其他動物的價值,一個可稱爲倫理的價值。

(二)邁向著共協合作

臺灣符碼的浮現是來自於 70 年代一連串內政、外交、經濟衝擊下,轉向面對臺灣此一現實環境,加以後來戒嚴體制的崩解,使得中華民國的「框架」與實際意涵開始鬆動。誠如前面章節談論,建構「中華民國式」的國家想像時,其實仰賴於描述下的臺灣,臺灣是個填補「匱乏」與「閹割」的依憑。依薩依德、霍米巴巴所提示的「殖民凝物」(colonial fetishism)觀點,國民政府看待臺灣,是來自於一種佛洛依德的匱乏與閹割情結,它憑藉慾望之幻見與迷戀。〔註8〕

〔註 8〕此一概念其實也證成劉紀蕙所述的「大他者的視線」,她運用拉岡思考點出,主體所感受到具有驅迫性的推力(Drang),就是主體所想像的時代性話語邏輯的「要求」(demend)。主體將此具有驅迫性的「要求」內化而轉變爲自己的欲望,並且透過話語場域所捕捉之「物」,不斷以部分替代的「對象物」(objet petit a),來完成自己的欲望路徑。其中的「對象物」是個多重空間穿越的拓樸點,揭露了雙重視角的相互構成:一端是時代話語邏輯的要求與期待,所謂「大他者的視線」(the gaze of the Other),另一端則是透過此路徑與對象物而完成某種滿足的欲望主體。這個透過話語而捕捉的「對象物」,已經是個分裂的「物」,隱藏了主體欲望的促因。可是另一方面劉紀蕙也認爲「大他者的視線」是個粗糙的說法。其更爲關心的問題是時代性話如何成爲主體行動的動力;或者說,一個時代性的歷史環節如何促使同時代主體以不同位置追求共同話語邏輯下被高度重視的觀念性對象,以及此觀念性對象如何以各種變形方式出現於不同的話語實踐之中。請參考劉紀蕙,《心之拓樸:1895 事件後

　　但臺灣符碼的浮現究竟帶來的是實踐的成功亦或是「路徑中的插曲」，也就是說臺灣作為敘事的趨向處，應不是一個凝固不變的狀態。若說 70 年代是臺灣面對國際社會挑戰，那麼 80 年代、90 年代就分別是政治挑戰、文化認同的挑戰。在層層衝擊下，中華民國一詞變得曖昧不明與難以帶領人民走向更有願景或國際外交的艱難處境。如果我們從前述眾多的書寫看見的是不斷被命名的臺灣，那麼這樣的臺灣究竟符合誰要的要求與盼望。過去的臺灣處於一個「無法自我言說」的狀態，但隨著歷中遷變、政治氛圍改變，臺灣內在意涵變得豐富且多元了起來，或再更基進的問，臺灣究竟什麼樣的臺灣？作為臺灣的想像一方面迎合外在的驅力要求，另一方面也需消解融合內在的衝擊。從性別課題、同志課題、外籍移民／工、農民勞工的生活困境、未完成的轉型正義等都告訴我們，作為某種想像下的臺灣與實然詮釋似乎到來。賴於臺灣所述成之基點，並且提供各種說故事的可能，加以歷史、社會發展等各種因素，臺灣的後殖民情境提供了我們詮釋臺灣的各種可能與趨動力，一如吳叡人指出，「臺灣就是臺灣。我們必須解構多重的殖民中心與其製造的虛假對立，讓臺灣可以同時是（自然的）原住民族、（文明的）中國、（和平的）日本、（友愛的）漢族，以及（民主自由的）西方——讓臺灣可以是這一切普世的進步的人道主義價值的總和。」〔註9〕當然吳叡人說法並非毫無偏涉，可裡頭卻明確地指出可容述的基點，是普世、進步與人道主義價值的總合歸匯。

　　在他者流散四處的空間中，更多的是對他者的共協合作才是。共協合作概念其實是在「互為主體」的思考上再留予空隙。但所謂的「空隙」並不是完全填補起來的，也不是附加更不是零餘、殘存的。若依胡塞爾（Edmund Husserl，1859～1938）的「互為主體性」〔註10〕概念，在互為主體敘事中，將他者拉到和我們同一視域裡頭，彼此關照彼此互構世界的組成，他者並不在我們之「外」，而是在我們掛牽的範圍之內。此處的「互為主體性」是指「他者」與「他者的他者」與主體之間的開展、對話、融涉的狀態，並依此確認

的倫理重構》（臺北：行人出版社，2010），頁 16。

〔註 9〕吳叡人，〈臺灣後殖民論綱：一個黨派性的觀點〉，《思想》3 期（2006.10），頁 103。

〔註10〕所謂的「互為主體性」（intersubjectivity）是現象學的先驅胡塞爾（Edmund Husserl, 859～1963），的概念之一，原指著自我與他我交互相關、合起來共構一個世界，世界是一個交互主體的世界。此處筆者挪作「南方」與「臺灣」、「南方詩書寫」與「臺灣現代詩（史）」相互確認、融涉的對話情境，以取得觀照世界的可能性。

彼此的實存。這也符合列維納斯帶給我們的思考，「他者」不是被分裂出去的那位，而是與我們彼此分享的這位。

因為他者使我們走得更遠、活得有意義。這是列維納斯不斷地告訴我們的，海德格（Martin Heidegger，1889～1976）雖告知我們存在，隱約中忘了他者依然存在，我們若要眞實探知存在意義，並不在於存在本質而已，而是那個存在者——他者，他的面容就是活著的最好證明，端看著這一張張有血有淚的他者，那是溫暖的依靠。

過去，他者的意義多涉及身分和認同，因為身分和認同往往折成是主體／客體（他者）的關係問題，放回到後殖民語境幾以「主體」與「他者」對立中被討論的。可也不應忽視，不論是社會身分或文化身分多數是屬於流動的，是在歷史和現實語境中不斷遷變的。如安德森的《想像的共同體》揭示出民族的共同體是被想像、被擬造出來的，共同體不是固著不變的概念，在更多時候是通過某種的媒介（如印刷）藉以黏合、匯聚在一起的。更進一步來說，檢視主體與他者相互依存的內在矛盾關係，處理各種性別、族群、階級的認同交錯、交擊問題，以及對社群或共同體定義、功能與目的的倫理再思，都是相關書寫透顯的訊息。〔註11〕

當然困境可能在於，誰是能分享的他者，或者更進一步來說，是否已經準備好接受他者成為彼此的一部分，或者「餘存」的部分該如何消解的困境。回到前述，共協合作就是要保留或運用這個部分，而不是排除、拒絕或的消融掉，因為這不切實際更無法眞正地實踐。如果一方面相信臺灣提供了足夠的「空間—時間」作為容述的基點，那麼另一方面性別、族群、階級課題下，說故事的他者，證成了臺灣成為主要實驗場所的可能性或必要性；或說，當我們關注臺灣時需有個實質的憑藉，便是這些被談論的他者，使臺灣不再是空無符號的指涉，而是生命與我們休戚與共之人。若說臺灣社會或相關書寫需要一個重構多元、多中心的基礎，使他者的存在成為一個長續並負有動能的力量，基本上是一種後殖民與後現代折衝後的理想化境況。因為臺灣述成的基點，也不應只是一個毫無節制的容納、自我批判的，反而應該是具有容納、辯證的狀態。〔註12〕通過辯證、對話、剔除及吸納的反覆過程，使其呈

〔註11〕賴俊雄，《回應他者——列維納斯再探》（臺北市：書林，2014），頁60。
〔註12〕這近似竹內好對於「亞洲」作為方法論的挪用思考。竹內好的《近代的超克》裡頭，是透過近代化（現代化）的視角，將「亞洲」作為思考與審視的途徑，

現鮮明、茁壯的樣子，如通過各種梳理重新省思，進而對當下、未來產生嚮往。而他者便是臺灣一系列的討論中的「精神動能位階」，他者的存在提供了臺灣及臺灣散文（史）一個精神動力，驅動或引領其走向，例如楊逵、吳晟、瓦歷斯・諾幹筆下被遺忘卻又重新被召喚的他者，即代表著一種與臺灣歷史的聯結，投射並引領臺灣散文（史）走向現實。因此書寫他者不僅是需符合歷史、社會的複合要求，更重要的是它形構了臺灣散文甚而文學史，必須擁有自覺、療癒與再現等的積極動能。

臺灣歷史的複雜情況，確實影響了臺灣作為容述基底的主體思考，在戰後、戰前的位置下，似呈現邊陲、被殖民、被語說的關係，使得臺灣雖有「顯影」，但並不「實存」，這裡所謂的非實存，是指著臺灣在無法確立自主、肯認他者的狀態下，難以產生真正的主體。但這並非要將所有非關臺灣的書寫全部自此驅逐，而是必須重新思索，當前的臺灣及散文書寫（史）所遭遇的狀態，在殖民陰影、政治戒嚴、國家機器的意識形態的介入下，可能「填滿」了述說的可能性的容納體，似乎難以找到任何的空隙。故此，必須確保留白的必要，一個可邀請他者入坐的席位，一個可借他者談話的餘地，而不是一種被填滿無以言說的狀態。

除此之外，在他者被擠壓狀態下，是否還存有更多對話的可能呢？如果我們相信「留白」是一件可貴且應被實現之事，那誰願意或如何展開這樣的大門、平台提供我們作為討論基礎呢？這不禁令人聯想起哈伯瑪斯（Jurgen Habermas）的「溝通理性」（communicative rationality）。哈伯瑪斯曾在《溝通行動理論》中提出理性的溝通本質與規範溝通行動的準則。理性應被放在人與人的語言交往結構中。這裡的理性和過去的理性主義並不太相同，他談到的「理性」是置放在「系統—生活世界」system-ife world）中看待的，也就是在一般的「生活世界」上我們被「系統」框架住也系統綁架了，在此情形下我們無法回到一個純然平實的「生活世界」。故第一步應該作的是解開「系統」對於「生活世界」的控制。也就是若我們面臨到一個權力化、殖民化或被控

以及如何成為一個容納性的概念。但嚴格來說，竹內好的「亞洲」應是「中國研究」的轉化，故其中國研究可視為「研究亞洲」。而竹內好將「亞洲」視作一個方法論，而不是「目的」，也不是一個由西方（歐洲）定義下的「亞洲」；同時，這個「亞洲」提供了不同元素（如日本）得以進出的「通道」，使其「亞洲」成為一個抵抗的戰線（動能）。請參閱竹內好著、李冬木、趙京華、孫歌譯，《近代的超克》（北京：新知三聯書店，2005 年）。

制的狀態時,首要者即是解除這些(權力、殖民等的)束縛。若借用此概念,我們不僅要將「系統—生活世界」的互動作一重新審視,同時也應將恢復生活世界那般,各種話語的協商、有意義和價值的材料的保存,甚至是對於理性的維持、團結社會等積極面向的要件。

當然,哈伯瑪斯談論的概念和本文所述有其差異,卻一樣指出對於重構「理性」的盼求,也就是臺灣社會裡各種話語的展現是在一種公平的對話,而非單方面的控制或約束。哈伯瑪斯帶給我們的啟示來自於,解開前提或權力壓迫於他者之上的要求。當他者願意站出來說自己的故事時,是結合了歷史、文化與社會現實的多重條件而得以發聲的,然而前面多重壓迫下的束縛,卻可能阻礙他者說故事。

臺灣散文書寫裡的多元,是繽紛且充滿著各種可能的敘事,「他者」的存在不應是提供主體想像、投射的「對象」(客體),我們也不應繼續將「他者」滯留戰後臺灣歷史戰場中,提供人們從中找尋殘破不堪的「他者」。本文在前面三章裡描述的各種「他者」,是主體依憑的重要來源,主體產生不是最終的樣態(或是目的),而是一種互為存在、擔負彼此的方式,畢竟那若是個目的,就像一部火車走向了終點,再也無法欣賞任何的風景。但這也並不是說這部火車毫無軌跡可尋,這部火車名為「臺灣」,並且能容納許多人共同參與其中、欣賞不同的風景,在行進間,必須互相確認進度、軌跡,讓這趟旅程能留下更多的共同記憶。

二、積累論述的資本

臺灣作為一個實踐及關注他者的場所,需再進一步思索的是,臺灣的散文書寫帶來何種珍貴的資本。也就是說,前面的「問題化」並不是聚焦若干課題而已,要思考什麼是臺灣散文蘊富的資源,在未來以提供什麼的基礎,更甚者是在不同場域的對話中能夠提供什麼樣的「火藥」或對話基礎。另外,若散文是臺灣現代文學中的重要類型,那麼它究竟能提供什麼資本,藉以顯現出它的重要性。對此,可區出二個面向:重層的歷史、聯屬的模式。

(一)重層的文化

如果相較於現代小說,例如長篇歷史小說、政治小說對於歷史的詮釋與挪用,達到了高度的互文性,以及現代詩通過對此陳千武提出的兩個根球論,整合了「縱的繼承」與「橫的移植」的詩學脈絡,那麼現代散文能作的是什

麼呢？除了緒論標示報導文學在 70 年代的大量書寫、美學性格的挪移外，統合前面章節所述，可以發現從楊逵、楊翠、邱妙津、陳俊志、余陳月瑛、藍博洲、鍾喬、吳永毅等以及許許多多的素人們，〔註 13〕幾乎都面臨或兼負了特殊的歷史情境，他們多生於二戰後，看似遠離戰火，卻在成長歷程中，深受白色恐怖、冷戰結構、家庭環境等多重因素影響。他們通過報導文學、生命史、口述歷史等形式，爲戰後臺灣現代散文投入了更多可能。他們面臨過戰後多次的生命、生活上的威脅，也遭逢過臺灣社會的多次遷變，種種影響不一程度地滲入了政治結構，或以文化力量牽引了臺灣社會、政治的不同走向，進而迎向了現今多音交響的面容，〔註 14〕如此基礎上積累出豐厚的「資本」。一如雷蒙‧威廉斯（Raymond Williams）在《關鍵詞：文化與社會的詞彙》對文化的探初，文化（Culture）是表示「過程」（process）的名詞，意指對某物的照料，基本上是對某種農作物或動物的照料。〔註 15〕因此，對於一個文類書寫的回應，似乎就多更多地過程的探索，或者可以並不僅僅是「個人」（個體）的自我表述，更多的時候必須將外圍的環境、背景考量進入，而這樣的定義其中的關鍵在於「養成」的「過程」，以及如何展現表述的方式。

　　當然，這也會面臨到另一個詭譎處在於，戰後臺灣社會充滿了許許多多的課題，資本並非純然從正面積累得來的，而是轉化或再處理的過程。這裡所指有幾個面向：殖民的遺產、壓迫的減消、創傷的撫平。殖民的遺產是說我們該用什麼樣的角度來看待臺灣的過去，尤其是殖民部分，如吳叡人指出的，臺灣面臨的困境在於複雜的殖民狀態，他特別指出臺灣有「連續殖民」與「多重殖民」交織疊合。其中的「連續殖民」是「歷時」的連續殖民經驗——清帝、日本、國民政府，也指向臺灣在地緣政治上作爲多中心之共同邊陲的結果，而「多重殖民」指向臺灣內部的殖民結構，也就是「外來政權／漢族移民／原住民」多重支線、相互抗頡的非直線（一對一、上對下）的殖民現象，主要反映臺灣作爲多族族群移民社會之性格。〔註 16〕以范麗卿《天送

〔註 13〕素人們不代表著抹除他們的身分，而是在於他們的聲音、書寫是否有被聽見或討論。

〔註 14〕相對多元的論述，其中當然亦包含了可能是對立性的思考。但無論如何，都是臺灣豐富的資產，亦才能成爲競爭的資本。

〔註 15〕雷蒙‧威廉斯（Raymond Williams），劉建基譯，《關鍵詞：文化與社會的詞彙》（臺北市：巨流，2003），頁 78。

〔註 16〕吳叡人，〈臺灣後殖民論綱：一個黨派性的觀點〉，《思想》3 期（2006.10），頁 95。

埤之春》、瓦歷斯・諾幹〈Losin・Wadan——殖民、族群與個人〉所示，裡頭突顯出「連續殖民」與「多重殖民」的矛盾困難，因為他們是被迫選擇政權，殖民者的到來並未經過每位居住於此的人民同意，卻被捲入了殖民的渦漩當中。而當不同（殖民）政權來到時，在他們身上積累的一切反成了負債與污名化的象徵，唯有的不是站在抵抗線就是屈從，重新接受殖民再造利於輸誠。

　　至於壓迫的減消如本章節前面所述，所謂的壓迫可能不是單向或唯一的課題，在更多時候是多個、複雜且反覆出現的。舉例來說，在性別課題上，如果陳俊志、邱妙津代表著被異性戀霸權驅逐、壓迫的他者，那麼我們的任務就是如同列維納斯提示的，將他們帶到面前、誠懇地面對、實質地處理這個問題。因為我們與他者間的關係並不是脫離的，「與他者的關係總是早已為一雙重關係：他者一方面以貧乏、窮困、陌生人的面容，向我索求倫理責任；另一方面他者也以第三者的化身與我擁有相等的地位。我與第三者的關係既對等也不對等，既有同時性也有歷時性，既泛政治化又饒富倫理意涵，亦即列維納斯所謂的「四海皆兄弟」（human fraternity）關係。」〔註17〕那麼他者將不再只是減法裡需要被扣除的項目，也不再是恆等式中被忽視的存在，我們應該把他者從減除的項目或位置上移拉到另一邊去，使其成為加法。

　　而若他者能夠在資本的恆等式從減法轉到加法，那麼創傷的撫平帶來的則是通往未來的強大動量。一如唐香燕《長歌行過美麗島》、藍博洲《紅色客家庄》試圖處理族群被刻下的傷痕、重構他者的歷史，那麼這樣的歷史說明了臺灣作為基點的堅實基礎，以及整體社會能夠更有勇氣、更誠懇地面對二二八、白色恐怖割裂的創傷，不再將其視為禁忌，而是存入資源庫才是。散文書寫裡頭有其豐富的資本是來自於這些臺灣獨有的經驗、文本或書寫，才形構出獨有資本。突顯出現代散文所承續、激辯後的特殊資產，使得它有所不同或更為豐美，例如政治的批判、多元質素的涵融、文體論述的構築都有特有屬性。當然，隨著思潮演變，臺灣現代散文的書寫、論述或多或少面臨到需要再思索的另番景象，再放寬來看，臺灣現代散文的評介，應非是一個凝固的狀態，其珍貴點在於它展現了能動性及倫理價值的取向。

（二）聯屬的模式

　　談完臺灣歷史片層後，應可理解到臺灣從過去、現在甚或到未來存在的

〔註17〕賴俊雄，《回應他者——列維納斯再探》（臺北市：書林，2014），頁70。

差異性，此差異性形構了臺灣歷史的分歧走向卻也帶來不同豐美的資產，也就是在臺灣時間－空間內，也有著許多紛異質素有待挖掘、探索、協調甚至衝撞。然如出發點所思，共協合作是一種折衝、擔負起彼此的方式，當我們看到范麗卿的婦女史、陳俊志的同志生命史、瓦歷斯‧諾幹重構原住民敘事、楊儒門及鍾喬為底層人民發聲時，就可以感受到不同性別、族群、階級間依存的縫隙與可能性。故在重層的文化裡，我們應選擇何種敘事呈現臺灣散文的實有狀態，就變得格外地重要。

　　對此「文學主體聯屬模式」（model of subject articulation）就是一個非常特殊卻適宜的思考方向。魏貽君在探析原住民的文學方法論時，特別點出聯屬模式，一來可以肯認「文化差異性存在」，二來可保有各種文化加入、融涉的動態模式。這對於臺灣散文的啟示點在於，一來對應於其他文類能保有相互對話的可能；二來保持散文體系或類型中不斷創生的多樣性；三是對應散文書寫中不同課題、文化性格間的對應；四是保有主體與他者相關繫聯而非壓迫的開放態度。這都可使我們在探析散文類型時應特為注重「差異」，通過異質性的比較進而找尋對話的基礎，故聯屬既保留了未來願意與可能的想像，又保了各種書寫驅動的能量，也就是將「差異」也視為構造的一部分。

第二節　生命敘寫的構成

　　美學其實是哲學中相當重要的部分，也是散文書寫裡特為重要、顯出的特色。但由於本文所採用的文本基本和傳統抒情美文範疇有若干差異，則美學的要求與質，似乎成為了一大疑問。然回到鄭明娳的研究中，可以發現在的她在散文類型的編列中，特別將日記、書信、序跋、遊記、傳知散文、報導文學和傳記文學都納入散文此一大家族裡面，使得散文的意涵與範疇向外延伸了許多。〔註18〕然而誠如張火慶指出的，由於這些類型的身分較不確定且特殊，因而必須注意它本身形式的限制、寫作策略的發展，否則很難承認它們是文學性散文。〔註19〕但無可否認地，鄭明娳的分類系譜，並不是一個毫無節制的網子，任由其進出，她是透過比較、歷史淵源的考察，進而確認各類型散文的範疇，並同時納入散文的統轄下審視，才得出此一文學系譜的。

〔註18〕張火慶，〈「現代散文類型論」試論〉，《文訊》第 33 期（1987.12），頁 144。
〔註19〕張火慶，〈「現代散文類型論」試論〉，《文訊》第 33 期（1987.12），頁 144。

一、美學性格的轉移

前面談到報導文學與傳統抒情文間的離合關係，其中也涉及美學體性、哲學思維的不同要求，也就是當我們要思考報導文學、生命敘寫對於臺灣散文的實質影響，除掌握文類發展外，也應符合於文學史的某種標準。對此可以理解到本文一系列的探析中，已帶出了生命敘寫也有一定的美學形態與內在思維：敘事特性、文體與現實的接合。

敘事代表了語言使用狀態的轉化，報導文學與傳統抒情美文的錯落、辨異，不僅改變了抒情美文繼承關係，而是報導文學有著強烈向現實靠攏、鏡映現實的特色，這使得報導文學的美學表現呈現在敘事效果上。過去人們總認為散文趨向於真實，小說則趨向於虛構。散文該從真實的底線退縮嗎？或說虛構對於散文來說不全然是真實的對立面，也非無中生有的指涉，同時虛構也不應為小說專利。一定程度來說，虛構應是銜接真實，幫助敘事順利組織的黏著劑、潤滑劑，如此當可避免削弱散文的文學性，也避免現實景象帶來的壓迫。散文相較於小說、現代詩、劇本，它更貼近於人們所思所想的初步體驗、更易揮灑，因此本文認為散文具有的「曝光」，是自我與他者相互聯結、看見的一種模式，而在相互看見的狀態，對他者開放、相互詮釋就變得格外地的重要，或者可以說，散文若具有所謂詮釋的動能，絕不是一個單向的接收，而是朝向外的開放形式，並以此作為實踐、批判與互文的載體。如此一來，不僅可使我們看到散文的另條詮釋道路，也將可依此建構出較為不同的面向。

在後現代理論、新技法衝擊影響下，散文與小說界線亦開始模糊，連帶帶起真實的辯論與質問，如同藍博洲再現苗栗大河底的「紅色客家庄」被漆上了白色歷史、瓦歷斯・諾幹追溯 Losin・Wadan 的個人（及族群）歷史一般，「過去」已無法窺見更無法還原，即便藍博洲、瓦歷斯・諾幹透過報導文學的基礎工具：採訪、文獻考證、實地探查書寫出《紅色客家庄》與〈Losin・Wadan —— 殖民、族群與個人〉，協助再現「大河底」、Losin・Wadan 圖像，但畢竟「真相」就像一個被佔據的「位置」，只能靠近卻永遠不會是同個「原點」。同樣地，在《無法送達的遺書：記那些在恐怖年代失落的人》、《臺灣好女人》裡也有類似情形，可是誰又能聽到或告訴我們，這才是真實之聲。

當然，敘事也代表著看重視角，散文有著和小說類似的敘事者與視角」存在，這使得作者與故事主人公有了「距離」，有了一個說故事的人引導我們，

作者也無法再完全被視同是故事的主人公。敘事其實不僅僅關乎於如何說故事，還涉及「跟誰說故事」，例如《無法送達的遺書：記那些在恐怖年代失落的人》展現出「公開的」和「私下的」兩種受述，前者針對讀者，後者則針對故事內部的特定人物。私我敘事一旦轉入公共領域，必會產生許多新的對話語境，例如《綠島家書》、《無法送達的遺書：記那些在恐怖年代失落的人》的搜集出版，將私密的「家書」（遺書）轉化成「公共文本」，將家庭（族）內部的話語予以政治化、社會化與歷史化。裡頭殷殷盼切的親密文字，在戰後戒嚴體制下已無法順利送達，它們已在寫成過程被注入了政治禁語。因為家庭早成了國家機器祭品，祭品之力得以被召喚，是從深淵記憶、墓地裡一一被拉回，才得以創生出強大力量。在那時，私我敘事轉成為公共利益而戰、說話，證存它們被干涉、介入的過程。私我遭遇的種種創傷，亦需通過療癒才能揭示出來，例如《暗夜倖存者》、《鐵盒裡的青春》、《左工二流誌》，都是一個又一個自我血淋淋剝離再重組的故事，他們化出另一個敘事者為自己說話，只希望保持一點溫暖的距離，以免再被過往燙傷，造成二度傷害與無可挽回的悲劇。他們的私我不似政治受難者、家屬一樣，具有政治審判的實踐性，他們也無法透過法律形式爭取到公平正義。他們葬送掉不是一個受暴的身體、心靈，而是他們走在臺灣獨有的時空場域裡，卻被剝取話語權。他們找不到兇手，因為社會用凝造出無形兇器迫害著他們，他們要對抗的不是單數個體，而是複數的暴力集合。他們的故事是精神創傷的療癒書寫，藉由此一次次將傷口洗滌，盼別這麼痛這麼傷，也這麼地無以釋懷。

　　至於文體與現實的接合，其實是來自於對於現實世界的各種挑戰，回顧報導文學、口述歷史 70 年代以來的發展歷程，重要性在於揭露社會底層、邊緣與塵封歷史的各種故事，使此擔負起「救社會、救國家」的文學責任，一時間似乎又回到日本殖民底下的啟蒙思維、亦類於中國清末的文學革命、小說界革命，盼「文體救國體」。文體是否能夠足以國體、救社會，放在 70、80 年代的脈絡來看，也許力量稍微，可是其涵融的動量卻無可計量，為臺灣社會留下許多見證、可貴資料、底層聲音，更重要的是它也在文學發展佔有重要的位置，因為它代表了文類的重整、自覺與革新意向。當我們在 70 年代初看到關、唐事件對現代詩壇激起的火花、鄉土文學論爭裡不少小說家的投入身影，那麼散文裡的報導文學及作家們就兼負起這樣的責任。

　　回顧戰後散文發展，確實能夠有效地回應臺灣現實、土地與歷史課題，

報導文學的推展有著莫大關係。自 70 年代中期，高信疆在中國時報人間副刊推出「現實的邊緣」專欄以來，加以後來《人間》雜誌，直接或間接地培養、鼓勵了一批批報導文學的好手，而這些好手通過口訪、實地觀察採錄、回顧歷史史料、揭露社會黑暗的一面等，為臺灣的歷史、環保、勞工、農民及社會運動留下了許許多多珍貴的記錄。無不擴延散文的類型範疇、深化散文的堅實基礎。這不僅僅使散文從傳統抒情美文走向敘事性、批判性，也更貼近於人民的生活，也就是從作家的自我表述走向為他者發聲的書寫形態，而這種種都可算是散文在美學性格上的轉移與再製。

二、混融、轉譯的語式

（一）轉譯與混語

前言談論的是關於戰後（甚包含戰前）的語言機制，通過對「語言」的考察，有時並無法讓我們看見主體的完整，更多時候是對於他者的形塑與黏著。一如戰後臺灣社會處於相對恐肅的環境當中，語言的建造並不全然是為了一新國族而來，有時是為了貶抑、收攏甚或抹除其他的可能。當中危險性在於，語言的形塑與實施，並非短期可見成效。也就是國族敘事若需要通過「語言」作為「描繪」、「粉妝」時，勢必面臨故事能否陳述完整的「中間」狀態，如同日本推動國語教育政策，歷經相對長的時間，可是依然無法完整地「抹除」其他語言存在，若回到 1930 年代的臺灣話文論爭的背景，就能理解到當時的知識分子通過「語言」的「使用」作為復興、啟蒙民智的立場。如此景況放到戰爭時期的「皇民化運動」可謂其極究，卻也隨著殖民者——日本戰敗而暫停下來。

拉到戰後亦然，回歸本文的書寫中探察，不僅僅涉及了意識形態、文化場域的課題，在「語言」的書寫、採錄過程中無可避免地會遭遇到多重語言間的轉譯等課題，這使得我們看見生命敘寫裡的特殊現象。

另一個語言狀態就是「混語」。當然混語並非只是多重語言使用如此簡單而已，也可能來自於某種意識形態的崩解，一如解殖民的景象，使得殖民之後、之解充滿了各種可能，這使得雜揉更具有「創生」與「挪用」的力量。魏貽君曾指出：

> 歷史經驗的運作律則佐證了一項事實：「移民者」或「殖民者」的外
> 來語言終究、必然促使了各該土著社會原本存在著「單語的」

（monolingual）、「雙語的」（diglossic）或者「多語的」（polyglossic）
語言政治生態，因著移民或殖民關係而在文學書寫的語文形貌上，
有機性地、辯證性地衍生了混語現象。〔註20〕

某種程度就如吳叡人所述，「連續殖民」與「多重殖民」標示出臺灣社會、政
治樣態，例如在瓦歷斯・諾幹的文章裡，講述了泰雅族兩代面臨的殖民困境，
除了學習「日語」、「國語」之外，也必須改名成日本名及漢人名字。即便是
戰後臺灣，「各種族群身分的台灣人都至少擁有雙重母語，一個是所謂的國語
或普通話，另一個是河洛話、客家話和某種原住民語，這也代表了當我們探
問台灣的後殖民處境時，無法漠視語言文化中被修飾遮掩的歷史斷裂。」〔註
21〕殖民帶來的影響眾多，且非一個時間、空間及單一因素可致，如同從性別、
族群、階級探析臺灣作為容述基點上散布的課題，將臺灣社會的時間軸、空
間軸灌入了許多「分歧」的路線與節點，故不論在性別、族群、階級的「語
言」使用上，就充滿了各種意識形態的因子影響。〔註 22〕在臺灣的混語狀態
是「分子化」狀態，漫佈於人們往來交際、行動舉止等足以觸及主體行動與
溝通的任一環節、時空中。像是空氣般不具有存在感卻又主導人們面對外界
開關。在過去，散文多數被認為是坦露自我、接近自我的文類，而小說以虛
構的題材、情節、角色設定區隔出與散文的差異，使得意識形態像是流過河
川的一絲訊息，並不這麼容易被察覺、解讀。〔註23〕

　　此處想借用張君玫在的《後殖民的陰性情境：語文、翻譯和欲望》裡轉
化霍米巴巴的說法。在後殖民的論述中，被殖民者面對著殖民者總有不同階
段的「對應狀態」，例如在殖民初期，被殖民者可能會選擇「不使用」殖民者
的工具（如語言）作為抵抗策略，然隨時空加遽，殖民者運用了各式的國家

〔註20〕　魏貽君，《戰後台灣原住民族文學形成的探察》（新北市，INK 印刻文學，
　　　　　2013），頁 338。
〔註21〕　張君玫，《後殖民的陰性情境：語文、翻譯和欲望》（台北：群學，2012），頁
　　　　　36。
〔註22〕　自文化馬克思主義興起，頓然發現到「意識形態」並不是一個僵固、單向的
　　　　　強迫性、壓制性的行為，在更多時候是通過綿密、滲透與非常細微的改變而
　　　　　形成，例如阿圖塞就在葛蘭西的「文化霸權」（另一譯為文化領導權）概念上，
　　　　　延伸出「意識形態國家機器」探析國家統治的「軟性力量」與權力運作。葛
　　　　　蘭西在《獄中札記》裡指出了知識分子面對著國家體制的壓迫時，應具有反
　　　　　抗與批判。除此之外並也提出了「霸權」作為一種統治或話語鬥爭的特質。
〔註23〕　如果要將「真實作者」放入一併討論，那意識形態可能伴隨著作者而顯現在
　　　　　書寫。這樣的討論在某種程度上跳脫了文類的討論，此處暫且不談。

機器底下，被殖民者開始在有意識／無意識下「加入」了殖民者所建構的一套文化、語言、法律及社會制度，進而在不知不覺下「融雜」其中，可是一旦面臨著過程中的變動或是解殖現象的產生，被殖民者可能開始會選擇殖民者的「工具」（如語言）作為一種軟性抵抗或覺醒的方法，成就了霍米‧巴巴論及的「混語」狀態。

只是美好的故事卻不見得能夠在不同的殖民情境下翻演成功，張君玫特別指出「混語」的「雜揉」的作用力，有時不見得來自於被殖民者的反抗，有時可能「恰好」是殖民策略的「完美登演」。因此張君玫特別提出「分子化」作為視察這種「混語」或殖民現象的觀察點。所謂的「分子化」乃是一種細微且分不同狀態具有的質素或現象，也就是殖民現象並非一全然生硬的搬套、移植可成，被殖民者也不見得能全然地接收或全然地抵抗，在多向度、多層次及多場域的交疊、滲透中看到不同程度的變化。〔註24〕「分子化」的概念可為被殖民者保留部分「價值」，也同時打開殖民現象的另類「窗戶」，不再將殖民現為全然的移植或再現，一如思索如同史碧瓦克、霍米‧巴巴對於殖民現象的逆寫與翻動，真是如此地樂觀與可行嗎？若不然的話，是否後殖民論述就在殖民之「後」陷入了一籌莫展困境，也許不必如此悲觀，更多時候差異、空白就在之中。

更深遠地來看，混語不見得只是處理過往的殖民經驗，混語對於現當下的臺灣社會來說，也代表了另一種移民社會的積極展現，因為混語現象也出現在外籍移民／移工的書寫，雖然在《離》、《逃》裡幾乎都是中文的呈現，幾乎少有其他（越南語）出現，但這和探討文本有關，另外就是和轉譯的「必要性」有關。但若放遠來看，混語的完美構成不僅僅只是文學、語言的，更代表了人們開放、溝通與認同的態度。

（二）偏誤與補註

敘事學上因應著敘事者而有各種不同「說法」（視角）的產生，也就是通過不同觀看角度，如何說一個故事或從什麼樣角度說故事也會有所不同。但在說故事過程中，也可能產生偏誤的狀態，而最多又是發生在自傳、生命史

〔註24〕例如魏貽君談到，原住民文學混語書寫的首要策略，正是書寫者經由權力不對等的語文之間相互混融、交叉重疊，刻意營造閱讀的停頓效果，以使得原住民族的文化主體性，不再是那麼容易被拆解、被透視及被監看。魏貽君，《戰後台灣原住民族文學形成的探察》（新北市，INK 印刻文學，2013），頁 366。

的撰寫上，也就是傳主在回憶過程中產生的歧異，或是傳主傳達出與旁人不同的故事。

　　偏誤不見得就是錯誤，因為生命史的書寫有一個較為特殊處在於「自我對話」。多數生命史因為要呈現生命向度，必須拉開時間、空間，才能在「時空體」概念下承載容述，而時間、空間造成的距離與阻礙，都可能顯示在傳主的生命史書寫裡頭。此外，說故事的敘事會影響到的是人事時地物在故事鋪陳中出現的頻率、方式與策略。因為真實作者往往會構織一套適合故事的說法，並交由敘事演繹呈現。故應將「偏誤」視為有意與無意的兩種狀態，有意可能是傳主、書寫者有意為之所造成的錯誤，或者採取了與過往不同視角呈現出故事的不同面貌、聲音；至於無意的，多數來自於記憶、文化背景、語言使用上的錯落，無法捕捉到最真實的原貌所造成，而這多數會通過「補註」補充之。

　　至於「補註」是指在行文當中加以補充說明、額外加入或提要的說明事項。以《山深情遙 ── 泰雅族女性絹仔絲‧萊渥的一生》、《綠島家書》、《逃》為例，在每一章後面都會加註一些內容，這些內容是用來補充正文不足或讀者難以理解所用。這對於我們重新理解文本有著更趨近於作者的意義，以及更能在文本脈絡外找到背後隱述的歷史文本。補註的特殊性在於可能並非由作者、當事人親自所為、註寫，而是由訪談者、編輯補充上去。這導致詭譎處在於，補註應是在協助讀者更快、更有效地進入文本脈絡，可是誰決定要補註、如何補註、補註什麼內容卻成為了另一種介入的形態。以《山深情遙 ── 泰雅族女性絹仔絲‧萊渥的一生》來說，由於受訪者絹仔絲‧萊渥橫跨了多個時期，故事內容、語言使用多有轉換，而文化化的洪金珠，透過口訪現場、史料考察對故事內容補充了許多資訊，在不一程度上扭轉了故事的「全部真相」。也就是單由受訪者講述的故事，可能由於記憶、敘述等關係，造成脫離歷史常軌、事實真相，訪談者或文字化之人往往為了趨向於真實，會用補充說明方式加註，如此一來可能會抹除受訪者的「故事軌跡」。

　　另一個補註的例子就是吳永毅的《左工二流誌》，他在許多片段會用（）與〔〕的符號作額外標誌，而且裡頭還帶有其他人的筆記。可是當吳永毅選擇用這樣的方式呈現時，代表了和過去自我的切割、重整與對話，甚至帶有某種程度的否定。因為（）與〔〕代表著記憶作為敘事的脆弱。所以（）與〔〕與其說是補充，其實更是是決定記憶碎片如何拼回的過程，於是吳永毅

借用了他人的筆記，也決定和其他一起敘說「過往」，並在讀者面對揭露自己可能最無法承受的一面。

第三節　走向未來的路徑

如果臺灣社會眞正面臨到「多元文化」的到來，並不僅僅在於迎向未來的美好想像，一如榮格的「集體潛意識」提示的，過往的歷史事件會駐存在世代的精神結構當中，以記憶式、夢囈式的語法嵌合在人們的行動當中，待時刻來到迸發顯現。這也如同本文一再提示的，唯有通過歷史的梳理才能正視未來，記憶並不是一個隨時消失的泡沫，它像容器用以保留，且記憶導向我們通往的不見得是光明美麗的想像境界，更多時候反暴露出更多晦暗不堪。

本文通過散文體式中的報導文學、生命史、口述歷史等文本素材，回應戰後臺灣 1970 年代以來的多向挑戰，一方面審視深受殖民影響的臺灣如何因應後殖民情境，另一方面也聚合於過往較少論及的散文類型藉以關懷他者。更廣泛地來說，若就鄭明娳在「散文四書」裡分析來看，其他散文類型亦可能兼具生命史的意涵，且進入新世紀元，文類越界更顯模糊與頻繁，例如陳玉慧的《海神家族》、方梓的《來去花蓮港》等，看似小說題材卻也融雜了生命敘寫特質，不僅打破了散文與小說邊界，且觸及研究框架。

另外，針對性別、族群及階級課題，分列不同文本作爲討論基礎，裡頭扣除性別一章裡援引的（生理）女性作家的文本外，在族群、階級裡頭也出現了不少（生理）女性的作品，例如《遇合》、《人生》、《離》、《壓不扁的玫瑰》等幾乎以女性爲主，雖然裡頭不乏藍博洲爲女性發聲的《臺灣好女人》，可是比例依舊難以達到均衡狀態。這一方面和臺灣社會自 80 年代後期，朝向多元、性別平等、解構大敘事的趨勢，因而鼓勵女性藉由書寫、口述紀錄作爲發聲的管道，致使類似的女性生命史大量出現有關外，亦顯示性別與課題間聯結的差異性。或如階級篇章裡，吳晟對於土地、現實世界的關懷，在一定程度上是延續了臺灣自 1980 年代以來，因應社會變遷下演化出的環保文學到自然書寫的脈絡，並且重新審視臺灣社會及散文書寫對於土地倫理重視程度。當然，臺灣的環保文學最初不見得著眼於農村、農民，但從縱深軸線來看，都是觸發臺灣土地災劫的反思。

由於散文分類上的多元特質，致使散文應容縮、跨界的範疇在不一程度

上有不同思考方向。從現有的研究來看亦有許多挑戰，從過去的楊牧、鄭明娳、張瑞芬、周芬伶等，向內／內外伸延了散文範疇，不論從何處來看都是相當艱鉅的工程，本文在如此期望的目標上找尋擴延，將臺灣後殖民情境裡的性別、族群、階級課題，拉置到散文的探討之中，不純然只有語言條件的美學思維，更是更實存的他者身影如何被看見、關懷。長遠的歷史道路上，他者並不會自我們生命軌道離去，列維納斯一再地提示我們面對著他者，應以更為謙遜、積極與實踐的行為關懷、擔負著彼此。本文的散文研究除希冀擴延過去的研究範疇，更希望將他者放進我們的實存世界中，共同被注視、被討論被理解。當下如此未來亦當如此，本研究不單是個契機，也代表著更長遠的路等待著實踐，等待著更多的他者降臨於面前。

參考書目

一、專書

1. 丁曉原，《文化生態視鏡中的中國報告文學》（上海：復旦大學出版社，2008）。
2. 大 D+小 D，《搖頭花：一對同志愛侶的 E-Trip》（臺北，商周，2005）。
3. 巴蘇亞‧博伊哲努（浦忠成），《思考原住民》（臺北市：前衛，2002）。
4. 王甫昌，《當代臺灣社會的族群想像》（臺北：群學，2004）。
5. 王甫昌等著，《族群關係與國家認同》（臺北市：業強，1993）。
6. 王盛弘，《關鍵字：臺北》（臺北市：馬可孛羅文化出版，2008）。
7. 王德威，《眾聲喧嘩以後》（臺北：麥田，2001）。
8. 瓦歷斯‧尤幹，《想念族人》（臺中市：晨星，1994）。
9. 生安鋒，《霍米巴巴》（臺北生：生智，2005）。
10. 申丹，《敘事學理論探賾》（臺北：秀威資訊科技，2014）
11. 申丹、王麗亞，《西方敘事學：經典與後經典》（北京：北京大學出版社，2010）。
12. 向陽，《二十世紀台灣文學金典：散文卷（第一部）》（臺北：聯合文學，2006 年）。
13. 向陽、須文蔚編，《台灣現代文學教程：報導文學讀本》（臺北：二魚文化，2002）。
14. 江民安編，《文化研究關鍵詞》（臺北：麥田，2013）。
15. 何寄澎編，《當代臺灣文學評論大系 5──散文批評》（臺北：正中，1992）。
16. 余陳月瑛，《余陳月瑛回憶錄》〈臺北：時報，1996〉。
17. 吳永毅，《左工二流誌：組織生活的出櫃書寫》（臺北市：臺灣社會研究

雜誌，2014）。

18. 吳晟，《不如相忘》（臺北，華成圖書，2002）。

19. 吳晟，《守護母親之河：筆記濁水溪》（臺北：聯合文學，2014）。

20. 吳晟，《店仔頭》（臺北：洪範，1985）。

21. 吳晟，《無悔》（臺北：開拓，1992）。

22. 呂正惠，《殖民地的傷痕：臺灣文學問題》（臺北：人間，2002）。

23. 呂正惠，《戰後臺灣文學經驗》（臺北：新地，1992）。

24. 呂秀蓮，《重審美麗島》（臺北市：聯合文學，2008）。

25. 李筱峰，《臺灣史100件大事（下）戰後篇》（臺北市：玉山社，1999）。

26. 李筱峰，《臺灣全志‧卷首，戰後臺灣變遷史略》（南投市：臺灣文獻館，2004）。

27. 阮美姝，《孤寂煎熬六十年》（臺北：前衛，1994）。

28. 初安民總編輯，《混搭：我們（Women）的故事——跨族群、跨地域、跨世代的女性生命書寫》（臺北：INK印刻文學，2010）。

29. 周芬伶，《散文課》（臺北市：九歌，2013）。

30. 邱妙津，《邱妙津日記冊》（臺北：INK印刻，2007）。

31. 邱妙津，《鱷魚手記》（台北：時報文化，2003）。

32. 邱貴芬，《仲介臺灣‧女人：後殖民女性觀點的臺灣閱讀》（臺北：元尊，1997）。

33. 邱貴芬，《後殖民及其外》（臺北：麥田，2003）。

34. 邱貴芬等著，《臺灣小說史論》（臺北：麥田，2007）。

35. 施正鋒，張學謙合著：《語言政策及制定『語言公平法』之研究》（臺北市：前衛，2003）。

36. 范銘如，《眾裡尋她：臺灣女性小說縱論》（臺北：麥田，2002）。

37. 范麗卿，《天送埤之春——一位臺灣婦的生活史》（臺北市：自立晚報，1993）。

38. 唐香燕，《長歌行過美麗島》（新北市：無限，2013）。

39. 夏曉鵑編，《騷動流移：台社移民／工讀本》（臺北市：臺灣社會研究雜誌出版，2009）。

40. 孫大川編，《臺灣原住民文學漢語文學選集——評論卷》（臺北：印刻，2003）。

41. 徐璐，《暗夜倖存者》（臺北市：：平安文化，1998）。

42. 張小虹編，《性／別研究讀本》（臺北：麥田，1998）。

43. 張正等譯，《離／我們的買賣，她們的一生》，（臺北市：時報文化，2013）。

44. 張君玫，《後殖民的陰性情境：語文、翻譯和慾望》（臺北：群學，2012）。

45. 張娟芬，《姊妹戲牆》（臺北市：時報文化，2011）。

46. 張娟芬，《愛的自由式》（臺北市：時報文化，2011）。

47. 張勝彥編，《臺灣全志‧卷一，大事志》（南投市：臺灣文獻館，2004）。

48. 張瑞芬，《五十年來臺灣女性散文》（評論篇），臺北：麥田，2006）。

49. 張瑞芬，《狩獵月光：當代文學及散文論評》（臺北：聯合文學，2007）。

50. 張瑞芬，《臺灣當代女性散文史論》（臺北：麥田，2007）。

51. 張誦聖，《文學場域的變遷》（臺北：聯合文學，2001）。

52. 張誦聖，《現代主義‧當代臺灣：文學典範的軌跡》（臺北市：聯經，2015）。

53. 張廣智、陳恆著，《口述史學》（臺北市：揚智文化，2003）。

54. 曹莉，《史碧娃克》（臺北市：生智，1999）。

55. 梅家玲，《性別，還是家國？：五○與八、九○年代小說論（臺北：麥田，2004）。

56. 梅家玲，《性別論述與臺灣小說》（臺北：麥田，2000）。

57. 莊漢新編著，《中國 20 世紀散文思潮史》（北京：學苑出版社，2005）。

58. 莊慧秋主編，《中國人的同性戀》（台北市：張老師出版社，1994）。

59. 莊慧秋主編，《揚起彩虹旗》（台北市：心靈工坊，2002）。

60. 許佑生，《摯愛 20 年》（臺北：心靈工坊，2014）。

61. 陳伯軒，《文本多維：台灣當代散文的空間意識及其書寫型態》（臺北：秀威資訊，2010 年）。

62. 陳芳明，《後殖民臺灣：文學史論及其週邊（臺北：麥田，2002）。

63. 陳芳明，《殖民地摩登：現代性與與臺灣史觀》（臺北：麥田，2004）。

64. 陳芳明，《臺灣新文學史》（臺北：聯經，2011）。

65. 陳芳明編，《楊逵的文學生涯》（臺北：前衛，1988）。

66. 陳俊志，《臺北爸爸‧紐約媽媽》（臺北：時報文化，2011）。

67. 陳紀瀅等著，《文藝論叢》（臺北市：幼獅文化，1976）。

68. 陳書良、鄭憲春，《中國小品文史》（臺北市：桂冠，2001）。

69. 陳新主編，《當代西方歷史哲學讀本（1967～2002》（上海：復旦大學出版社，2004）。

70. 彭瑞金，《臺灣新文學運動 40 年》（臺北：自立，1991）。

71. 游美惠，《性別教育小詞典》（高雄：巨流，2014）。

72. 游鑑明等著，《傾聽她們的聲音：女性口述歷史的方法與口述史料的運用》（臺北：左岸文化，2002）。

73. 程光煒等合著,《中國現代文學史上編（1917～1937 年）》（臺北市：秀威資訊科技,2010）。

74. 楊千鶴著；張良澤、林智美合譯,《人生三稜鏡》（臺北市：南天,1999）。

75. 楊牧,《文學的源流》（臺北：洪範,1984）。

76. 楊素芬,《臺灣報導文學概論》（臺北：稻田,2001）。

77. 楊逵,《楊逵全集·第十卷·詩文卷（下）》（臺南市：國立文化資產保存研究中心籌備處,2001）。

78. 楊逵,《綠島家書》（臺中：晨星,1987）。

79. 楊照,《文學、社會與歷史想像》（臺北：聯合文學出版,1995）。

80. 楊照,《夢與灰燼——戰後文學史散論（臺北：聯合文學,1998）。

81. 楊翠,《日據時期臺灣婦女解放運動——以《臺灣民報》爲分析場域（1920～1932）（臺北：時報,1993）。

82. 楊翠,《壓不扁的玫瑰：一位母親的三一八運動事件簿》（臺北市：公共冊所,2014）。

83. 楊儒門,《白米不是炸彈》（臺北：INK 印刻,2007）。

84. 楊澤主編,《送行：第十七屆時報文學獎得獎作品集》（臺北：時報文化,1994）。

85. 葉石濤,《臺灣文學史綱》（高雄：春暉,1987）。

86. 廖雲章主編,《人生,從那岸到這岸》（臺北：INK 印刻,2006）。

87. 綢仔絲·萊渥,《山深情遙——泰雅族女性綢仔絲·萊渥的一生》（臺北市：時報文化,1997）。

88. 臺北市婦女救援基金會採訪記錄,《鐵盒裡的青春——台籍慰安婦的故事》（臺北市：天下遠見,2005）。

89. 臺灣民間真相與和解促進會遺書工作小組,《無法送達的遺書：記那些在恐怖年代失落的人》（新北市：：衛城,2015）。

90. 劉紀蕙,《心之拓樸：1895 事件後的倫理重構》（臺北：行人出版社,2010）。

91. 劉紀蕙編,《書寫臺灣：文學史、後殖民與後現代（臺北：麥田：2000）。

92. 劉懷玉,《現代性的平庸與傳奇——列斐伏爾日常生活批判哲學的文本學解讀》（北京：中央編譯,2006 年）

93. 鄧元尉,《通往他者之路：列維納斯對猶太法典的詮釋》（臺北：臺灣基督教文藝,2008）。

94. 鄭明娳,《現代散文現象論》（臺北：大安,2001）。

95. 鄭明娳,《現代散文縱橫論》（臺北：大安,2001）。

96. 鄭明娳:《現代散文構成論》（臺北：大安,2007）。

97. 鄭明娳：《現代散文類型論》（臺北：大安，2010）。

98. 鄭美里編，《遇合 外省／女性書寫誌》（臺北：INK 印刻文學，2008）。

99. 賴俊雄，《回應他者——列維納斯再探》（臺北市：書林，2014）。

100. 應鳳凰，《文學史敘事與文學生態：戒嚴時期臺灣作家的文學史位置》（臺北：前衛，2012）。

101. 鍾怡雯、陳大為主編，《天下散文選 1970～2000：臺灣》（臺北市：天下遠見，2001）。

102. 鍾喬，《回到人間的現場》（臺北：時報文化，1990）。

103. 鍾喬，《身體的鄉愁》（臺中市：晨星，1999）。

104. 鍾喬，《城市邊緣》（臺北：張老師出版社，1992）。

105. 鍾喬，《邊緣檔案》（臺北市：揚智文化，1995）。

106. 藍博洲，《紅色客家人》（臺中，晨星，2003）。

107. 藍博洲，《紅色客家庄》（臺北：INK 印刻出版，2004）。

108. 藍博洲，《臺灣好女人》（臺北市：聯合文學，2001）。

109. 魏貽君，《戰後臺灣原住民族文學形成的探察》（新北市，INK 印刻文學，2013）。

110. 羅漪文等著譯，《逃／我們的寶島，他們的牢》（臺北市：時報文化，2012）。

二、譯本

1. Alain Brossat，羅惠珍譯，《傅柯：一個危險的哲學家》（臺北市：麥田，2012）

2. Andrew Sayer，陳妙芬、萬毓澤合譯，《階級的道德意義》（臺北市：巨流，2008）。

3. Brat Moore-Gilbert、彭淮棟譯，《後殖民理論》（臺北市：聯經，2004）。

4. Eric J. Hobsbawm・黃煜文譯，《論歷史》（臺北市：麥田，2002）。

5. G. Barraclough，楊豫譯，《當代史學趨勢》（臺北市：雲龍出版社，1999）。

6. Hayden White，劉世安譯：《史元：十九世紀歐洲的歷史意象》（臺北：麥田，1999 年）。

7. Henri F. Ellenverger，廖定烈、楊逸鴻譯，《發現無意識：動力精神醫學的歷史與演進——第三冊，浪漫主義動力精神醫學：佛洛伊德與榮格》（臺北市：遠流，2002）。

8. Jennifer Harding，林秀麗譯，《性與身體的解構——Sex Acts：Practices of Femininity and Masculinity》，（臺北市：韋伯文化，2000）。

9. Judith Butler，宋素鳳譯，《性別麻煩：女性主義與身分的顛覆》（上海：上海三聯書店，2009）。

10. Kathy Davis 等著，楊雅婷等譯，《性別與女性研究手冊》（臺北：韋伯文化國際，2009）。

11. Michel Foucault，劉北成、楊遠嬰譯，《規訓與懲罰：監獄的誕生》（臺北：桂冠，1999）。

12. Nicolai Hartmann，根瑟・馬庫斯、劉貴傑譯，《哲學概論》（臺北市：巨流，2011）。

13. Raymond Williams，劉建基譯，《關鍵詞：文化與社會的詞彙》（臺北市：巨流，2003）。

14. Ruth Benedict，黃道琳譯，《文化模式》（Patterns of culture）（臺北市：巨流，1976）。

15. Toril Moi、陳潔詩譯，《性別與文本政治：女性主義理論》（臺北：駱駝，1995）。

16. 竹內好著、李冬木、趙京華、孫歌譯，《近代的超克》（北京：新知三聯書店，2005 年）。

17. 米蘭・巴爾著、譚君強譯，《敘述學：敘述理論導論》（北京：中國社會科學出版社，2003）。

18. 瑾・克蘭迪寧等著，《敘事探究——原理、技術與實例》（北京：北京師範大學出版社，2012）。

三、期刊論文

1. 于善祿，〈來自轟魯達與波瓦的明信片——打通鍾喬創作觀的任督二脈〉，《美育》134 期（2003.07），頁 64～74。

2. 王幼華、莫渝，〈人與土地悲苦的側顏〉，《重修苗栗縣志 卷二八 文學志》（苗栗：苗栗縣政府，2005），頁 371～374。

3. 王甫昌，〈邁向臺灣族群關係的在地研究與理論：「族群與社會」專論導論〉，《臺灣社會學》4 期（2002.12），頁 1～10。

4. 王晴佳，〈當代臺灣歷史論述的雙重挑戰〉，《思想》2 期（2006..06），頁 93～123。

5. 江宜樺，〈臺灣戰後政治思想與民主運動〉，《臺灣社會研究季刊》65 期（2007.03），頁 191～199。

6. 吳乃德，〈省籍意識、政治支持和國家認同——臺灣族群政治理論的初探〉，《國家政策雙周刊》32 期（1992.04），頁 1～3。

7. 吳乃德，〈認同衝突和政治信任：現階段臺灣族群政治的核心難題〉，《臺灣社會學》4 期（2002.12），頁 75～118。

8. 吳叡人，〈臺灣後殖民論綱：一個黨派性的觀點〉，《思想》3 期（2006.10），頁 93～103。

9. 李丁讚,〈社運與民主〉,《思想》7 期（2007.11）,頁 85～118。

10. 李元貞,〈播種與茁壯：回顧 1980 年代臺灣婦運〉,《思想》22 期（2012.11）,頁 111～131。

11. 李元貞,〈談現存的性別體系、臺灣的婦女運動、「婦女新知」的推行〉,《中國論壇》347 期（1990.03）,頁 49～57。

12. 李潼,〈老紅色青年和她的同志們 —— 讀藍博洲的《臺灣好女人》〉,《文訊》192 期（2001.10）,頁 20～21

13. 周行,〈詩,是我血液裡的聲音 —— 專訪鍾喬〉,《文訊》272 期（2008.06）,頁 38～43。

14. 林實芳,〈婦運與同運的有志「異」「同」：以婦女新知基金會的倡議歷史為例〉,《婦妍縱橫》99 期（2013.10）,頁 32～41。

15. 邱子修,〈臺灣女性主義批評三波論〉,《女學學誌》27 期（2010.12）,頁 251～273。

16. 邱貴芬,〈「發現臺灣」：建構臺灣後殖民論述〉,李瑞騰編,《中華現代文學大系【貳】評論卷（二）》,（臺北：九歌,2003）,頁 973～991。

17. 邱貴芬,〈在地性論述的發展與全球空間：鄉土文學論戰三十年〉,《思想》6 期（2007.08）,頁 87～103。

18. 邱貴芬：〈評張瑞芬《臺灣當代女性散文史論》〉,《女學學誌：婦女與性別研究》第 24 期（2007 年 12 月）,頁 195～203。

19. 洪英雪,〈一個歷史,各自解讀 —— 二二八小說及其相關作品選集的多元論述〉,《臺灣文學研究學報》3 期（2006.10）,頁 287～323。

20. 紀大偉,〈如何做同志文學史：從 1960 年代臺灣文本起頭〉,《臺灣文學學報》23 期（2013.12）,頁 63～100。

21. 孫大川,〈夾縫中的族群建構 —— 泛原住民意識與臺灣族群問題的互動〉,《山海文化雙月刊》12 期（1996.02）,頁 91～106。

22. 孫瑞穗,〈失敗者的共同體想像：回應龍應台的《大江大海一九四九》〉,《思想》13 期（2009.10）,頁 135～145。

23. 馬嘉蘭,〈揭下面具的鱷魚；邁向一個現身的理論〉,《女學學誌》15 期（2003.05）,頁 1～36。

24. 張火慶,〈「現代散文類型論」試論〉,《文訊》第 33 期（1987.12）,頁 136～147。

25. 張瑞芬,〈被邊緣化的臺灣當代女性散文研究〉,《文訊》20 期（2002 年 11 月）,頁 55～57。

26. 張翰璧、張晉芬,〈全球化效果的侷限：臺灣民眾對接納跨國移民的態度〉,《臺灣社會學刊》52 期（2013.06）,頁 131～167。

27. 陳芳明，〈臺灣文壇向左轉──楊逵與三○年代的文學批評〉，《臺灣文學學報》7 期（200512），頁 99～127。

28. 陳奕麟，〈解構中國性：論族群意識作為文化作為認同之曖昧不明〉，《臺灣社會研究季刊》33 期（1999.03），頁 103～131。

29. 陳映真，〈實踐文藝的創作方法問題──鍾喬「潮暗」觀後〉，《表現藝術》145 期（2005.01），頁 84～86。

30. 陳麗華，〈談泛臺灣客家認同──1860～1980 年代臺灣「客家」族群的塑造〉，《臺大歷史學報》48 期（2011.12），頁 1～49。

31. 楊婉瑩、張雅雯，〈為什麼反對移工／移民？利益衝突抑或文化排斥〉，《政治科學論叢》60 期（2014.6），頁 43～84。

32. 蕭阿勤，〈臺灣文學的本土化典範：歷史敘事、策略的本質主義與國家權力〉，《文化研究》創刊號（2005.09），頁 97～129。

33. 蕭紫菡，〈鍾喬──向自己反叛的藝術家〉，《人本教育札記》206 期（2006.08），頁 10～15。

34. 鍾喬，〈擺盪的開始──一個創作者的社會觀〉，《文化視窗》64 期（2004.06），頁 18～21。

35. 藍博洲，〈歷史的認識與政治的認同〉，《臺灣社會研究季刊》74 期（2009.06），頁 457～465。

36. 羅燦瑛，〈魚與熊掌：女性主義反性暴力論述之困境與省思〉，《臺灣社會研究季刊》（1999.06），頁 187～219。

37. 顧燕翎，〈婦運的策略、路線與組織──婦女新知基金會「家變」的檢討〉，《當代》127 期（1998.03），頁 97～103。

四、碩博士論文

1. 王鈺婷，《抒情之承繼，傳統之演繹──五○年代女性散文家美學風格及其策略運用》〈臺南：國立成功大學臺灣文學系博士論文，2009〉。

2. 林百合，《為什麼不說──少年小說的沉默現象》（台東：國立台東大學兒童文學研究所，2005）。

3. 邱珮萱，《戰後臺灣散文中的原鄉書寫》（高雄：高雄師範大學國文學系博士論文，2002）。

4. 胡紹嘉，《書寫與行動──九○年代後期，女性私我敘事的態度轉折及其意義》（臺北：國立政治大學新聞學系博士論文，2002）。

5. 陳明柔，《典範的更替／消解與臺灣八○年代小說的感覺結構》（臺中：東海大學中文所博士論文，1999）。

6. 陳俊樺，《左的文化抵抗：差事劇團十年研究》（臺北：臺北藝術大學戲劇學系碩士班碩士論文，2007）。

7. 陳鴻逸，《記憶與詩語：歷史敘事與文化實踐的探索——以李敏勇、陳鴻森的詩作為例》（臺中：國立中興大學臺灣文學研究所碩士論文，2007）。

8. 楊翠，《鄉土與記憶——七〇年代以來臺灣女性小說的時間意識與空間語境》（臺北：臺灣大學歷史所博士論文，2003）。

9. 蔡其昌，《戰後臺灣文學發展與國家角色〈1945～1959〉》（臺中：東海大學歷史研究所碩士論文，1996）。

10. 謝國雄，《文化取向的傳播研究：雷蒙‧威廉斯（Raymond Williams）論點之探討》（臺北：國立政治大學新聞研究所碩士論文，1984）。

五、研討會論文

1. 胡詠晴，〈真實／虛幻？慾望／污名？——從《搖頭花》談身體與書寫的越界想像〉，（新竹：第二屆「網路文學」研討會，國立交通大學通識教育中心，2005 年 11 月 26 日）。

六、報紙

1. 盧思岳，〈認真看一個朋友——讀鍾喬《身體的鄉愁》〉，《臺灣日報》31版（1999.11.28）。